KLINOPTILOLITH

Werner Kühni

Heilen mit dem
Zeolith-Mineral

KLINO
PTILO
LITH

Ein praktischer Ratgeber

at VERLAG

Inhalt

Vorwort

In den letzten Jahren hat sich in meiner Forschung über die Mineralgruppe der Zeolithe der Klinoptilolith als ein Stoff herauskristallisiert, der sich neben seinen vielfältigen Heilwirkungen auch bei Erkrankungen bewährt hat, bei denen es bislang wenige therapeutische Ansätze gab. Andere Zeolithe, wie etwa der chemisch sehr nahe verwandte Heulandit, oder verschiedene Tonerdeverbindungen weisen prinzipiell ähnliche therapeutische Möglichkeiten auf, bieten jedoch nicht die gleiche Sicherheit des therapeutischen Erfolgs.

Ich habe verschiedene Zeolithe getestet und möchte diese Mineralien in der täglichen Praxis nicht mehr missen. Anfänglich setzte ich Zeolithe nur eingelegt in Wasser ein, das getrunken wurde. Mittlerweile jedoch hat es sich als viel sinnvoller erwiesen, Zeolithe sehr fein verrieben, in Wasser eingerührt, innerlich einzunehmen. Der Grad der Verreibung erschien mitverantwortlich für die enorme Wirkung der Zeolithe. Insbesondere bei Klinoptilolith zeigte sich anfänglich, dass dessen hauptsächliche Wirkung erst mit zunehmender feinerer Zermahlung auftritt. Je länger die Forschung andauerte, desto klarer wurde, dass ein gewisser Verreibungsgrad entscheidend ist, nicht jedoch die extrem feinste Verreibung[1].

Heute setze ich Zeolithe, auch Klinoptilolith, nicht als alleinige Medikation ein – auch wenn dies in manchen Fällen ausreichend wäre. Meist kombiniere ich Klinoptilolith mit kolloidalem Silber, Kardentinktur, Koriandertinktur, Indischen Flohsamen, Muskatellersalbeiöl oder einem Muskelrelaxöl und Indischem Weihrauch (Gugul = *Boswellia serata*). Es hat sich herauskristallisiert, dass Klinoptilolith ein wichtiger Träger anderer Stoffe ist (vor allem von Pflanzenauszügen und ätherischen Ölen). Diese adaptogene Wirkung hilft einerseits, Medikamente einzusparen, andererseits kann die Wirkung von Medikamenten dadurch auch verstärkt werden. Der Klinoptilolith ist eine sichere Bereicherung in der Praxis, und er hilft, die Therapieerfolge anderer Mittel, selbst die des kolloidalen Silbers, zu stabilisieren.

---

1 Ist die Zermahlung zu fein, wird die Kristallstruktur aufgebrochen, so weit, dass nur noch reine Tetraeder zurückbleiben; dadurch geht die Molekularsiebwirkung verloren (nach Dr. Schmitt, Greifswald).

Einzig der Einsatz der Heilsteine nach den Kriterien der mineralogischen oder der analytischen Steinheilkunde setzt dem Einsatz von Klinoptilolith enge Grenzen. Meiner Beobachtung nach schwächt Klinoptilolith die Wirkung der Heilsteine ab. Eine Erklärung dazu konnte ich bisher noch nicht finden.

Klinoptilolith, äußerlich getragen oder als homöopathische Verreibung hergestellt, hat einen vollkommen anderen Ansatz. Ich bin der Meinung, dass diese zwei Methoden nicht mit der inneren Einnahme des Klinoptiloliths kombiniert werden sollten.

Die medizinischen Anwendungen von Klinoptilolith haben sich in den letzten 6 Jahren, nach Erscheinen der ersten Ausgabe dieses Buches, vervielfacht, denn durch das Buch war es erstmals möglich, das Zeolith-Mineral Klinoptilolith gezielt einzusetzen.

Mithilfe der Facebook-Gruppe »Klinoptilolith – das Vulkanmineral« konnten zahlreiche Informationen zur Anwendung von Klinoptilolith gesammelt werden. Inzwischen liegen mehrere Tausend Erfahrungsberichte vor. Diese verwende ich als Ersatz für fehlende klinische Erfahrungen. Wissenschaft und Schulmedizin arbeiten nicht mit Klinoptilolith, klinische Studien in Krankenhäusern werden kaum gemacht. Die wenigen vorhandenen Studien zu diesem Thema basieren auf der Verwendung synthetisch hergestellten Zeoliths. Das Sintermaterial ist im Gegensatz zu den natürlichen Zeolithen chemisch instabil und hat dadurch andere Eigenschaften.

Zur Recherche

Diesem Buch liegen neben eigenen Erfahrungen und Erfahrungen, die aus dem Meinungsaustausch mit Kollegen stammen, sowie Recherchen in Bibliotheken und Fachliteratur auch viele im Internet veröffentlichte Berichte zugrunde. Das Internet mit seiner Informationsbreite ist trotz all seiner Schwächen ein Informationsmedium, das immer wieder neue Ansätze liefert, sich mit dem ganzen Spektrum der Klinoptilolith-Anwendung auseinanderzusetzen, und auch der Bestätigung eigener Erfahrungen dienen kann.

Da das Internet ein sehr bewegliches Medium ist und sich die Erstellung dieses Buches über einen Zeitraum von über drei Jahren erstreckte, können einzelne Seiten, auf die ich in den vergangenen Jahren zurückgegriffen habe, heute andere Informationen enthalten.

Abbau von Klinoptilolith im Tagebau.

Eine Suche im Internet nach dem Stichwort »Klinoptilolith« ergibt eine Unmenge an Informationen, die sich etwa ab der dritten Seite jedoch fast alle als inhaltsgleich erweisen. Auf den meisten Seiten werden die Fehler und Unzulänglichkeiten der vorherigen Internetseiten wiederholt, wobei die Basisinformationen schon älter sind.

Der Seitenaufruf unter Google führte zu folgenden Ergebnissen:

	September 2011	Januar 2020
Klinoptilolith	28 000 Ergebnisse	86 800 Ergebnisse
Zeolith-Klinoptilolith	312 000 Ergebnisse	59 400 Ergebnisse
Zeolith Radioaktivität	119 000 Ergebnisse	53 500 Ergebnisse
Zeolith Entgiftung	14 900 Ergebnisse	345 000 Ergebnisse
Klinoptilolith Chemotherapie	680 Ergebnisse	7960 Ergebnisse

Interessanterweise ergab die Eingabe der gleichen Begriffe in Englisch eine erheblich höhere Trefferzahl.

Erfahrungen mit Klinoptilolith

Im Laufe der letzten Jahre hat sich das Zeolithmineral Klinoptilolith als ein wirksames Medikament in der Naturheilpraxis erwiesen. Diese Erfahrung wird mir immer wieder von Kollegen bestätigt.

Seit über zwanzig Jahren findet Klinoptilolith vor allem in Osteuropa Anwendung. Das vulkanische Mineral wurde dort in extrem fein gepulverter Form hergestellt und bei verschiedenen Erkrankungen eingesetzt. Um das Jahr 2000 wurde Klinoptilolith von Professor Hecht in Deutschland eingeführt und anfangs hauptsächlich wegen dessen unspezifischer Immunmodulation eingesetzt.

Die Wirkung des Klinoptiloliths konnte jedoch nur teilweise, widersprüchlich und oft weitgehend spekulativ erklärt werden. Die meisten Ärzte gehen selbst heute immer noch davon aus, dass Klinoptilolith nicht ins Blut aufgenommen und verstoffwechselt wird, es angeblich den Körper »nur« passiert. Dass dies als Erklärung seiner breiten therapeutischen Wirkung nicht hinreichend ist, war mir bald klar, doch gestaltete sich die Forschung über den Wirkungsmechanismus als sehr schwierig.

In meiner Praxis setze ich nun seit Jahren Klinoptilolith regelmäßig ein. In den ersten Monaten teilte ich die Patienten in zwei Gruppen, vollkommen unabhängig vom Beschwerdebild bzw. der Erkrankung. Eine Gruppe bekam kein Klinoptilolith, die zweite Gruppe bekam prinzipiell Klinoptilolith, zusätzlich zu der sonstigen Medikation.

Es stellte sich schon nach sechs Monaten heraus, dass bei allen Patienten, die Klinoptilolith als zusätzliche Medikation bekamen, sich die Symptome schneller und grundlegender besserten, als in der Vergleichsgruppe, die kein Klinoptilolith einnahm. Nach dieser Übergangszeit bekamen prinzipiell alle meine Patienten, von wenigen Ausnahmen abgesehen, das gemahlene Klinoptilolith. Bei der Anwendung eines homöopathischen Mittels repertorisiert[2] nach den klassischen Regeln der Homöopathie ist die zusätzliche Medikation von Klinoptilolith jedoch nicht angezeigt.

---

2 Ein *Repertorium* ist ein Nachschlagewerk, welches aus der homöopathischen Arzneimittellehre extrahiert wird und der Ermittlung eines geeigneten Mittels dienen soll. In einem Repertorium sind die verschiedenen Symptome nach homöopathischen Kategorien in Rubriken mit ausführlichen gestaffelten Angaben aufgelistet und dazu alle passenden Mittel, bei deren Anwendung diese Symptome beschrieben wurden (gekürzt aus Wikipedia).

Da viele Patienten – für mich überraschend – mit einer Veränderung der Stuhlgangsituation reagierten, war eine Übergangzeit von sechs Monaten notwendig, um die sichere Einnahme von Klinoptilolith in den Griff zu bekommen. Abhängig vom Patienten ergab sich eine Dosierung von 3–8 g.[3]

Sehr früh zeigte sich, dass bei Patienten mit Diabetes Typ II der Blutzucker mithilfe des Vulkan-Minerals stabiler einzustellen gelang. Heute gehört für mich bei jedem Diabetes-Typus Klinoptilolith zur Standardtherapie. Speziell bei Altersdiabetes (Typ II) ist der Einsatz von Klinoptilolith das Mittel – neben der Stabilisierung des Zuckers –, das viele sekundäre Erscheinungen dieses Krankheitsbilds bessert und bis dahin noch nicht aufgetretene langfristige Folgeschäden mindert oder vermeiden hilft.

Im Laufe der letzten Jahre wurden eine Vielzahl Borreliose-Patienten mit kolloidalem Silber und unserer speziellen Entgiftungstherapie behandelt.[4] Auch hier erweist sich inzwischen Klinoptilolith als hervorragende Therapieergänzung mit vollkommen neuem Ansatz. Alle Borreliose-Patienten waren mit einer bis sechs Antibiotika-Therapien vorbehandelt und erlebten erst durch die Kombinationsbehandlung kolloidales Silber/Klinoptilolith eine erhebliche Besserung.

Gute Erfahrungen liegen inzwischen bei verschiedenen Immunstörungen, Autoimmunerkrankungen am Skelett und der Lunge, Lebererkrankungen, Osteoporose, Atrophien und Schmerzzuständen vor sowie bei schwierigen Hauterkrankungen, speziell Neurodermitis und Psoriasis (Schuppenflechte).

Nachdem die Dosierungsfrage gelöst war, wurde das Pulver Leistungssportlern, Schwangeren und älteren Menschen empfohlen und festgestellt, dass aufgrund der guten Verträglichkeit auch Gesunde davon profitieren können: Gesteigerte Leistungsfähigkeit, bessere Konzentration, erholsamerer Schlaf und eine allgemein bessere Regeneration sind zu beobachten; ebenso eine Verbesserung des Hautbilds, des Haarwachstums und eine auffällig verringerte Infektanfälligkeit.

In diesem Buch werden eingehend Erfahrungen zu verschiedenen Erkrankungen sowie der therapeutische Ansatz und die theoretische Überlegung

---

3 Siehe hierzu auch das Kapitel »Nebenwirkungen«, Seite 75.
4 Siehe Kühni/von Holst, *Naturheilverfahren bei Borreliose*, 2011.

dazu beschrieben. Zudem werden Klinoptilolithbehandlungen mit Tieren vorgestellt. Meine Forschungen gehen weiter: Nach wie vor sammle ich Patientenberichte, um den Einsatz von Klinoptilolith auch für therapeutische Bereiche zu sichern, bei denen das Mineral bisher noch nicht angewandt oder nur unzureichend beschrieben wurde.

Zur Anwendung von Klinoptilolith bei radioaktiv verstrahlten Patienten konnte ich bisher selbst noch keine Erfahrungen machen, weder durch direkte Beobachtung noch durch den Erfahrungsaustausch im Kollegenkreis. Da Klinoptilolith aber einer der wenigen Stoffe ist, die radioaktives Caesium oder Strontium aufnehmen und binden können, dürfte es jedoch nur noch eine Frage der Zeit sein, bis eine fundiertere Auseinandersetzung mit diesem Thema möglich ist.

Was ist
Klinoptilolith?

Zeolithgrundlage

Zeolithe sind natürliche, hydratisierte Alumo-Gerüstsilikate. Sie besitzen aufgrund ihrer Hohlraumstruktur mit zahlreichen Poren und Kanälen eine große innere Oberfläche, die eine außergewöhnlich hohe Adsorptionsfähigkeit für Schwermetalle und andere Schadstoffe bewirkt.

Zeolithe: Entdeckt und benannt wurde diese Silikatgruppe 1756 durch den schwedischen Mineralogen Cronstedt. Er beobachtet, dass Zeolithe beim Erhitzen Wasser abgeben, sodass sie scheinbar sieden und schließlich zu einer weißen Glasperle schmelzen. Die ersten entdeckten Kristalle waren Stilbit und Levyn. Heute gibt es mittlerweile über 140 verschiedene Zeolitharten mit unterschiedlicher Gerüststruktur, wobei davon 60 natürlich und 9 in abbauwürdigen Lagerstätten in Australien, China, Japan, Kroatien, in der Türkei, Ukraine und den USA vorkommen.

Im Jahre 1920 ließ sich mithilfe der Röntgendiffraktion zum ersten Mal die interne Struktur der Zeolithe entschlüsseln. Kurz danach wurde das erste Mal ein Zeolith erfolgreich zum Ionenaustausch eingesetzt.

Zeolithe sind kristalline Na-, K- oder Ca-Alumosilikate[5], deren Struktur durch ein Kristallgitter aus miteinander verbundenen Tetraedern charakterisiert wird. Zeolithe können farblos bis weiß oder hellrot bis grünlich gefärbt sein. Weitere Verfärbungen sind durch Verunreinigungen und/oder zusätzliche Mineralien möglich. Durch ihre Struktur können Zeolithe Wasser speichern, das beim Erhitzen wieder abgegeben wird. Ein Zeolith kann das Wasser auch wieder aufnehmen, ohne dass seine Struktur zerstört wird.

Zeolithe sind eine eigenständige Mineralgruppe, die aus 72 eigenständigen Mineralien besteht. Im deutschsprachigen Raum, insbesondere im Verkauf, wird Klinoptilolith immer wieder als Zeolith bezeichnet. Allgemein wird auch von einer Zeolith-Anwendung gesprochen. Diese Gleichsetzung ist jedoch falsch.

Leider setzt sich diese Verwirrung auch im wissenschaftlichen und medizinischen Bereich fort. Der Begriff Zeolith umfasst hier einerseits den natürlichen, andererseits auch die synthetischen Zeolithe. Deswegen ist bei allen wissenschaftlichen oder klinischen Arbeiten genau zu prüfen, ob sie sich mit natürlichen oder synthetischen Zeolithen befassen. Beide Stoffgruppen sind

---

5 Sammelbezeichnungen für Minerale aus der Gruppe der Silikate, die sich aus den Grundbausteinen $SiO4$-Tetraeder und $AlO4$-Tetraeder aufbauen. Aluminium kann sich hier chemisch ähnlich verhalten wie Silizium.

nicht miteinander vergleichbar, da sie auf unterschiedliche Weise entstehen und auch andere physikalische Eigenschaften besitzen.

Struktur

Klinoptilolith besteht aus einer mikroporösen Gerüststruktur von AlO_4- und SiO_4-Tetraedern. Dabei sind die Aluminium- und Siliziumatome untereinander durch Sauerstoffatome verbunden. Dieses Kristallgitter enthält offene Hohlräume in Form von Käfigen und Kanälen. Die Käfige können Stoffe adsorbieren. In der Natur ist dort in der Regel Wasser adsorbiert, das durch Erhitzen aus den Poren entfernt werden kann, ohne dass sich die Zeolithstruktur ändert.

Da nur solche Moleküle in den Poren adsorbiert werden, welche einen kleineren kinetischen Durchmesser besitzen als die Porenöffnungen der Zeolithstruktur, gehört Klinoptilolith daher auch in die Gruppe der Molekularsiebe. Die Hohlräume entstehen durch die Ringbildung des Grundbausteines (Al, Si), sie können bis zu 50 Prozent seines Volumens ausmachen.

Die einfachste Form ist hierbei ein Kanal, ein theoretisch sich unendlich in eine Richtung fortsetzender Hohlraum. Teile des Zeolithkristallgitters enthalten nicht geschlossene Hohlräume, sogenannte Käfige, welche an die Kanäle angeschlossen sind: Die Käfige sind so groß, dass zusätzliche Atome oder Moleküle in das Kristallgitter mit aufgenommen werden können. Dadurch eignen sie sich für technische Anwendungen, etwa als Katalysatoren für zahlreiche Prozesse der chemischen Industrie, als Materialien zur Trennung von chemischen Substanzen oder als Wasserenthärter. Auf die Adsorptionskraft ist die medizinisch unverzichtbare entgiftende Wirkung zurückzuführen.

Durch Aluminiumatome hat Klinoptilolith eine anionische Gerüstladung. An der inneren und äußeren Oberfläche befinden sich daher bei aluminiumhaltigen Zeolithen Kationen, das heißt bewegliche negativ geladene Elektronen. In Klinoptilolith liegen diese Kationen häufig in gelöster Form

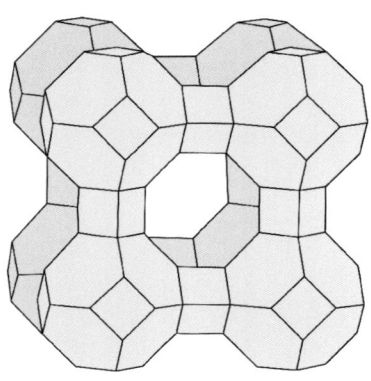

Hohlraum im Klinoptilolith-Kristallgitter

in dem Kanalsystem der Zeolithe vor, sind also relativ leicht zugänglich und damit austauschbar. Übliche Kationen sind Na^+, K^+, Ca^{2+} und Mg^{2+}. Diese wichtigen Mineralstoffe können somit vom Körper leicht aufgenommen werden.

Nicht austauschbar sind die Aluminiumatome, die fest in das Gitter eingebaut sind und sich chemisch wie Siliziumatome verhalten. Daher ist die oft geäußerte Sorge, seinen Körper bei der Einnahme von Klinoptilolith mit Aluminium zu belasten, völlig unbegründet.

Mineralogie des Klinoptiloliths

Klinoptilolith ist ein wasserhaltiges Alumo-Gerüstsilikat der Gruppe der Blätterzeolithe und der Barrerit-Stilbit-Gruppe. Die Bezeichnung wird normalerweise dann verwendet, wenn mangels Analyse das dominante Kation unbekannt ist und es deshalb nicht einem der anerkannten Minerale der Gruppe exakt zugeordnet werden kann: Klinoptilolith-Ca, Klinoptilolith-K und Klinoptilolith-Na. Im allgemeinen Sprachgebrauch werden alle drei Minerale zusammen als Klinoptilolith verwendet.

Je nach Vorkommen besteht das Mineral aus 82–97 Prozent Klinoptilolith. Es kommt in der Natur nie rein vor, sondern immer zusammen mit Cristobalit, Feldspat, Illit, Quarz und Karbonatmineralien. Der meiste im Handel befindliche Klinoptilolith enthält 84–95 Prozent Klinoptilolith, Cristobalit 9 Prozent, Feldspat 5–8 Prozent und Glimmer 2–3 Prozent, dazu Quarz in Spuren.

Empirische Formel: $(Na_2,K_2,Ca,Mg)_4Al_8Si_{40}O_{96} \cdot 24\ H2O$. In geringen Mengen kann Eisen (bis 1,5 %), Titan (bis 0,05 %), Mangan (bis 0,04 %), Blei (0,017 ‰),

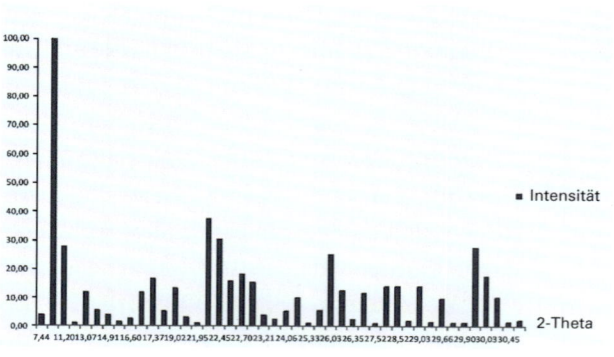

Röntgenstrukturanalyse von Klinoptilolith-Na.

Arsen, Zink, Quecksilber und Cadmium enthalten sein. *Chemische Zusammensetzung:* SiO_2 64,18–75,50 %; Al_2O_3 10,93–14,80 %; MgO 0,29–1,43 %; K_2O 1,24–4,24 %; Fe_2O_3 0,12–2,45 %; CaO 1,43–11,68 %; Na_2O 0,1–2,97 %.

Klinoptilolith kann seine freien Kationen (Na^+, K^+, Ca^{2+}, Mg^{2+}) gegen andere Metallionen (Ag^+, Ba^{2+}, Cd^{2+}, Co^{3+}, Cr^{3+}, Cs^+, Cu^{2+}, Fe^{2+}, Hg^{2+}, Li_+, Pb^{2+}, Rb, Sr_{2+}, Zn) austauschen, wofür eine größere Selektivität (Cs^+ >NH^{4+} >Pb^{2+} >K^+ >Na^+ >Ca^{2+} >Mg^{2+} >Ba^{2+} >Cu^{2+} >Zn^{2+}) besteht.[6] *Kristallsystem:* monoklin; *Härte* nach Mohs: 2–3; *Dichte:* 2,2–2,5; *Porosität:* 32–40 %; effektiver *Porendurchschnitt:* 0,4 nm; *Wasseraufnahmefähigkeit:* 39 %; *Farbe:* Klinoptilolith ist farblos, kann aber durch Fremdbeimischungen auch braun, rot, dunkel- oder hellgrün sein. Makroskopischer Klinoptilolith ist ein kompaktes Gestein von hellgrüner Farbe (feucht) und mit muschelartigem Schnitt. Das Trockenmaterial ist hellgrau-grün. Klinoptilolith ist stabil gegenüber Säuren und Laugen, thermisch stabil bis 450 °C und nicht wasserlöslich.

Obwohl Zeolithe als Alumo-Schichtsilikate mit den Feldspäten eng verwandt sind, sind die physikalischen Eigenschaften deutlich niedriger ausgeprägt: Zeolithe haben eine Härte von 3,5–5,5; Feldspäte von 6–6,5. Die Dichte der Zeolithe beträgt etwa 2,0–2,4 g/cm^3, die der Feldspäte 2,5–2,8 g/cm^3.

Vergleichbare Schichtsilikate der 9 EC 40 Montmorillonit-Gruppe sind: Beidellit (Schichtsilikat), Hectorit, Montmorillonit, Nontrolith, Saponit, Swinefordit oder Volkonskoit. Ihr Aufbau ist ähnlich, mit sehr ähnlicher Wirkung.

Schichtsilikate sind Silikate, deren Silikatanionen aus Schichten eckenverknüpfter SiO_4-Tetraeder bestehen. Zu dieser Abteilung der Silikate zählen bedeutende Gruppen gesteinsbildender Minerale wie beispielsweise die Glimmer-, Chlorit-, Kaolin- und Serpentingruppe. Die in bindigen Böden allgegenwärtigen und in Sedimentgesteinen verbreiteten Tonminerale sind ebenfalls Schichtsilikate, die auch technisch und alternativmedizinisch wichtig sind. Schichtsilikate sind oft quellfähig und mit ihrer Kationenaustauschkapazität wichtig für die Fruchtbarkeit von Böden.

Schichtsilikate sind die Mineralien der Gruppen 9 EA 05 bis 9 EJ 15 in der Systematik der Mineralien nach Strunz. Die 9 EC Gruppe bilden die Schichtsilikate mit Glimmertafeln, die 9 AC 40 Gruppe ist die Montmorillonitgruppe.

---

6 Miles hat in einer weitergehenden Untersuchung zur Kationenaustauschkapazität von Zeolithen folgende Selektivitätsreihe für Klinoptilolith festgestellt: Cs >Rb >NH4 >Sr >Na >Ca >Fe >Al >Mg >Li.

Das wichtigste Mineral der 9 EC 40 Gruppe ist das Montmorillonit, ein Tonmineral und wesentlichster Bestandteil (60–80 Prozent) von Bentonit. Im medizinischen und tiermedizinischen Bereich wird Montmorillonit als Inhaltsstoff für Antidiarrhoika verwendet.

Synthetischer Klinoptilolith

Synthetische Zeolithe kommen unter der Bezeichnung »metallorganische Gerüstverbindungen« (engl. Metal Organic Frameworks = MOF) in den Handel. Das hochporöse Mineral kann mehr als das 1,3-fache seines Gewichtes an Wasser aufnehmen und eignet sich dadurch für thermische Wärmepumpen.

Die ersten synthetischen Zeolithe wurden 1956 in Japan hergestellt. Durch ihren Nutzen für die Industrie wuchs die Anzahl der neuen synthetischen Zeolithe auf über 100 an.

Die jährliche Produktion der Zeolithe soll bei etwa 1 Million Tonnen liegen, die der synthetischen Zeolithe bei 300 000 Tonnen.[7]

Die Synthese von Klinoptilolith kann – wie bei anderen Zeolithen auch – aus einer Mischung aus Aluminium- und Silizium-Hydroxiden in Natronlauge bei Temperaturen zwischen 50 und 90 Grad Celsius durchgeführt werden. Die Hydroxide können mit Natronlauge frisch aus Aluminiumpulver und Tetraethylorthosilikat getrennt hergestellt und dann vermischt werden. Vorteilhaft ist ein Überschuss von Aluminium.

Die etwa 120 synthetisch hydralisierten Alumosilikate[8] gelten jedoch nicht als Minerale.

Die Strukturkommission der IZA ordnet die Zeolithe in Gruppen mit gleichem Bauplan des Alumosilikatgerüstes. Aktuell sind 231 solche Strukturtypen beschrieben worden, von denen jedoch viele nur bei synthetischen Zeolithen gefunden wurden. Für jeden Strukturtyp führen sie ein Kürzel aus drei Buchstaben ein, das sich aus dem Namen des Typminerals ergibt. Strukturtypen, in denen gerüstunterbrechende Anionen wie (OH)-Gruppen auftreten, sind durch ein vorangestelltes »-« gekennzeichnet.

---

7 Öko-Invest, Nr. 571/15, 2015.
8 Alumosilikate sind Minerale und chemische Verbindungen aus der Gruppe der Silikate, deren Grundgerüst aus Silizium- und Aluminiumatomen besteht.

Entstehung

Klinoptilolith kann auf zwölf verschiedene mineralogische Weisen entstehen,[9] doch ist hauptsächlich das aus terrestrisch[10] abgelagerten vulkanischen Aschen und Tuffen im Handel erhältlich.

Aus diesem Grund wird Klinoptilolith auch verallgemeinert als »vulkanisches Gestein« bezeichnet. Leider wird dies auf vielen Internetseiten vollkommen falsch dargestellt, da die nachträgliche chemische Veränderung nicht berücksichtigt wird.

Klinoptilolith in abgelagerten vulkanischen Aschen und Tuffen

Explosive vulkanische Ereignisse produzieren große Mengen Asche und Tuffe. Die über Land abgelagerten Gesteine werden im Laufe der Zeit durch Witterungseinflüsse verändert. Niederschlagswässer und Grundwasser durchdringen die vulkanischen Ablagerungen. Eindringendes Oberflächenwasser sickert durch die Tuffe und reichert sie mit Natrium, Kalium und Calcium an. Die Sickerwässer lösen die Glasbestandteile in den vulkanischen Aschen auf und schaffen Hohlräume für die Auskristallisation von Zeolithen, wenn die Mächtigkeit der Schichten mehr als 500 Meter beträgt. Im oberen Bereich entsteht Klinoptilolith.

Andere Zeolithe

Obwohl der chemische Aufbau aller Zeolithe sehr ähnlich ist, kommt von den natürlichen Zeolithen nur Klinoptilolith in die allgemeine Verwendung. Das liegt vermutlich daran, dass Zeolithe meist primär entstanden, immer nur in kleineren Vorkommen, oft in Basalt eingelagert, vorliegen und es sich nicht lohnt, diese abzubauen, da der anschließende Trennungs- und Reinigungsvorgang viel zu aufwendig ist.

Der sekundär entstandene und sedimentär abgelagerte Klinoptilolith dagegen kann Hunderte von Metern dick sein und muss in vielen Fundberei-

---

9 Mehr dazu im Anhang, Seite 173f.
10 = an Land; Gegensatz: submarin = unter Wasser.

chen nur noch gemahlen werden. Ein weiterer Trennungsgang ist oft nicht notwendig.

Andere Zeolithe wie etwa Analcim, Faujasit, Heulandit, Mesolith, Natrolith, Skolezit, Stilbit und Thomsonit sind als Kristallstufen auf Mineralienbörsen erhältlich und werden zwar in der Steinheilkunde eingesetzt, nicht jedoch zur inneren Anwendung.

Paragenese

Aufgrund der pyroklastischen sedimentären Entstehung des Klinoptiloliths kommt er in größeren Schichten meist relativ rein (um 90 Prozent) vor, und diese sedimentäre Entstehung lässt auch kaum eine größere Kristallisation zu.

Anders ist es bei den primären Entstehungsformen, bei denen das Mineral auskristallisiert, oft in Kombination mit Heulandit. In solchen Fällen liegen mehrere kristalline Paragenese-Mineralien mit vor.

Klinoptilolith kann als sekundäres Vulkan-Mineral zusammen mit anderen Blätterzeolithen wie Barrerit, Brewsterit, Epistilbit, Heulandit[11], Stellerit und Stilbit vorkommen. In der Natur tritt Klinoptilolith meist zusammen mit Cristobalit, Feldspat, Celadonit[12] und Muskovit, teilweise auch Montmorillonit auf. Über eine andere Entstehung kann Klinoptilolith zusammen mit Calcit, Gaylussit, Halit, Hectorit, Opal oder Thennardit vorkommen. Bisher sind keine speziellen Paragenese-Mineralien dieser Entstehungen bekannt, die über die genaue Herkunft des Klinoptiloliths eine Aussage machen können.

---

11 Viele der aus Indien stammenden Heulandite sind Mischungen aus Heulandit und Klinoptilolith.
12 Seladonit $K(Mg, Fe^{2+})(Fe^{3+}, Al)[(OH)_2 | Si_4 O_{10}]$ findet sich oft innig verwachsen mit Heulandit, Klinoptilolith oder Stilbit und sorgt bei diesen normalerweise farblosen Mineralen für eine meergrüne Färbung.

Vorkommen

Klinoptilolith ist aus nahezu allen Vulkangebieten der Erde bekannt. Deshalb wird er auch generalisiert als vulkanisches Mineral bezeichnet. Weltweit gibt es über 180 große, bekannte Vorkommen von riesigem Ausmaß, davon alleine über 100 Vorkommen in 21 chinesischen Provinzen. Die bedeutendsten Vorkommen sind in der folgenden Aufzählung aufgeführt.

Argentinien: Chubut; *Armenien:* Idschewanskoe; *Aserbaidschan:* Aydag; *Äthiopien:* Nazret und Boru; *Australien:* Werris Creeke/New South Wales; *Brasilien:* Rio Grande del Sul; *Bulgarien:* Beli Plast; *China:* Jin-Yun/Zhejiang, Dushijou und Hai-Ling/Heilongjiang; *Dänemark:* Färöer; *Deutschland:* Klotzsche/Dresden, Maroldsweisach, Ortenberg, Reichweiler, Römbach, Rühmbach, Saldenburg-Matzersdorf, St. Andreasberg, Vogelsberg Weitendorf, Windischeschenbach; *Frankreich:* Nantes; *Georgien:* Dzegvi; *Griechenland:* Avdella, Kimolos, Poliegos und Samos; *Großbritannien:* Botallack, Cornwall; *Indien:* Pashan Hills; *Indonesien:* Sumatra: Nusa Tenggara, Maluku; *West Java:* Bogor, Gunung Kidul; Cikembar und Sakabumi; *Iran:* Eshloghchai/ Miyaneh, Elbrus und Yzad; *Island:* Moeraki; *Italien:* Schio; *Japan:* Chichi-jima, Kamaishi, Kuruma Pass; *Kanada:* Bay of Fundy, Kamloops Mining District, Mont Saint-Hilaire; *Kuba:* Castilla, Tasajeras, Las Pulgas und Caimanes; *Mexiko:* Yucatan; *Neuseeland:* Moeraki, Whitianga; *Nordkorea:* Han Zin und Pho Ha; *Norwegen:* Narvik; *Österreich:* Bad Gleichenberg, Ybbs a. d. Donau, Kapfenberg, Leibnitz, Weitendorf; *Philippinen:* Mangatarem; *Polen:* Dynow; *Rumänien:* Chilioara; *Russland:* Kaukasus, Sibirien; *Schweiz:* Gibelsbach; *Slowenien:* Zaloska Gorica; *Slowakei:* Nižný Hrabovec; *Spanien:* Las Negras, Nijar; *Südafrika:* Heidelberg-Riversdale/Cape Province und Hluhluwe/KwaZulu-Natal; *Südkorea:* Guryongpo; *Tschechien:* Honcova hurca, Skotnice; *Türkei:* Emet, Kestelek, Manisa Gördes; *Turkmenistan:* Aydak, Bad Khyz; *Ukraine:* Sokirnitsa; *Ungarn:* Nyiri, Ratka; *USA:* Kalifornien (Boron, Owl Canyon), Nevada (Antelope Springs Distrikt), Neu-Mexiko (Winston), Oregon (Cape Madras, Cape Lookout, Durkee, Swayze Creek), South Dakota, Utah (Thomas Range), Washington (Altoona, Rock Island Dam), Wyoming (Hoodoo Mt., Yellowstone National Park); *Zypern:* Troulli.

Produktion

Der Abbau von natürlichen Zeolithen verlief in den letzten dreißig Jahren mehr oder weniger langsam. Mitte der 1970er Jahre lag die weltweite Produktion bei nur einigen Hundert Tonnen pro Jahr. Mitte der 1980er Jahre überschritt die Produktion die 10 000-Tonnen-Grenze. Durch eine neue Anwendung als Tierstreu konnte die Fördermenge bis 1993 auf 46 100 Tonnen erhöht werden. Das wichtigste Wachstumssegment wird in Zukunft der Waschmittelmarkt und die Bauindustrie im asiatisch-pazifischen Raum sein. Die aktuelle jährliche Produktion von natürlichen Zeolithen liegt bei ca. 4 000 000 Tonnen.[13]

Die Gesamtmenge der jährlich abgebauten Menge an Klinoptilolith betrug 3 400 000 Tonnen[14]; davon in

China:	2 500 000 t	Ungarn:	15 000 t
Kuba:	550 000 t	Slowenien:	12 000 t
Japan:	150 000 t	Südafrika:	10 000 t
Bulgarien:	45 000 t	Italien:	4000 t
USA:	40 000 t	Georgien:	4000 t
Türkei:	40 000 t	Kanada:	4000 t

---

13 www.mineralienatlas.de/lexikon/index.php/Mineralienportrait/Zeolithe/Lagerst%E4tten%20und
%20Bergbau
14 1988: 1 000 000 Tonnen (Newsam).

Verwendung des Klinoptiloliths

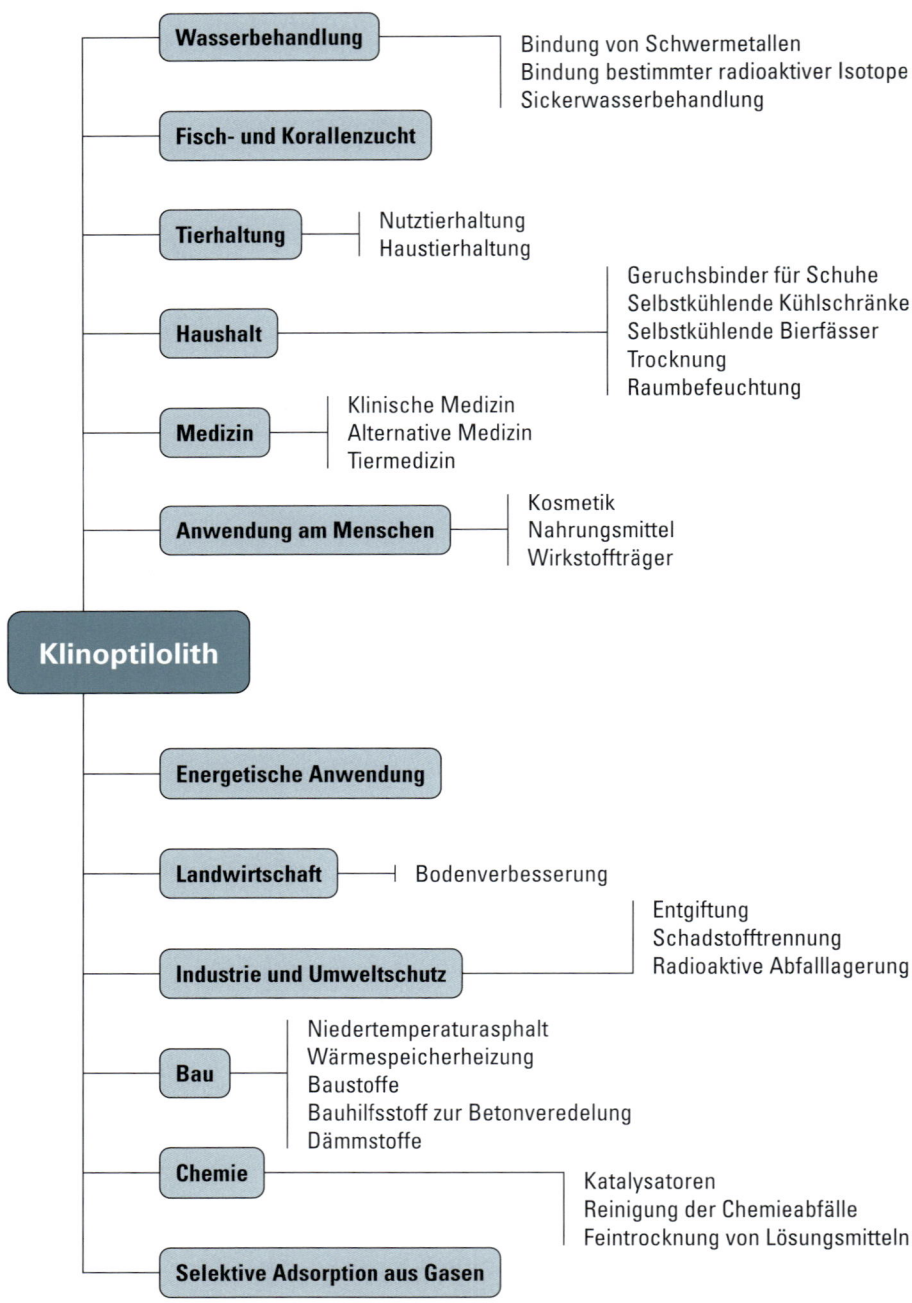

Klinoptilolith und dessen rechtliche Situation in der EU und den USA

In den USA findet man in den Prospekten der Klinoptilolith-Produkte oder auf der Verpackung aufgedruckt die Aussage: »Zeolith ist in den USA von der FDA nicht für die Behandlung von Erkrankungen oder gar Krebs zugelassen. Außerdem wurden keine der oben genannten Erklärungen durch die FDA geprüft.«

In Deutschland ist an den entsprechenden Stellen zu lesen: »Klinoptilolith ist innerhalb der EU im rechtlichen Sinn kein Arzneimittel, kein Nahrungsergänzungsmittel, kein Lebensmittel, kein Medizinprodukt und auch kein Medikament.«

Klinoptilolith kann in der EU unter bestimmten Bedingungen als Medizinprodukt zugelassen werden, ist damit aber immer noch kein Medikament. Die Zulassung als Medizinprodukt ist eine verfahrenstechnische Zulassung, die nichts über die medizinische Qualität des Produktes aussagt.

Mit der Zulassung als »Medizinprodukt« werden nur formale Herstellungs- und Verarbeitungskriterien festgelegt. Diese formalen Kriterien beziehen sich z.B. auf die gleichmäßige Vermahlungsgröße der Partikel. Zur Wirksamkeit gibt es keine Aussagen, sonst wäre es ein »Medikament«.

Wird Klinoptilolith nur als »Futtermittelzusatz« für Tierfutter angeboten, ist diese Zulassung nicht notwendig.

Als Zusatzstoff E567 und E568 bezeichnet und registriert, wurde Klinoptilolith durch die Europäische Kommission als unbedenklich für die Gesundheit von Mensch und Tier eingestuft. Damit wird belegt, dass Klinoptilolith, der als Antioxidans in Verpackungen eingesetzt wird, nicht auf das darin verpackte Lebensmittel übergeht. Zweitens, dass keine Gefahr für Menschen besteht, die das Fleisch eines Tieres konsumieren. Folgerichtig wurde Klinoptilolith 2013 für alle Tierarten freigegeben, nachdem er bis dahin nur für die Mast von Schweinen, Hühnern, Truthähnen, Rindern und Lachsen zugelassen war.

Als Nahrungsergänzungsmittel ist Klinoptilolith aufgrund der Novel Food-Verordnung nicht zugelassen. Er wurde daher im Dezember 2011 vom Bundesamt für Verbraucherschutz und Lebensmittelsicherheit (BVL) als nicht zugelassene neuartige Lebensmittelzutat in Nahrungsergänzungsmitteln erfasst.

Medizinische Verwendung

Klinoptilolith hat sich in den letzten 25 Jahren in der medizinischen Anwendung bei vielen Erkrankungen bewährt. In Deutschland sowie im gesamten westeuropäischen Teil der EU jedoch konnte es sich bisher nicht gegen die von Pharmainteressen orientierte »wissenschaftliche« Schulmedizin durchsetzen. Hier führt es noch ein Schattendasein im alternativen Bereich, anders dagegen in vielen osteuropäischen Ländern.

Von dort kommen auch die meisten medizinischen Berichte und Untersuchungen, meist aus Privatkliniken. Prof. Hecht führt in seinem Buch weitgehend nur russische Quellen auf.

Im Internet findet man inzwischen verschiedene medizinische Anwendungen des Klinoptiloliths in Osteuropa, Asien und Südamerika. Alle diese Anwendungen befinden sich jedoch noch in experimentellen Stadien und werden meist von alternativen Ärzten durchgeführt.

Der wichtigste und wirksamste Inhaltsstoff des Klinoptiloliths ist das Silizium. Durch seine Struktur ist Klinoptilolith als sinnvoller Siliziumträger geeignet.

Bioverfügbarkeit von Silizium

Klinoptilolith wird hauptsächlich als Silikat – und damit als Siliziumträger – angesehen. Deshalb wird er auch in erster Linie unter diesem Aspekt betrachtet.

Silizium wird als mineralisches Silizium (zum Beispiel in Klinoptilolith) zu 1–2 Prozent, als kolloidales Silizium zu 15 Prozent und als organisches Silizium (zum Beispiel Ackerschachtelhalm) zu 70 Prozent im Körper aufgenommen. Das heißt, bei einer Tagesdosis von 3 g Klinoptilolith nimmt der Körper 30–60 mg (je nach Körpergewicht) auf, das er auch verstoffwechseln kann.

In einer mit Si^{32} (mit ß-Strahler zur Markierung) durchgeführten Bioverfügbarkeitsstudie wurden innerhalb von 48 Stunden 36 Prozent der applizierten Dosis im Urin wiedergefunden.

Physiologie des Siliziums

Für die Struktur verschiedener niederer Lebewesen wie Kieselalgen (Diatomeen), Strahlentierchen (Radiolarien) und einiger Schwämme (Spongien) ist Silizium lebenswichtig (essenziell). Über die exakte physiologische Wirkung von Silizium und deren Verlauf im Körper des Menschen ist in keinem pharmakologischen Lehrbuch etwas zu finden. Alle Angaben dazu sind spekulativ und physiologisch kaum begründet. Der Weg des Siliziums im Stoffwechsel ist vollständig unbekannt. Bisher liegen nur Untersuchungen zu Wachstumsstörungen von Hühnern vor.[15]

Silizium wird im Körper vor allem im Bindegewebe und den Knochen eingelagert und kann zu deren Aufbau und Stabilität beitragen. Der menschliche Organismus enthält etwa 1–1,5 g Silizium. Silizium liegt im Körper mit 15 µg/100 ml Körperflüssigkeit vor, das 0,15 ppm entspricht.

Der tägliche Bedarf an Silizium wird auf 20–30 mg geschätzt; eine genauere Angabe ist unbekannt. Eine Empfehlung gibt es bisher nicht. Auch die genaue Aufnahmemenge ist unbekannt. In der Regel deckt ein Erwachsener diesen geschätzten Bedarf ab, da Silizium in allen pflanzlichen Lebensmitteln enthalten ist. In Pflanzen liegt Silizium jedoch nicht frei vor. Es ist meist an Pektin oder Stärke gebunden.

Tierische Produkte enthalten weniger Silizium, auch hier liegen kaum Untersuchungen vor. Es wird jedoch vermutet, dass das dort enthaltene Silizium vom Körper etwas besser aufgenommen werden kann.[16]

Anorganisches Silizium (als Kieselsäure oder Silikat) in Form monomerer Kieselsäuremoleküle (SiO_4^{-4}) wird vermutlich vom Körper besser absorbiert als organisch gebundenes Silizium. Vor allem, wenn es in extrem fein zermahlener Form vorliegt. Einmal resorbiert, liegt Silizium im Blut überwiegend in Form nicht protein-gebundener, das heißt freier und monomerer Kieselsäure vor. Bei gesunden Personen wurde eine mittlere Silizium-Serum-Konzentration von 21 µmol pro Liter, bei Patienten mit chronischer Niereninsuffizienz von 46 µmol pro Liter gemessen.

---

15 Im Lehrbuch der Physiologie ist Silizium nicht einmal im Stichwortverzeichnis zu finden.
16 Dr. Edith Muriel Carlisle, Kalifornien, wies 1972 nach, dass Silizium ein essenzielles Element im menschlichen Körper ist. Ein Element muss einen reproduzierbaren Effekt auf einen lebensnotwendigen Vorgang im lebenden Körper ausüben, der ohne dieses Element nicht ablaufen kann, um sich für die Bezeichnung »essenziell« zu qualifizieren. Das Element Silizium besorgt Vorgänge, die nur bei Anwesenheit von Silizium im Körper vorgehen können. Diese Vorgänge setzen aus, sobald Silizium entzogen wird.

Wachstumsstörungen
bei siliziumfrei ernährten
Hühnern.

Silizium findet sich fast überall im Körper, sowohl im Blut (ca. 10 mg pro Liter, was ein Zehntel des Calciums entspricht) als auch in Organen, im Bindegewebe, in Knochen, in den Gefäßwänden, in Milz, Sehnen, Muskeln, Leber, Bauchspeicheldrüse, Nieren, Herz, im Endokrinsystem, in den Augen, Haut und den Hautanhangsorganen.

Ein siliziumspezifisches Transportsystem in der intestinalen Membran ist nicht bekannt.

Silizium fördert die Bildung aller Gewebe im Körper und aktiviert vermutlich den Zellstoffwechsel und den Zellaufbau.

Silizium ist in verschiedenen Zellen des Körpers in unterschiedlichen Konzentrationen enthalten. Bindegewebe macht den Großteil des Körpers aus und benötigt das meiste Silizium. Dr. Edith Muriel Carlisle fand, dass die niedrigen Konzentrationen von Silizium auch in den meisten Organen, mit Ausnahme der Lungen, zu Lebzeiten nicht wesentlich variieren. Daraus folgerte sie, dass Organe ihre zahllosen Funktionen nur dann vollbringen können, wenn ihnen tägliche Mengen von 20–30 mg Siliziumsäure verabreicht werden.

Beim Fötus ist die Siliziummenge sehr groß, beim erwachsenen Menschen sinkt sie, zumindest was ihr Vorkommen außerhalb der Zellen betrifft, und im Alter ist sie um 80 Prozent gesunken.[17]

---

17 Aus einer Studie von 1991 geht hervor, dass beim Menschen der Siliziumgehalt in der Haut und der Aorta sowie in arteriosklerotischen Gefäßen mit dem Alter abnimmt.

Silizium-Mangelerscheinungen

Silizium-Mangelerscheinungen konnten bisher nur in Tierversuchen experimentell nachgewiesen (erzeugt) werden. Es wurden dabei Veränderungen von Knorpel und Knochen festgestellt. Ein Siliziummangel beim Menschen kann möglicherweise zu Wachstumsstörungen und einer Reihe von Hauterkrankungen wie chronischem Ausschlag (Ekzem) und Juckreiz (Pruritus) führen. Dies konnte bisher jedoch noch nicht sicher belegt werden.

Theoretischer Einsatz des Siliziums in der Medizin

Da keine exakten Untersuchungen vorliegen, kann nur durch Beobachtung und logische Schlüsse der Einsatz des Siliziums in der Medizin begründet werden.

Es ist anzunehmen, dass Silizium sich auswirkt auf:
- Aktivierung des Zellaufbaus und des Zellstoffwechsels,
- Aufbau der Stabilität der Zellmembran,
- Erhaltung der elektrischen Leitfähigkeit des Gewebes,
- Stimulierung des Immunsystems,
- Regulierung der Darmperistaltik,
- Entlastung der Leber in ihrer Entgiftungsfunktion,
- Erhaltung des Knorpels und der Gelenkfunktion,
- Verbesserung der Knochenbildung durch Calciumaufnahme,
- Verbesserung der Elastizität des Arteriengewebes,
- Verbesserung der arteriellen und venösen Mikrozirkulation,
- Verbesserung des Wuchses von Haaren und Nägeln,
- Remineralisierung von Gewebe und Serum,
- Regulierung des Calcium- und Magnesiumstoffwechsels,
- Regenerierung des Bindegewebes der Haut,
- Hinauszögerung von Alterserscheinungen.

Es scheint ebenso mitverantwortlich zu sein für:
- ein gutes Funktionieren des Immunsystems,
- die Restrukturierung der Kollagenfasern,
- die Beschleunigung normaler Wundheilungsprozesse.

Wege der Ausscheidung des Siliziums

Silizium wird sowohl über den Darm als auch den Urin ausgeschieden. Wie weit es über den Hautschweiß ausgeschieden wird, ist nicht bekannt. Mit dem Urin wird im Durchschnitt 40 Prozent des aufgenommenen Siliziums wieder ausgeschieden. Nach einer Einnahme von Klinoptilolith beobachtet man in den meisten Fällen eine vermehrte Urinausscheidung, wobei die Menge, aber auch die Farbe und der Geruch des Urins sich auffällig verändern. Dies kann bis zu 3 Wochen anhalten, danach normalisiert sich die Urinausscheidung wieder. Die Ausscheidung über den Darm hängt nach Untersuchungen von Dr. Edith Muriel Carlisle von der Nahrungsaufnahme ab. Bei faserarmer Nahrung ist die Verdauungsausscheidung von Silizium niedriger (20–40 Prozent) als bei faserreicher Nahrung.

Physiologie des Klinoptiloliths

Auf den meisten Internetseiten mit Informationen über Klinoptilolith ist zu lesen, dass das Vulkan-Mineral nicht im Darm resorbiert wird, sondern den Verdauungstrakt nur durchwandert. Dies erscheint anhand der Wirkungen des Minerals nur eine rein theoretisch angenommene Aussage. Die Aufnahme liegt vermutlich nur im unteren Milligrammbereich, aber ohne eine Aufnahme des Klinoptiloliths sind viele seiner physiologischen Wirkungen nicht erklärbar.

Das den Verdauungstrakt durchwandernde Klinoptilolith wirkt wie ein Ballaststoff mit starker resorbierender Oberflächenwirkung, unter Abgabe verschiedener Mineralstoffe und Spurenelemente, und regt damit die Darmbewegung (Peristaltik) zusätzlich an.

---

18 Vor allem aus Bulgarien, Kroatien, Russland, Slowenien und der Ukraine.

In Studien[18] anhand von Gewebekulturen erweist sich Klinoptilolith als Immunmodulator mit der Fähigkeit, relativ große Teile der T-Zell-Population zu aktivieren. Es kommt dabei zu Interaktionen von SAg mit den Vß-Domänen und den T-Zell-Rezeptoren.

Klinoptilolith:
- greift in den Regulationsmechanismus der Zellen des Immunsystems ein,
- hemmt Proteinkinase B (PKBa/ß/γ) mit der Übertragung einer Phosphat-gruppe auf andere Proteine,
- ruft die Expression von p21WAF1/CiP1- und p27KlP1-Tumorunterdrückungs-Proteine hervor,
- blockiert das Zellwachstum mehrerer Krebszell-Linien,
- adsorbiert Mycotoxine (Pilzgifte),
- lässt die Werte der Erythrozyten und des Blutfarbstoffes Hämoglobin im Blut ansteigen,
- resorbiert Ammoniak im Darm und entlastet die Leber in ihrer Entgiftungs-funktion,
- verbessert die Bioverfügbarkeit des Eisens,
- greift extra- und intrazellulär in die Regulation des Säure-Basen-Haushalts ein,
- reguliert den gestörten Lipid-, Eiweiß- und Kohlenhydratstoffwechsel,
- greift über den Mineralhaushalt in den Elektrolyt- und Wasserhaushalt ein,
- stellt Silizium für physiologische Prozesse zur Verfügung,
- schützt den Organismus vor der Wirkung freier Radikale,
- wird vollkommen wieder aus dem Körper ausgeschieden.

Erklärungsmodelle der Wirkung

Die »wissenschaftliche« Unterstellung, Klinoptilolith habe keine biochemi-schen, sondern nur eine biophysikalische Wirkung, teile ich persönlich nicht. Viele der zu beobachtenden Wirkungen des Klinoptiloliths können damit nicht erklärt werden; weder die Aktivierung des Knochenwachstums noch die Beeinflussung des Insulinhaushalts oder gar die psychische Wirkung.

Der wichtigste Inhaltsstoff des Klinoptiloliths ist Silizium, obwohl Sili-zium hier als Alumosilikat vorliegt. Es ist für dessen physiologische Wirkung hauptsächlich verantwortlich. In Alumosilikaten (wie zum Beispiel Klinoptilolith) verhält sich Aluminium chemisch ohnehin stets wie Silizium, obwohl dazu bisher noch keine wissenschaftlichen Untersuchungen vorliegen.[19]

Biophysikalische Wirkung
Die biophysikalische Wirkung beschreibt die physikalische Wirkung des Klinoptiloliths im Körper, wobei keine chemische Änderung des Stoffes durchgeführt wird.

Klinoptilolith:
- fördert durch Volumenquellung die *mechanische* Darm-Peristaltik und regt damit die schnellere Ausscheidung über den Dickdarm an,
- entlastet durch *Adsorption* die Verminderung der Rückresorption von Giftstoffen in Dickdarm und Leber. Dadurch schützt es den Organismus vor Umweltschadstoffen, indem es Chemikalien (zum Beispiel DDT, Farbstoffe, Konservierungsmittel, Pestizide, Schwermetalle usw.), Medikamente und Stoffwechselendprodukte (zum Beispiel Ammoniak) an sich bindet und diese ausscheidet, und ist dadurch bei Hepatitis und Morbus Meulengracht einsetzbar,
- reguliert durch *Bindung* überschüssiger Säuren aus Eiweiß- und Stickstoffverbindungen den (extra- und intrazellulären) Säure-Basen-Haushalt und reguliert damit den Wasserhaushalt,
- leitet durch *Adsorption* gebundene Stoffwechselendprodukte von Medikamenten und Radionukliden über den Darm aus dem Körper aus,
- verbessert durch *Adsorption* und dessen *Vektorfunktion* die Bioverfügbarkeit von Enzymen, Mineralstoffen, Spurenelementen oder Vitaminen aus dem Darm. Es reguliert dadurch den Mineral- und Elektrolytenhaushalt sowie dessen bioelektrische Funktionen, besonders den Silizium-, Calcium-, Kalium- und Magnesiumstoffwechsel, und unterstützt dabei die Mineralhomöostase[20] bei beginnenden Mangelerscheinungen,
- schwächt durch *Adsorption* die Nebenwirkungen von chemischen Pharmazeutika, auch Chemotherapeutika, ab, kann die Wirkung der Pharmazeutika jedoch im Einzelfall auch verstärken,

19 Zum Thema Wissenschaftlichkeit bzw. Wissenschaftskritik siehe Seite 159ff.
20 Selbstregulation des Mineralstoffvorkommens und des Mineralstoffhaushalts.

- bindet durch *Adsorption* Metalle und Metallionen, aber auch Anionen wie Bromide, Nitrate oder Phosphate, und scheidet diese aus,
- bindet Radionuklide aus dem menschlichen Körper und entfernt diese und deren Strahlenbelastung (vor allem Caesium[137] und Strontium[90]).
- Ungeklärt jedoch ist die Wirkung des Klinoptiloliths bzw. des Siliziums auf den Wasserhaushalt, zum Beispiel bei Dehydrierung, die nur unzulänglich mit Adsorption erklärbar ist.

Biochemisch-physiologische Wirkung

Die biochemische Wirkung beschreibt die chemisch-physiologische Wirkung des Klinoptiloliths im Körper und damit die Funktion der Lebensvorgänge. Obwohl keine exakten Untersuchungen vorliegen, kann auf folgende Wirkungen des Klinoptiloliths geschlossen werden:

Klinoptilolith:
- reguliert die Funktion des *Kreislaufs,* des *Nervensystems,* des Verdauungssystems, der Nieren und der Reproduktionsorgane,
- beeinflusst den Aufbau von *Knochen, Knorpel* und hemmt die Abnutzung der *Gelenkknorpel,*
- beeinflusst den Aufbau von Nägeln, Haaren und wirkt so gegen brüchige Fingernägel und Haarausfall,
- entlastet das *Bindegewebe* und erhöht dessen Elastizität,
- verbessert die Elastizität der *Blutgefäße,* hemmt deren Kalzifizierung und beugt damit Arteriosklerose vor,
- verlangsamt die *Alterungsprozesse* und bessert die Hautelastizität,
- erhöht die unspezifischen und spezifischen Immunreaktionen, moduliert die *Abwehrzellen* und vermindert Infektanfälligkeit durch die Beeinflussung der Immunmodulation der B-Lymphozyten, der T-Lymphozyten und der natürlichen Killer-Zellen,
- reguliert die Zusammensetzung und Verteilung der *Blutkörperchen* und die *Blutgerinnungsfunktion,*
- stabilisiert den *Blutzuckerspiegel* auf eine gleichmäßige Höhe und mindert deren Blutzucker-Spitzen,
- bessert den *psychischen Status* durch Aufhellung der Stimmung,
- steigert die geistige und körperliche *Leistungsfähigkeit,*
- greift in den *Zellstoffwechsel* ein und stabilisiert die *Zellmembran.*

Migulation als physiologischer Effekt

Migulatoren[21] sind mineralische Stoffe, die durch ihre kristalline Gerüststruktur biologische Prozesse selbst regulieren und für human- und veterinärmedizinische Bereiche erzeugt werden. Eine bioregulative Funktion liegt dann vor, wenn eine gezielte Regulation biologischer Systeme erfolgt und eine rückkoppelnde Wechselwirkung hat. Dies geschieht zum Beispiel über Aufnahme oder Abgabe von Hormonen, Signalstoffen, Spurenelementen oder durch Stabilisierung des pH-Wertes.

Ähnlich der Migulatorenwirkung des Klinoptiloliths ist die Vektorwirkung der ätherischen Öle, mit der es beispielsweise möglich ist, Stoffe durch eine intakte Haut zu schleusen, die dafür normalerweise nicht durchgängig ist. Wichtiger Ansatz – und wichtig zum Verständnis der Wirkung.

Diese Migulationseigenschaften hängen von den verwendeten Ausgangsstoffen, zum Beispiel Klinoptilolith, Bentonit oder Montmorillonit, und deren Bearbeitung ab. Durch eine »mechanische Aktivierung« können Oberflächeneigenschaften zusätzlich für die jeweilige Anwendung angepasst, durch Dotierung[22] mit speziellen Begleitmaterialien die Eigenschaften zusätzlich angepasst werden.

Zeolithe neutralisieren freie Radikale

Die Oberfläche zerkleinerter Zeolithkristalle ist mit negativen Teilchen (Ionen) besetzt. Diese Ionen neutralisieren die positiven Ladungen der sogenannten freien Radikalen. Nach heutigen Erkenntnissen spielen freie Radikale eine entscheidende Rolle bei der Entstehung von Krebserkrankungen und dem menschlichen Alterungsprozess.

Als gesichert gilt heute die Beteiligung der freien Radikalen bei chronischen Krankheiten wie Arteriosklerose, grauer Star, Rheuma (besonders chronische Polyarthritis), Durchblutungsstörungen und bei verschiedenen Krebserkrankungen.

---

21 Der Name setzt sich aus *Mi*neral und Bio*regulator* zusammen.
22 Eine *Dotierung* (lat. *dotare*, »ausstatten«) bezeichnet das Einbringen von Fremdstoffen in eine Schicht oder in ein fremdes Grundmaterial, das durch Diffusion, Elektrophorese oder Sublimation aus der Gasphase geschehen kann.

Freie Radikale werden von Klinoptilolith in dessen Hohlräumen gebunden und neutralisiert. Die Entartung von Zellen wird dadurch vermindert bzw. gestoppt. Die Neutralisation der freien Radikalen ist ein weiterer wichtiger Effekt des Klinoptiloliths und eine weitere Erklärung für dessen Wirksamkeit bei verschiedenen Erkrankungen.

Das körpereigene Enzymsystem

Jeder einzelne Körperprozess wird durch ein speziell dafür vom Körper selbst hergestelltes Enzym[23] gesteuert, wobei Enzyme übergreifend arbeiten. Aktiviert sich ein Enzym, wird augenblicklich eine ganze Kaskade an Enzymen, oft mit gegensätzlicher Wirkung, in Bereitschaft gestellt. Einige der Enzyme, die der Körper braucht, werden durch Bakterien des Darm-Mikrobioms gebildet. Kommen diese Bakterien durch äußere Reaktionen oder Medikamente durcheinander, kann die Enzymkaskade gestört werden. Das ist mit ein Grund, warum bei vielen Erkrankungen die Verbesserung der Darmflora zu einer Besserung führt. Um optimal arbeiten zu können, benötigen manche Enzyme in ihrer unmittelbaren Umgebung einen bestimmten (hohen) pH-Wert, der ebenfalls enzymatisch gesteuert wird. Krankheiten werden dadurch oft auch als eine Störung des harmonischen Zusammenwirkens der Enzyme aufgefasst, die durch Enzymausgleich gebessert werden können.

Eine naturbelassene Kost sorgt normalerweise für die Zufuhr der notwendigen Enzymbestandteile, und ein Enzymmangel wirkt sich immer dramatisch auf eine Körperfunktion aus. Die Gründe für einen Enzymmangel sind einerseits unzureichende Lebensmittel durch Frühernten, lange Lagerzeiten und die weitere Verarbeitung der Nahrung in den heutigen Lebensmittelfabriken mit Bestrahlen, Erhitzen, Färben, Konservieren, Sterilisieren und »Veredlen«. Andererseits entsteht eine Störung durch Umweltbelastungen und Umweltgifte. Beides bedingt einen Verlust an lebenswichtigen Enzymen und anderen Aktivstoffen. Um gesund zu bleiben, wäre es wichtig, das körpereigene Enzymdepot aufrechtzuerhalten. Klinoptilolith kann dabei helfen.

---

23 Enzyme sind Proteine, die biochemische Reaktionen katalysieren. Sie steuern den überwiegenden Teil biochemischer Reaktionen – von der Verdauung bis hin zum Kopieren und Transkribieren der Erbinformationen (aus: Wikipedia: Enzym, gekürzt).

Körpereigene Enzyme regeln:
- Biosynthese der Eiweiße,
- Bindung und den Abtransport aller Gifte und freien Radikalen im Blut,
- arteriosklerotische Ablagerungen an den Gefäßwänden,
- Fließeigenschaft des Blutes,
- Freischaltung blockierter Nervenleitungen,
- Wundheilung und Schmerzlinderung,
- Nierenausscheidungsfunktion,
- hormonell gesteuerte Systeme,
- Fehlsteuerungen, die Autoimmunkrankheiten auslösen,
- Fieber- und Heilungsprozesse bei Infektionskrankheiten,
- Erkennung und Vernichtung entarteter Zellen und die Verzögerung und Hemmung des biologischen Alterungsprozesses.

Laut Untersuchungen leiden über 80 Prozent der Bevölkerung in Deutschland an Vitalstoff- bzw. Enzymmangel. Die ersten Symptome dafür sind Müdigkeit, Konzentrationsschwäche, Infektanfälligkeit, Hautprobleme, allgemeine Unlust und Verdauungsstörungen. In diesem Stadium kann es schon zu Zell- und Gewebeschäden kommen, die in späteren Jahren zwangsläufig zu schweren Zivilisationserkrankungen führen.

Je mehr Giftstoffe im Vorfeld des Verdauungstrakts neutralisiert werden, desto weniger Enzyme werden dann zerstört. Klinoptilolith wirkt also über die Entlastung des Verdauungstrakts indirekt auf die Enzymbildung ein – und verbessert damit langfristig den Gesundheitszustand.

Adaptogene Wirkung des Klinoptiloliths

»Adaptogen« ist einerseits eine alternativmedizinische Bezeichnung für pflanzliche Zubereitungen und Drogen, die einen positiven Effekt bei stressinduzierten Krankheiten ausüben. Andererseits ist »adaptogen« die alternative Bezeichnung, die der Vektorwirkung ätherischer Öle entspricht. Das bedeutet: Klinoptilolith hilft, Pflanzenstoffe in den Körper besser einzuschleusen. Ein weiteres Beispiel der adaptogenen Wirkung ist die Dotierung des Klinoptiloliths mit Glaubersalz, um Klinoptilolith als wirksames Enteisungsmittel (Europa-Patent: EP0210972 A1) einzusetzen.

Klinoptilolith hat eine hohe Affinität zu Schwermetallen und radioaktiven Kationen. Vitamine, Aminosäuren und polyungesättigte Fettsäuren werden dagegen nach einer Untersuchung von Papaioannou nicht aus dem Körper ausgeführt. In einer kontrollierten Untersuchung wurden bei 24 Schweinen die Effekte bei langfristiger 2-prozentiger Klinoptilolith-Beigabe zum Futter die Konzentrationen von Vitamin A, Vitamin E, Kalium, Natrium, Phosphor, Calcium, Magnesium, Kupfer und Zink im Blut bestimmt. Sowohl im Blut als auch im Leber- und Nierengewebe wurden keine auffallenden Veränderungen der Vitamin- und Mineralkonzentrationen festgestellt.

Dieses Ergebnis bestätigte sich in einer weiteren Studie an Kühen: Katsoulos hatte die langfristigen Auswirkungen der Futterbeimischung bei gesunden Milchkühen auf die Blutwerte (Hämatokrit, Hämoglobin, Leukozytenzahl) gemessen. Alle Messergebnisse zeigten, dass ein Zusatz von Klinoptilolith von 1,25–2,5 Prozent zum Futter keine Auswirkungen auf die gemessenen Blutwerte hat.

Ich setze seit einigen Jahren Klinoptilolith ein, um beispielsweise bei Borreliose eine effektivere Wirkung mit Heilpflanzenauszügen – insbesondere der Karde- und Koriandertinktur – zu erzielen.

Klinoptilolith-Patente für medizinische Anwendungen

Zwischen 1986 und 2002 wurden weltweit 39 Patente von Klinoptilolith für medizinische Anwendungen vergeben; davon 13 in Japan, 11 in Russland, 7 in den USA, 3 in der Ukraine, 2 in Großbritannien und 2 in Deutschland. Weitere Patente sind in Vorbereitung, wobei einige der neuen Patente von den parallel laufenden klinischen Studien abhängen.

Zumal natürlicher Klinoptilolith nicht wie ein total neuer synthetischer Stoff patentrechtlich abschirmbar ist, hat die industrielle Pharmaindustrie kein Interesse, dieses Mittel klinisch zu testen und patentrechtlich auszubeuten. Die Wirkung ist zu gut, die Kosten zu hoch, der Profit zu gering.

Klinoptilolith als Steuerelement der Symbioselenkung

Die Gesamtheit der Lebewesen im Darm wird als Darmflora bezeichnet. Diese Lebewesen haben sich im Laufe der menschlichen Entwicklung als Gemeinschaften herausgebildet, die sich selbst in Grenzen halten. Ihr gemeinsames Ziel ist es, das Leben des Menschen zu sichern. Es handelt sich um Bakterien und Einzeller, aber auch Pilze und Viren. Daneben gehören auch Würmer und andere Großlebewesen zu dieser Gemeinschaft, die bisher kaum erforscht ist.

Die Mitglieder dieser Gemeinschaft verwenden unterschiedliche Kampf- und Überlebensstrategien. Insgesamt sind an diesem Kampfgeschehen im Laufe des Lebens etwa 800 bis 1600 verschiedene Lebewesen beteiligt. Wenn ein Mensch geboren wird, sind noch keine dieser Lebewesen vorhanden, aber mit jedem Tag des weiteren Lebens kommen neue dazu.[24] Ihre Aufgabe ist es, den Speisebrei vollständig aufzuschließen und auszunutzen sowie dabei Stoffe herzustellen, die der Körper und die Psyche unbedingt brauchen. Gleichzeitig bekämpfen sich diese Lebewesen gegenseitig, um den eigenen Lebensraum zu sichern. Dabei haben sie Methoden entwickelt, deren Ergebnis wir die »Immun-Antwort« nennen. So gesehen ist der wichtigste Teil der menschlichen Immunabwehr das Zufallsprodukt dieses Existenzkampfes der Darmlebewesen. Verglichen mit einem historischen Bild besteht die Immun-Antwort aus herumliegenden Überbleibseln auf einem Schlachtfeld, auf dem mehrere Heere mit gänzlich unterschiedlichen Waffen gekämpft haben. Der sie wegspülende Regen besteht aus dem Blutkreislauf und dem Lymphsystem – und überall dort, wo diese Reste angespült werden, können sie wiederverwendet werden. Sie stehen dem Menschen als Immunabwehr zur Verfügung. Je mehr verschiedene Lebewesen im Laufe des Lebens an dieser Auseinandersetzung beteiligt sind, desto umfangreicher ist das dadurch entstandene Abwehrsystem.

Die Kampfstrategie der einzelnen Stämme zeigt sich in einem sich ständig verändernden Fließgleichgewicht. Die Anzahl der daran beteiligten Individuen ändert sich ständig. Je ausgewogener dieses Gleichgewicht ist, desto gesünder erscheint der Gesamtorganismus. Überwiegen einzelne dieser Gruppen massiv, kommt es zu Störungen, entwickeln sich Krankheiten und Symptome wie Temperaturerhöhung, Durchfall oder Verstopfung, Krämpfe oder Schmerzen, Schwächezustände, Schweißprozesse oder Zittern.

24 Siehe auch das Kapitel »Das Mikrobiom«, S. 187.

Kommen diese Lebewesen, die man gesamthaft als Symbionten bezeichnet, mit ungewohnten Stoffen in Kontakt, die ihren Stoffwechsel stören, reagieren sie mit einer Veränderung oder sterben ab. Ein veränderter Symbiont kann nicht mehr die ihm zugedachte Aufgabe durchführen. Damit verändert sich auch das System der Abwehr. Diese Veränderung kann sich noch viel weitschichtiger auswirken. Es können vollständig neue Restteile entstehen, deren Auswirkungen dann vollständig anders in den Abwehrprozess eingreifen.

Ein abgestorbener Symbiont bringt ebenfalls Probleme mit sich. Dem Prozess der Abwehr stehen diese abgestorbenen Symbionten nicht mehr zur Verfügung, womit die Abwehr insgesamt geschwächt wird. Dieses Phänomen ist zum Beispiel das größte Problem der Nebenwirkungen von oral eingenommenen Antibiotika.

Die Idee, nach einer Antibiotikabehandlung prosymbiotische Bakterien zuzusetzen, entstand aus der Überlegung, dass abgetötete aber wichtige Bakterien schnell wieder aufgebaut werden sollten. An sich ein guter Gedanke, aber der Zusatz von wenigen (bis zu 10) Stämmen kann das Problem nicht lösen. Sinnvoller ist es, soviel neue Symbionten wie möglich zuzufügen, und das kann nur auf natürliche Weise geschehen.

Die Idee war, dem Darm eine große Leermasse zuzufügen, in der sich dann neue Lebewesen (nicht ausschließlich Bakterienstämme) einnisten können. Indischer Flohsamen zeigte sich dabei als Quellmittel, das die Voraussetzungen am besten erfüllt. Er ist relativ nährstoffarm und bildet, im Wasser vorgequollen, im Darm ein großes, leeres Volumen. Größeren Lebewesen, wie etwa Würmern, bietet es keine Lebensgrundlage. Je größer das angebotene Volumen, desto größer ist die Veränderung des symbiotischen Raumes. Wie lange dieser Neuaufbau einer Darmsymbiose jedoch dauert, ist nicht vorherzusagen. Das hängt von der Ernährung und der zusätzlichen Medikation ab, aber auch von der vorliegenden krankhaften Störung der noch vorhandenen Symbionten. Auch die Restgiftlager im Körper und die Gifte, die weiterhin über die Nahrung oder die Umwelt zugeführt werden, spielen eine Rolle.

Eine Menge von 2–3 Teelöffeln Flohsamen, in etwa 200–300 ml Wasser zum Vorquellen eingelegt und mehrfach umgerührt, bietet oft schon eine neue Grundlage, um die Symbioselenkung zu beeinflussen. Je größer die Beeinflussung der Symbiose werden soll, desto mehr gequollener Indischer Flohsamen muss eingenommen werden. Die Samen müssen ganz und vorgequollen sein; Flohsamenschalen alleine oder der Versuch ohne Vorquellen funktionieren nicht. Auch funktioniert es nicht mit anderen Samen, deren Nährstoffgehalt weit über dem der Indischen Flohsamen liegt.

Zeitgleich mit der Veränderung der Symbiose verändern sich auch die Unverträglichkeitsreaktionen oder die Allergiebereitschaft bezüglich verschiedener Stoffe, die ansonsten im Körper unerwünschte Reaktionen auslösen würden. Aus der Erfahrung der letzten 15 Jahre zeigt sich, dass damit nicht nur Allergie- und Unverträglichkeitsreaktionen, sondern auch Autoimmunreaktionen beeinflussbar sind. Der Einsatz von Klinoptilolith beeinflusst diese Reaktionen zusätzlich. Was genau dabei abläuft, ist meines Erachtens noch reine Spekulation, aber das langfristige Ergebnis ist hervorragend. Klinoptilolith wird ansteigend von 1-mal 3 g pro Tag eingesetzt. Die Steigerung ist abhängig von der Art der Unverträglichkeiten oder der Autoimmunerkrankung. Diese Steigerung kann bis auf maximal 2-mal 6 g pro Tag stattfinden.

Beeinflussbar sind mit dieser Art der Symbioselenkung Allergie-Erkrankungen wie etwa allergisches Asthma, Unverträglichkeiten wie Histamin-Intoleranz oder Zöliakie und Autoimmunerkrankungen wie Colitis ulcerosa, Diabetes Typ II, Hashimoto-Thyreoiditis, Lupus erythematodes, Morbus Crohn, Sarkoidose oder Sklerodermie. Die Erfahrungen damit reichen noch nicht aus, um eine Therapie exakt zu planen, aber sie zeigen, dass über die Symbioselenkung ein sinnvoller Ansatz gegeben ist.

Die Erfahrungen zeigen ebenfalls, dass schwierig zu behandelnde chronische bakterielle Erkrankungen (zu denen auch die Borreliose gehört) erst nach einer Symbioselenkung beherrschbar sind.

Ohne Klinoptilolith ist eine Symbioselenkung nicht möglich. Klinoptilolith nimmt in dieser Mischung die Abwehrstoffe der Bakterien auf, die diese einsetzen, um ihren Lebensraum gegen andere (auch neu eintreffende) Bakterien zu verteidigen. Dadurch nimmt er in einem gestörten Darmbiom die vielen überschüssigen Stoffe auf, die sonst den Körper angreifen würden. Das heißt, er greift hier direkt in das überschießende Immunsystem ein (daher auch seine Wirkung auf Autoimmunerkrankungen). Es ist zu beobachten, dass die Unverträglichkeitsreaktionen auf Gluten bei der Zöliakie oder dem Histamin bei der Histamin-Intoleranz und vielen anderen Reaktionen im Laufe der Symbioselenkung abnimmt. Diese Umstellung dauert lange, kann aber oft schon nach wenigen Monaten in Ansätzen beobachtet werden. Insgesamt jedoch dauert dieser Prozess viele Monate bis zu drei Jahre.

Im Beobachtungszeitraum der letzten zehn Jahre konnte ich diesen Prozess oft beobachten, und in den sozialen Medien wurden zahlreiche Fälle veröffentlicht. Dort wird von Betroffenen berichtet, wie sich ihre Unverträglichkeiten oder Intoleranzen (gegen Gluten, Histamin, Milchzucker usw.) besserten oder sogar ganz auflösten.

Klinoptilolith als radioaktiver Entgifter

Klinoptilolith kann bedingt durch seine Molekularsiebstruktur radioaktive Nuklide wie Strontium^{90}, Rubidium^{103}, Caesium$^{134+137}$, Jod^{131} und weitere radioaktive Isotope wie Kobalt^{60} absorbieren und diese in seine dreidimensionale Kristallstruktur einschließen. Nach der Selektivitätsreihe werden diese bevorzugt aufgenommen. Dadurch kann Klinoptilolith als radioaktiver Entgifter zur Dekontamination eingesetzt werden.

Angeblich wurde Klinoptilolith erstmals 1949 nach den Atombombenabwürfen in Hiroshima und Nagasaki von japanischen Ärzten zur radioaktiven Dekontamination eingesetzt.[25]

Das größte technische Einsatzgebiet von Zeolithen in Europa bestand bisher in der Einkapselung radioaktiven Abfalls nach der Zerstörung eines Reaktorkerns in Tschernobyl im Jahre 1986. Dabei wurden nach Tomlinson 2001 über eine Million Tonnen Zeolithe für den Ionenaustausch von Caesium^{137} verwendet.[26]

Erfahrungen über Wasserfilterungen bzw. medizinische Therapien mit Klinoptilolith liegen vor von dem Reaktorunfall 1986 in Tschernobyl. Dutzende von Arbeiten russischer Forscher wurden dazu veröffentlicht. Weiter wurde Klinoptilolith bei verschiedenen amerikanischen Atomunfällen sowie in Japan 2011 nach dem schweren Atomunfall im Kernkraftwerk Fukushima eingesetzt.[27]

25 Gesicherte Hinweise habe ich bisher dazu noch nicht gefunden, außer der Behauptung, die Prof. Hecht dazu aufstellte.
26 Siehe dazu Seite 148ff.
27 Siehe dazu Seite 150ff.

Wechselwirkungen zwischen Klinoptilolith und Medikamenten

Die Frage nach einer Wechselwirkung zwischen Klinoptilolith und einem gleichzeitig angesetzten Medikament wird oft gestellt. Die meisten Menschen gehen davon aus, dass Klinoptilolith in seiner Entgiftungsfunktion grundsätzlich jedes Gift in sich aufnehmen kann. Da Medikamente für mehr oder weniger giftig gehalten werden, stellt sich die Frage, ob die Medikamente durch den Klinoptilolith aufgenommen werden, das heißt, ob es zu einer Wechselwirkung zwischen Medikament und Mineral kommt.

»Wechselwirkung« heißt, dass die erwünschte pharmakologische Wirkung eines Wirkstoffs verstärkt, abgeschwächt oder aufgehoben werden kann. Zusätzlich können unerwünschte Arzneimittelwirkungen, also Nebenwirkungen, auftreten.

Zu Wechselwirkungen zwischen Klinoptilolith und Medikamenten liegen bisher noch keine verlässlichen Informationen vor. Es kursiert eine ganze Menge an Spekulationen im Internet, die besonders von Klinoptilolith-Verkäufern verbreitet werden.

Dass die Wirkung von anderen Medikamenten abgeschwächt oder aufgehoben wird, würde bedeuten, dass diese Medikamente in das Kristallgitter von Klinoptilolith eingebaut würden. Dazu sind jedoch die Molekulargrößen der allermeisten schulmedizinischen Medikamente zu groß.

Gerade von Krebspatienten höre ich immer wieder, dass deren Ärzte davor warnen, Klinoptilolith während der Chemotherapie einzunehmen. Es würde die Wirkung der Chemotherapie mindern oder diese gar aufheben. Das kann ich nicht bestätigen. Ich habe oft erlebt, dass Patienten, die während einer Chemotherapie auch Klinoptilolith zu sich nahmen, erheblich schwächere oder keine Nebenwirkungen hatten.[28]

Bei kleinmolekularen Terpenen jedoch, wie sie etwa in ätherischen Ölen vorkommen, könnte es theoretisch Wechselwirkungen geben; das wurde von mir jedoch in den letzten 12 Jahren noch nicht beobachtet. Ich setze oft ätherische Öle zusammen mit Klinoptilolith ein – ein Wirkungsverlust oder gar eine Wirkungsaufhebung dieser ätherischen Öle habe ich bisher nicht festgestellt.

28 Siehe auch das Kapitel »Tumorerkrankungen und begleitende Krebstherapie«, S. 95.

Das Problem der möglichen Wechselwirkungen von Klinoptilolith sollte dringend besser erforscht werden, um genaue Beobachtungswerte zu erhalten und Spekulationen vorzubeugen.

Nebenwirkung des Klinoptiloliths

Klinoptilolith ist ein natürliches Mineralprodukt und damit garantiert frei von Aromastoffen, Emulgatoren, Farbstoffen, Geschmackstoffen, Gluten, aktiver Hefe, Konservierungsmitteln, Milchprodukten (Laktose), Stärke, Süßstoffen und Zucker. Es ist nicht notwendig, eines dieser »medizinischen Zusatzprodukte« Klinoptilolith zuzumischen.

Nebenwirkungen mit Klinoptilolith haben wir im Laufe der letzten Jahre selten festgestellt.[29] In der Literatur[30] und im Internet wird Klinoptilolith als absolut nebenwirkungsfrei beschrieben, was wir so nicht stehen lassen können. Da sich alle Internetseiten weitgehend auf Angaben von Prof. Hecht stützen, gehen diese natürlich auch von einem absolut nebenwirkungsfreien Produkt aus. Das ist bequem, aber nicht korrekt.

Als einzige Nebenwirkung konnte ich in seltenen Fällen eine kurzzeitige Stuhlverstopfung oder auch kurzzeitig Durchfall beobachten, die sich bisher immer nach kurzer Zeit von alleine regelten. Diese Wirkung auf den Stuhlgang muss jedoch bei Therapiebeginn zur Dosisbestimmung mit berücksichtigt werden.

Eine Stuhlverstopfung kann vermieden werden, wenn in den ersten 2 Wochen der Klinoptilolith-Einnahme gleichzeitig Indische Flohsamen, und zwar ganze Körner, die mindestens 1 Stunde in Wasser quellen müssen, eingenommen werden. Dadurch wird der Darm angeregt, aber auch gleichzeitig eine gestörte Darmflora behandelt.

Oft wird zu Beginn der Einnahme vermehrt (meist dunkler) Urin ausgeschieden, teils auch nächtlich und in großen Mengen. Messungen haben ergeben, dass die Menge der damit ausgeschwemmten harnpflichtigen Stoffe weit über der Norm lag.

---

29 Siehe Seite 75f.
30 Prof. Hecht, *Mineralien Regulation Gesundheit*, 3. Aufl., Uckerland 2008.

Verwendung in der Tierheilkunde

Der Einsatz von Klinoptilolith in der Tierheilkunde hat ähnliche Voraussetzungen wie in der Humanmedizin. Erfahrungen mit Klinoptilolith liegen bisher bei der Behandlung von kranken Hühnern und Enten, Katzen, Hunden, Schafen, Ferkeln, Schweinen, Kälbern, Milchkühen, Rennpferden, Rehen und Damwild, aber auch exotischen Echsen, Vögeln, Fischen und Pelztieren, vor allem Frettchen, vor.

Klinoptilolith unterstützt dabei deren Immunsystem und hilft Haustieren, mit Stresssituationen besser fertig zu werden. Diese liegen zum Beispiel vor bei Trächtigkeit, Aufzucht der Jungtiere, Zahnwechsel, Haarwechsel, bei psychischem Stress und Stoffwechselentgleisung sowie bei Entzündungen, Infekten, Verletzungen und Verdauungsstörungen.

Auch bei der Behandlung von Pferden liegen inzwischen Erfahrungen vor. Mit Klinoptilolith wurden beispielsweise Bindehautentzündung, Druse, Hautpilz, Hufrehe, Mauke, Mondblindheit, Pferdegrippe, Rotz und Strahlfäule behandelt.

Als Pflanzenfresser haben Pferde einen verhältnismäßig langen Darm. Im Gegensatz zu Wiederkäuern, die bereits im Pansen zahlreiche Symbiosen zur Verdauung von Zellulose besitzen, findet deren Aufspaltung bei Pferden erst im Blind- und Dickdarm statt. Die Mikroorganismen im Dickdarm schlüsseln die komplexen Kohlenhydrate auf und verwerten sie.

Pferde reagieren empfindlich auf Futterumstellungen oder nicht optimale Fütterungsbedingungen. Stress, zu hohe Kraftfuttergaben, Heu von minderer Qualität, häufige Fütterung von Heulage oder gesundheitliche Probleme können zu Übersäuerung im Dünndarm, Fehlgärungen, Verdauungsproblemen, Durchfall und zu Koliken führen. Hier kann die Zugabe von Klinoptilolith zum Futter einen wichtigen Beitrag zur Stabilisierung der Darmflora leisten.

In der Nutztierhaltung wird Klinoptilolith zur Behandlung von Erkrankungen des Verdauungs- und Atmungstrakts verwendet. Durch die Regulierung des Mineralhaushalts und eine bessere Verwertung von Kalzium- und Eiweißfutter konnte das Auftreten von Infektions- und Stoffwechselerkrankungen eingeschränkt werden.

Auch über das Grünfutter oder auf der Weide aufgenommene Schadstoffe können mit Hilfe von Klinoptilolith aus dem Körper ausgeleitet werden.

Ferner verläuft auch der Fellwechsel für den Körper der Tiere weniger belastend, zudem konnte öfters eine Verbesserung der Fellqualität beobachtet werden.

In den letzten Jahren wurden öfter Schimmelpilze und Pilzgifte (Aflatoxine) in Futtermitteln wie Getreide, Mais, Heu und Stroh nachgewiesen. Aflatoxine haben lebertoxische Wirkungen, die schon bei geringen Dosen eintreten können; sie schwächen das Immunsystem und können eine karzinogene Wirkungen entfalten. Auch hier bewährt sich die Behandlung mit Klinoptilolith.

Zu den Anwendungsmöglichkeiten zählt auch die Verbesserung der Luftverhältnisse in Ställen durch Zugabe von großkörnigem Klinoptilolith zur Einstreu. Dies kann für Pferde mit Allergien oder Atemwegserkrankungen wie zum Beispiel der Lungenkrankheit COPD (Chronic Obstructive Pulmonary Disease) eine große Erleichterung darstellen.

Eigene Erfahrungen bei kranken Tieren konnte ich bisher nur bei Hunden und Katzen machen, wobei jedes Mal Klinoptilolith ins Nassfutter untergemischt wurde. Bei einer Euterentzündung einer Milchkuh, die ich beobachtete, wurde Klinoptilolith mit warmem Wasser als Brei auf das Euter aufgetragen; nach dem Eintrocknen wurde das Mineral wieder abgewaschen. Diese Prozedur musste einige Male wiederholt werden, linderte jedoch die Schmerzen schon nach der ersten Anwendung.

Erfahrungsberichte in der Tierbehandlung sammle ich seit 2011, demnach liegen erst wenige Forschungsergebnisse vor. Meine Fallsammlungen und Internetrecherchen zu Tiererkrankungen wurden jedoch ab Anfang 2012 intensiviert.[31]

Aus Internetaufzeichnungen geht hervor, dass Klinoptilolith in Futter untergemischt als Ballaststoff im Verdauungstrakt wirkt und den Harnstoffgehalt im Blut um ca. 10 Prozent senkt.

In verschiedenen Facebook-Gruppen wurden in den letzten Jahren immer mehr Fälle von privaten Anwendern beschrieben, die Klinoptilolith bei ihren Pferden oder Haustieren eingesetzt haben, teilweise sehr ausführliche Berichte, die oft mit Bildern unterstützt wurden.

---

31 Gesammelt als Datenbankaufzeichnungen des Heilstein-Museums Stockheim.

Verwendung in der Tierhaltung, Tierzucht und Landwirtschaft

Klinoptilolith wird in der Landwirtschaft vor allem wegen seiner Ionenaustauschkapazität und Adsorptionskraft eingesetzt. Die Fähigkeit, Schwefelwasserstoff, Nitrite, Ammoniak und Mykotoxine aufzunehmen, wird genutzt, indem Klinoptilolith dem Futter oder Einstreu in Ställen untergemischt wird. Damit verbessert sich das Stallklima. Die Tiere werden dadurch weniger krankheitsanfällig, behalten eine höhere Widerstandskraft und es spart Antibiotika ein. Weiter wird Klinoptilolith als Abwasserklärmittel, Katzenstreu und Filtermittel für Aquakulturen und Fischteiche eingesetzt.

Klinoptilolith verbessert den Futterverbrauch und die Futterverwertung von Schweinen, sorgt für einen gesteigerten Tageszuwachs von Ferkeln, Schweinen und Kälbern, einer geringeren Mastdauer sowie einer verminderten Ausfallquote. Es steigt auch die Milchproduktion sowie die Milchqualität (gemessen an Fett- und Eiweißgehalt) und führt zu einer Verminderung der Futtermittelschädlinge in der Tierzucht (Damwild, Milchkühe, Rehe) sowie zu geringerer Anfälligkeit für Huf- und Klauenentzündung (Rinder, Schafe).

Die mit Klinoptilolith gefütterten Tiere werden ausgeglichener, vitaler, stressresistenter (Schweine) und fühlen sich dabei sichtbar wohl. Klinoptilolith dämmt die Aggressivität (der Schweine) und reduziert damit deren Verletzungen sowie Verluste während der Tiertransporte (Schweine und Kälber); das Mineral beugt Magen-Darm-Erkrankungen vor (Milchkühe und Schweine). Klinoptilolith reduziert das Ammoniakniveau im Pansen, hemmt Gärungs- und Fäulnisprozesse, stabilisiert den Magensaft und reguliert das Wasser-Salzregime im Magen. Darüber hinaus beugt es Erkrankungen wie Kalzämie/Milchfieber bei laktierenden Milchkühen vor. In fein gemahlener Form als Puder oder mit Wasser als Paste angerührt, kann Klinoptilolith mit Erfolg gegen Ekzeme und Hautreizungen der Tiere (ähnlich wie beim Menschen) auch äußerlich angewendet werden.

Klinoptilolith hat eine positive Auswirkung auf die Fleischqualität von Rindern und Schweinen. Es wird mehr Muskelfleisch und Eiweiß gebildet und der Wassergehalt im Fleisch sinkt. Zudem steigert es die Eierproduktion und stärkt die Eischalenstärke von Legehennen. Die Tiere zeigen eine stärkere Widerstandsfähigkeit, eine höhere Vitalität sowie ein gesundes Aussehen dank dichterem und glänzenderem Haar- oder Federkleid.

Klinoptilolith dient allgemein der Verbesserung der Stallhygiene und des Stallklimas in der industriellen Landwirtschaft, wenn er als mineralischer Zuschlagstoff für konventionelle Einstreu verwendet wird. Dank der spezifischen Eigenschaften von Klinoptilolith werden Gerüche und schädliche Gase reduziert, die Umwelt weniger belastet und das Wohlbefinden der Tiere erhöht.

Klinoptilolith in der Einstreu:
– stabilisiert die Darmflora und fördert die Darmgesundheit,
– stärkt das Immunsystem der Tiere und vermindert deren Infektanfälligkeit,
– verbessert die Mineralisierung von Knochen und Zähnen,
– erhöht die Aufnahmekapazität der Einstreu von Wasser, Ammoniak und anderen Störgasen,
– bindet Wasser und beugt so Keimwachstum vor,
– reduziert die Luftfeuchtigkeit,
– verbessert die Konsistenz und erhöht die Trockensubstanz in der Einstreu,
– verbessert die Futterverwertung,
– aktiviert den Aufbau von Muskelmasse,
– trägt zur Widerstandsfähigkeit der Sehnen bei, reduziert Muskel- und Skeletterkrankungen,
– unterstützt den Fellwechsel,
– sorgt für glänzendes Fell oder Federkleid,
– stimuliert den Laktationsprozess,
– unterstützt die Wundheilung,
– wirkt Gewebeübersäuerung entgegen,
– bewirkt bei neugeborenen Ferkeln schnelleres Wachstum und gute Gesundheit während der Aufzucht,
– beschäftigt Hühner durch die Möglichkeit zu scharren und führt somit zu einer artgerechteren Haltung.

Klinoptilolith ist als idealer Tierfutterzusatzstoff, als Fließhilfsstoff, Bindemittel und Gerinnungshilfsstoff (E 567 und 568) zugelassen, sofern dessen Klinoptilolithgehalt nachweislich mindestens 80 Prozent beträgt (L 291/9 der Verordnung [EG] Nr. 1810/2005).

Dosierung in der Tierhaltung

Besonders bei Futtermitteln für Großtiere kann ein geringerer Vermahlungsgrad als üblich sinnvoll sein. In polnischen Gestüten hat sich die Vermahlung von 100 μm oder grober (bis zu 200 μm) als zweckmäßiger erwiesen als die Feinvermahlung von unter 50 μm, die für Anwendungen bei Menschen gebräuchlich ist. Das hat vermutlich einerseits mit der veränderten anatomischen Beschaffenheit des Verdauungstraktes von Großtieren zu tun, andererseits aber auch mit der erheblich größeren Menge an Klinoptilolith, die bei Großtieren eingesetzt wird.

Klinoptilolith wird der täglichen Tierfutterration[32] in größeren Mengen – abhängig von Futterqualität und Gesundheitszustand der Tiere – zugefügt, zum Beispiel für Milchkühe, Pferde, Schafe, Schweine (2–5 Prozent führen zu 10 Prozent Zunahme), Ferkel[33]; für Rehe und Hirsche[34] 3 Prozent; für Geflügel und Strauße[35] 2 Prozent.

Dosierungsangaben in der Fischzucht (Kois) liegen mir persönlich nicht vor. Als Fischzusatzfutter für Lachse wird 2 Prozent Klinoptilolithzusatz angegeben, zur Algenreinigung in Teichen 5 kg/m³.[36]

Klinoptilolith nimmt Giftstoffe auf, welche durch Schimmelpilze[37] auf dem Futtermittel erzeugt werden, oder es neutralisiert diese Gifte erst im Magen-Darm-Trakt. Klinoptilolith verbessert die Gewichtszunahme und die körperliche Entwicklung der Tiere, erleichtert die Mineralzufuhr; verhindert oder kuriert bakteriell- und giftstoffbedingte Durchfälle und vermindert bakterienbedingte Magen-Darm-Erkrankungen, senkt die Sterblichkeitsrate (vor allem bei Ferkeln und Hühnern) und steigert die Geburtenrate.

Zusatzstoff für Dünger, Bodenverbesserer

Klinoptilolith hat durch seine eigene Mineralarmut keine Düngerwirkung. Eine Bodenverbesserung mit Langzeitdüngerwirkung erhält man jedoch, indem Klinoptilolith mit den Metallen, welche dem Boden fehlen, beladen und dann unter die Erde gemischt wird. Klinoptilolith gibt das eingebaute Dünge-

---

32 Dazu liegen bisher über 300 Untersuchungen vor.
33 Handelsname Mannelite.
34 Gehalten als Gehegetiere.
35 Gehalten als Gehegetiere.
36 www.zeolithwelt.de/aquaristik-und-fischzucht
37 (70524/4/EEC) EU- und (CFR582-2727) FDA-Zulassung.

mittel dann sehr langsam an die Erde ab. Stickstoff und Kalium werden aufgrund der negativen Gerüstladung des Klinoptiloliths aufgefangen und bei Bedarf abgegeben. Gleichzeitig wird der Boden aufgelockert und damit die Lebensgrundlage der Mikroorganismen verbessert.

Ich habe gute Erfahrungen mit der Zugabe von Klinoptilolith zu Gartenerde gemacht. Die lehmige Erde unseres Gartens war die ersten Jahre sehr ertragsarm, und trotz jährlichen Düngens verbesserte sich der Boden nicht, bis ich größere Mengen Klinoptilolith in die Erde mischte. Zufälligerweise rissen 22 Säcke mit Klinoptilolith während des Transports auf, und ich musste sie irgendwie verwenden. So verteilte ich 550 Kilogramm gleichmäßig über den gesamten Garten und hob diese unter. Ab dieser Zeit explodierte der Ertrag, die Pflanzen wurden gesünder.

Ich wusste, dass man die Bodenqualität mit »Schindele's Mineralien«, einem nährstoffreichen Paragneis, deutlich verbessern kann. Dass der nährstoffarme Klinoptilolith eine ähnliche Wirkung hat, habe ich dank dieser Erfahrung in unserem Garten gelernt.

Technische Verwendung

Die Einsatzmöglichkeiten von Klinoptilolith sind vielseitig, vor allem im chemischen und technischen Bereich. Klinoptilolith eignet sich infolge der großen inneren Oberfläche für vielfältige technische Anwendungen, etwa als Katalysator für zahlreiche chemische Industrieprozesse. Zum Beispiel zur Trennung von chemischen Substanzen oder als Wasserenthärter; zur Wasserreinigung und Entgiftung von Ammoniak und Schwefelwasserstoff, Eisen, Mangan und giftigen Schwermetallen aus Abwässern; zur Reinigung und Trocknung von Gasen in Biogas- und Kompostanlagen; als Geruchsentferner und bei der Rauchgasreinigung zur Reduzierung von Quecksilber und Dioxinen; zur Entgiftung durch extensive Landwirtschaft sowie durch chemische und radioaktive Unfälle verseuchter Böden.

Klinoptilolith wird als Ionenaustauscher zur Wasserenthärtung, als Chelatbildner, als EDTA-Ersatzstoff und als Trockenmittel verwendet. Des Weiteren wird das Vulkan-Mineral zur großtechnischen Herstellung von Waschmitteln in der Industrie benötigt. Zeolithe finden aber auch in industriellen Katalysatoren Verwendung.

Die Ionenaustauschfähigkeit des Klinoptiloliths hat eine spezifische Selektivität, das heißt, es gibt eine Reihenfolge, nach der die Metalle bevorzugt aufgenommen werden. Diese Reihe verläuft nach folgendem Schema:

Selektivitätsreihe für Klinoptilolith

– $NH_4 > K^+ > H^+ > Na^+ > Sr^{2+} > Ca^{2+} > Mg^{2+} > Li^+$ (nach Goto, 1983)
– $Cs^+ > Rb^+ > K^+ > NH_4^+ > Pb > Ag > Ba^{2+} > Na^+ > Sr^{2+} > Ca^{2+} > Li^+ > Cd^{2+} > Cu^{2+} > Zn^{2+}$ (nach Tschelischew, 1988)

Dadurch ist erklärbar, warum Caesium und Strontium leicht aufgenommen werden können und gegen Natrium oder Kalium ausgetauscht werden.

Zeolithe, die in ihrer Funktion als Molekularsiebe Wasserdampf aufgenommen haben, lassen sich entweder über hohe Temperaturen über 300 °C oder über Reduktion des Druckes regenerieren. Zentrifugieren nützt nichts, die Verbindung ist zu stark, die Kapillar- oder Bindungskraft zu groß.

Synthetische Zeolithe und chemisch veränderter Klinoptilolith

Für den technisch-chemischen Anwendungsbereich werden zunehmend mehr synthetische Zeolithe entwickelt und Klinoptilolith chemisch verändert. Diese Entwicklung wird mit der spezifischen Funktion dieser »neuen Stoffe« begründet, hat aber auch einen rein kommerziellen Hintergrund.

Inzwischen gibt es über 100 synthetische Zeolithe, die industriell hergestellt werden. Die synthetische Herstellung hat den Vorteil, dass die Größe der Aufnahmekammern variiert und das ganze Produkt patentiert werden kann. Das erleichtert auch die Durchführung klinischer Studien.

Die chemische Nomenklatur bezeichnet synthetische Zeolithe als zeolithische Natrium-Alumosilikate oder Kalium-Alumosilikate der Molekularsiebtypen A, X, Y oder P.

Während des Atomunfalls in Tschernobyl wurde zur Eliminierung der radioaktiven Isotope von Strontium und Cäsium noch natürlicher Klinoptilolith verwendet. Nach dem Atomunfall in Fukushima wurde dieser Klinoptilolith durch ein synthetisch hergestelltes Geopolymer auf Klinoptilolithbasis ersetzt, um durch einen Ionenaustausch die radioaktiven Alkali- und Erdalkali-Metalle in ihrem Kristallgitter zu binden.

Synthetische Zeolithe haben langfristig den Vorteil, dass durch Anpassung der Gittergröße Moleküle einer spezifischen Größe filtriert werden können. Damit wäre es beispielsweise möglich, Rückstände einer Chemotherapie sicher herauszufiltern und diese so verträglicher zu machen. Bisher konnte Klinoptilolith bei Krebserkrankungen nur unspezifisch in der Begleittherapie einer Chemotherapie eingesetzt werden. Mit dem Einsatz spezieller synthetischer Zeolithe könnte es möglich werden, gezielter auf einzelne Atome und Moleküle einzuwirken.

Die Synthese eines Zeoliths kann aus einer Mischung aus Aluminium- und Siliziumhydroxiden in Natronlauge bei Temperaturen zwischen 50 und 90 Grad Celsius durchgeführt werden. Die Hydroxide können mit Natronlauge frisch aus Aluminiumpulver und Tetraethylorthosilikat einzeln hergestellt und dann vermischt werden. Vorteilhaft ist ein Überschuss von Aluminium. Da dieser Prozess im Gegensatz zur natürlichen Entstehung eines Zeoliths in sehr kurzer Zeit abläuft, sind synthetische Zeolithe auch nicht stabil. Deshalb ist es einfach, das Aluminium herauszulösen, was bei den stabilen natürlichen Zeolithen nicht gelingt. Experimente, die mit synthetischen Zeolithen durchgeführt werden, können deswegen mit natürlichen Zeolithen nicht wiederholt werden.

Verwendung im Hoch- und Tiefbau

Die weltweit größte Menge an Klinoptilolith wird für den Hoch- und Tiefbau verwendet. China produziert jährlich 2 500 000 Tonnen Klinoptilolith, das zu 99 Prozent in die Baubranche geht.[38]

Klinoptilolith verbessert die Isolationsfähigkeit von Beton und Zementmischungen und wird im Straßenbau zur Herstellung von Niedrigtemperaturasphalt eingesetzt. Dadurch mindert sich die Giftbelastung der Straßenbauarbeiter bei gleichzeitiger Beschleunigung des Straßenbaus.

---

38 Die Pyramiden der Mayas bestehen angeblich auch aus Zeolithen, welche als solche lange nicht erkannt wurden. Es ist mir noch nicht gelungen, diese Aussage nachzuprüfen. Aber: Laut Mineralienatlas besteht die Kathedrale von Oaxaca, kreiert aus Steinen eines Maya-Tempels, komplett aus Klinoptilolith-Mordenit-Tuffsteinen (Siehe Mumpton, F. A.: *First Reported Occurrence of Zeolites in Sedimentary Rocks of Mexico.* American Mineralogist 1973, 58, S. 287–290).

Vergleich mit anderen Steinmehlen

Neben dem »Schindele's Mineral«[39] (einem Paragneis), dem »Schweizer alpinen Steinpulver«, dem »DiaBas-Urgesteinmehl« und dem »Mafang-Stein« (Mongolischer Medizinstein) sind noch verschiedene andere Gesteinspulver in der medizinischen Verwendung, zum Beispiel »Eifelgold-Basalt-Steinmehl«, »Neudorff-Basalt-Steinmehl« usw. Das »Schindele's Mineral« und den »Mafang-Stein« habe ich in den letzten Jahren öfter mit Erfolg eingesetzt. Inzwischen ziehe ich Klinoptilolith vor. Alle diese erwähnten Gesteinspulver haben zwar medizinische Eigenschaften, die auch von Klinoptilolith erreicht werden, weichen jedoch in zweierlei Hinsicht von diesem ab. Sie sind alle nicht so fein verrieben[40] wie das medizinisch verwendete Klinoptilolith und haben damit keine Molekularsiebwirkung; und sie bestehen oft aus einem viel größeren Spek-trum an Mineralstoffen, speziell an Spurenelementen.

Robert Schindele gibt in seinem Buch *Schindele's Mineralien* einige Dutzend Beispielfälle, in denen das Mineralpulver bei kranken Menschen und Haustieren mit Erfolg eingesetzt wurde. Viele der aufgelisteten Therapieerfolge hätte man meines Erachtens ebenso mit Klinoptilolith erzielen können. Ich denke, dass das fein verriebene Klinoptilolith therapeutisch noch sicherer ist.

Die Fallbeispiele (oft mit Namen, Geschlecht und immer mit Alter) beziehen sich auf folgende Wirkungen: senkt Fieber, bessert Eisenmangel, bessert Durchblutungsstörungen, senkt zu hohen Blutdruck, vermindert Arthritis- und Arthroseschmerzen, bessert Bandscheiben-, Gelenk- Hüft-, Muskel- und Rückenschmerzen, mindert Schwellungen der Hände und Füße, verbessert Alkoholverträglichkeit, normalisiert Darmträgheit, Verdauung und Stuhlgang, heilt chronischen Durchfall, lässt Blähungen verschwinden, senkt den Cholesteringehalt des Blutes, bessert die Leberwerte im Blut, vermindert das übermäßige Körpergewicht, bessert Neurodermitis und lindert Juckreiz, bessert den Hautzustand und die Wundheilung, stabilisiert den Blutzucker,

39 Zusammensetzung: Alkalifeldspat: 30 %, Plagioklas: 20–30 %, Quarz: 20–30 %, Biotit: 15–20 %, Disthen: 5–10 %, Granat: 5–10 %, Silimanit: 5–10 %, Rutil: unter 5 % und Zirkon: unter 5 %. Davon die Spurenelemente Vanadium 0,0083 %, Zink 0,0079 %, Kupfer 0,0035 %, Mangan 0,028 %, Chrom 0,0062 %, Lithium 0,0050 %, Nickel 0,0039 %, Bor 0,0026 %, Kobalt 0,0013 %, Strontium 0,00096 %, Niob 0,0008 %, Molybdän 0,0003 %, Yterbium 0,0001 % und Cer 0,0001 % (0,0001 % =1 ppm = 1mg/kg).
40 Siehe Seite 168f.
41 Siehe wikipedia.org/wiki/Tonminerale.

verkleinert eine Prostatavergrößerung, bessert Nervenleiden, bessert Tinnitus und Schwindel, bessert die Konzentrationsfähigkeit, vertreibt Müdigkeit, mindert depressive Zustände und verbessert die Lebensqualität.

Dazu wurde es unterstützend bei Colitis ulcerosa und Morbus Crohn sowie im Bereich der Tiermedizin eingesetzt.

Vergleich mit Tonmineralen (Tonsteine)

Neben den Gesteinsmehlen haben auch die relativ ähnlichen Tonminerale vergleichbare therapeutische Eigenschaften. Als Tonminerale bezeichnet man einerseits Minerale, die überwiegend feinstkörnig (Korngröße < 2 µm) vorkommen; andererseits heißen auch (Alumo-)Schichtsilikate, die nach ihrer schichtartigen Kristallstruktur benannt sind, Tonminerale. Die zwei Definitionen sind nicht deckungsgleich. Tonminerale bezeichnen daher in der Regel solche Minerale, die beide Kriterien erfüllen.[41] Medizinisch werden meist Tonminerale der Smektit- oder der Vermiculit-Gruppe verwendet.

Die immer wieder publizierte Ansicht, dass Tonmineralien als Vorläufer des Klinoptiloliths zu betrachten sind, teile ich nicht. Tonmineralien haben zwar ein paar wenige Gemeinsamkeiten mit Klinoptilolith, die wesentliche

Großtechnischer Tongestein-Abbau.

Wirkung jedoch hat kein Tonmineral. Tonmineralien adsorbieren auf der Oberfläche unselektiv, Zeolithe selektiv in ihrem Kristallgitter.

Verschiedene Tonminerale sind in ihrer Wirkung mit Klinoptilolith vergleichbar.[42] Das trifft vor allem auf die relativ einheitlichen Minerale Beidellit, Bentonit, Illit, Montmorillonit, Nontronit, Palygorskit, Pascalit, Smektit und Vermiculit zu, aber auch auf komplexe Minerale wie Phyllit (ein Tonglimmerschiefer).[43]

Montmorillonit ist ein wesentlicher Bestandteil (60–80 Prozent) von Bentonit. In reiner Form ist Montmorillonit weiß. Durch Fremdbeimengungen kann es aber auch gelblich bis rötlich, grünlich oder bläulich gefärbt sein.

Tonminerale besitzen eine große spezifische Oberfläche, an die Stoffe adsorbiert und desorbiert werden können. Mit der großen Oberfläche ist eine hohe Kationenaustauschkapazität verbunden. Die Wirkungsmechanismen sind im Detail oft kaum verstanden. In erster Linie wird die hohe Adsorptionsfähigkeit der sehr feinkörnigen Schichtsilikate als Erklärung für die beobachteten Heilwirkungen angeführt. Einerseits können an die Mineraloberflächen gebundene Nährstoffe abgegeben werden, andererseits können Giftstoffe an die Tonminerale gebunden und so neutralisiert werden.

Die verschiedenen Tonerden[44] haben gegenüber dem Klinoptilolith den Vorteil, ein viel größeres Spektrum an Spurenelementen zu besitzen. Auf verschiedenen Internetseiten wird behauptet, dass Klinoptilolith in der Lage sei, bis zu achtzig verschiedene Spuren- und Mengenelemente[45] wie zum Beispiel Silizium, Eisen, Selen und Fluor abzugeben. Das jedoch ist zumindest auf Klinoptilolith bezogen absolut falsch. Tonerdeminerale dagegen können zusätzlich Eisen, Mangan, Magnesium, Kupfer, Kobalt, Lithium oder Molybdän als Metalle und Phosphor als Nichtmetall enthalten und diese auch abgeben.

Bentonit beziehungsweise Montmorillonit-Bentonit hat aufgrund seines Charakters als Tonmineral eine hohe Quellfähigkeit und Wasseraufnahmekapazität. Die selektierende Ionenaufnahme dagegen ist nicht so ausgeprägt

---

42 Verschiedene Firmen bieten inzwischen auch Mineralkombinationen von Klinoptilolith mit anderen Tonmineralen (Bentonit, Montmorillonit) an.

43 Siehe Seite 179.

44 Bei der grünen französischen Mineraltonerde vom Typ Illit der Struktur Phyllit beträgt der tonhaltige Anteil 60–80 %, der Illitanteil 65–75 % und der Kaolinitanteil 5–15 %.

45 Calcium-Bentonit enthält nach Dr. Jensen angeblich 67 Mineralien (u. a. Kobalt, Kupfer, Mangan).

wie bei Klinoptilolith. Im Gegensatz zu Klinoptilolith bindet Bentonit/Mont-morillonit-Bentonit auch Stoffe mit einem größeren Molekularvolumen durch Adsorption an seiner Oberfläche. Eine mikrofeine Vermahlung wie bei Klino-ptilolith ist bei Bentonit/Montmorillonit-Bentonit nicht erforderlich.

In der Natur kommen 92 Elemente vor, davon sind 6 Edelgase, 8 radio-aktive Elemente und 6 hochbedenkliche Elemente; das entspricht 72 Elemen-ten, die in Lebewesen theoretisch vorkommen könnten. Davon kommen jedoch nur 37 im lebenden Körper vor. Von den restlichen 35 Elementen weiß man nichts, außer dass sie extrem selten vorkommen. Vermutlich will man mit die-ser hohen Zahl nur Eindruck schinden.

Wirkung: Montmorillonit[46] hemmt das Wachstum verschiedener Bakterien wie pathogene Escherichia coli, Mycobacterium marinum, Pseudomonas aeru-ginosa, Salmonella typhimurium, pathogene Staphylococcus-aureus-Arten, einschließlich multiresistenter Sorten[47] im Darm und regt die körpereigene Abwehr an. Verschiedene Untersuchungen zu Klinoptilolith zeigen ein ähnli-ches Verhalten.

Diese Wirkung kann sich auch auf den EHEC-Erreger erstrecken, da die Toxine des Erregers gebunden werden und nicht wie bei einer Antibiotika-behandlung freigesetzt werden.

Palygorskit: $(Mg,Al)_2Si_4O_{10}(OH) \cdot 4H_2O$, ist ein Schichtsilikat aus Magnesium und Silizium bzw. Aluminium und Silizium.

Es besteht aus einfachen tetraedralen Netzen aus sechsfach-Ringen, die über oktaedrale Netze oder Bänder verbunden sind.

Fundstellen: Deutschland: Maroldsweisach, Rosenheim, Wunsiedeln; Bul-garien: Madan; Frankreich: Batère; Österreich: Bleiberg; Rumänien: Santimbru; Schweiz: Entlebuch; Slowakei: Podrečany; Slovenien: Idria; Tschechien: Roźná; USA: Washington.

Montmorillonit und Palygorskit (Attapulgit) reduzieren schon eine äußere radioaktive Kontamination nach radioaktivem Niederschlag erheblich.[48]

---

46 Zusammensetzung: SiO2 58 %, Al2O3 19 %, TiO2 0,3 %, Fe2O3 4 %, MgO 6 %, CaO 2 %, Na2O 2 % und K2O 0,3 %.
47 Nach Shelly Haydel und Lynda Williams vom National Institute of Health (NIH).
48 Dr. Jensen schlug schon in den 1960er Jahren vor, zur Absorption von im Knochengewebe gespeicherten Strahlungsrückständen Bentonit zu verwenden: »Es könnte außerdem für diejenigen, die einer Strahlen-behandlung ausgesetzt waren, von extremer Wichtigkeit sein.«

Vermiculit: $(Mg,Fe,Al)_3(Al,Si)_4O_{10}(OH)_2 \cdot 4H_2O$, ein Schichtsilikat mit Glimmer-Tafeln, zusammengesetzt aus tetrahedralen oder oktahedralen Netzen der Vermiculit-Gruppe.

Alle Tonminerale (bekannt als Heilerden) können wie Klinoptilolith bei Durchfall unterschiedlicher Ursachen eingesetzt werden, zum Beispiel bei »Virusinfektionen, Nahrungsmittelallergien, krampfartigen Darmentzündungen und Lebensmittelvergiftungen«[49]. Alle Tonminerale sind in diesem Fall mit der Wirkung von Klinoptilolith gleichzusetzen.

Studien ergaben, dass die Absorptionseigenschaften von Tonmineralen dem Körper keine wertvollen Nahrungsbestandteile entziehen, wenn diese nicht mehr als 25 Prozent eines Diätspeiseplans ausmachen, was eine äußerst beträchtliche Menge darstellt.[50]

Im Gegensatz zu Klinoptilolith sind die Tonerdeminerale Bentonit, Montmorillonit und Polygorskit nicht in der Lage, radioaktives Cäsium und Strontium in ihr Gitter einzubauen.

Zur Säurebindung als Antazidum im Magen sind die Tonerden genauso gut geeignet wie Klinoptilolith, wenn man auch von diesem etwas weniger benötigt.

Zur Regulierung der mechanischen Darmtätigkeit sind beide Mineralgruppen geeignet, allerdings hat Klinoptilolith die bessere Wirkung auf die Darmsymbiose. Eine Symbioselenkung kann man mit Klinoptilolith unterstützen, da dieser vor allem die Ausscheidungsprodukte der Darmpilze aufnimmt. Tonerden binden jedoch auch Darmbakterien – ohne Selektion.

49 Medizinischer Jahresbericht des Bezirks Columbia, Band 20, Nr. 6, Juni 1961.
50 Jahrbuch der New Yorker Wissenschaftsakademie, Band 57, Seite 678, Mai 1954.

Anwendungs-erfahrungen mit Klinoptilolith

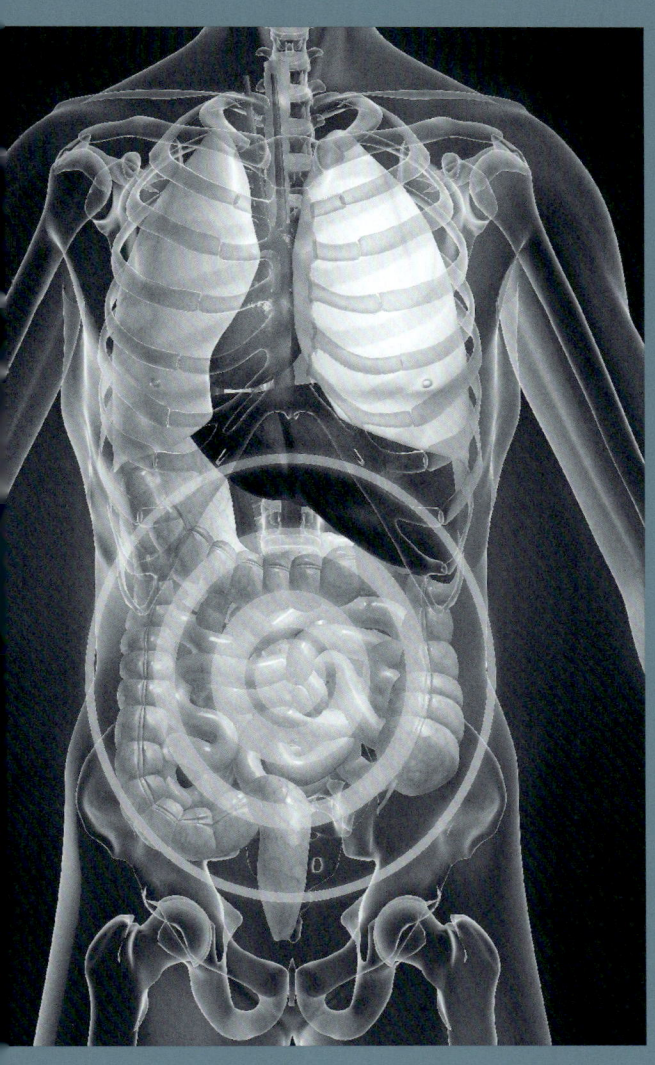

Fallbeispiele

Bei den nachfolgenden Krankheitsbildern wurden in den letzten Jahren gute Behandlungserfolge erreicht. Immer wieder war ich überrascht, wie groß der Einsatzbereich des Klinoptiloliths ist. Bei vielen Beschwerden konnte ich mich anfänglich nur schwer dazu durchringen, Klinoptilolith einzusetzen, da ich mir einen Therapieerfolg schlichtweg nicht vorstellen konnte.

Klinische Studien dazu werden im Anhang angeführt.[51]

Die Dosierung entspricht meiner Erfahrung. Liegen weitere Erfahrungen mit einer Ergänzung durch kolloidales Silber oder ätherische Öle vor, um den Therapieerfolg zu optimieren, werden diese Angaben mit *Dazu:* angehängt.

Zum Beispiel: *Dosierung*[52]: 1-mal täglich 3 g Klinoptilolith in etwas Wasser einnehmen, bis die Akne verschwunden ist. *Dazu:* 2-mal täglich 1 Tropfen Muskatellersalbeiöl einnehmen.

Anonymisierte Patientendaten: Die Patientendaten wurden in einem Schlüssel fixiert, der nur das Geschlecht erkennen lässt. Ansonsten wurde eine fortlaufende Nummerierung verwendet.

Beschwerdebild: Als Beschwerdebild geben viele Patienten erstmals medizinische Diagnosen oder ungesicherte Verdachtsdiagnosen an, da durch die Medikation das ursprüngliche Krankheitsbild verwischt oder gar verschoben ist.

Diagnose: Exakte Diagnosen liegen leider nicht immer vor; oft fehlt natürlich auch der exakte Krankheitsverlauf, die Patienten können sich nur ungenau erinnern. Viele Patienten kommen oft mit mehreren Verdachtsdiagnosen oder einer Fehldiagnose.

Vorbehandlung: Das größte Problem einer Patientenerhebung ist die zurückliegende Medikation. Alle Patienten wurden zuvor von verschiedenen Ärzten behandelt. Von jedem Arzt erhielten sie Medikamente zur Einnahme, aber nur etwa 30 Prozent der Patienten können präzise Angaben dazu machen. Bei diesen 30 Prozent handelt es sich vor allem um Patienten, die Einnahmelisten führen. Alle früheren Medikamente jedoch sind nur unzureichend zu ermitteln (zum Beispiel blaue Tabletten und eine Salbe).

---

51 Siehe Seite 197f.
52 Bei der zusätzlichen Empfehlung von kolloidalem Silber wird durch einen Stern (Dazu*:) auf die Anschaffung eines Silbergeräts hingewiesen, da die Menge des kolloidalen Silbers sehr schnell in hohe finanzielle Beträge gehen kann. Zur Herstellung von kolloidalem Silber siehe Seite 124ff.

Problematisch ist eine zurückliegende Antibiotikabehandlung, noch problematischer sind mehrere Antibiotika-Behandlungen, was nicht selten ist. Weniger als 20 Prozent der Patienten können sich an die Namen der Antibiotika erinnern und nur wenige können dazu genauere Angaben zur Dosierung machen.

Die meisten Patienten trauen sich nicht, ihren Arzt nach der zurückliegenden Medikation zu fragen, da sie selbst die Konsultation des Heilpraktikers verschweigen. Oft aufgrund der schlechten Erfahrung, dass sich ein Großteil der Ärzte (trotz oder wegen ihrer miserablen Therapieerfolge) abfällig über Heilpraktiker und deren Medikation und Methoden äußern.

Zeolithanwendung: Angegeben wird Dosierung und Häufigkeit bei zeolithischer Einzelanwendung; bei Kombinationsanwendungen wird Dosis und Häufigkeit angegeben.

Ergebnis: Das therapeutische Ergebnis wird beschrieben. Traten keine Veränderungen oder Besserungen der Symptome auf oder trat gar eine Verschlechterung auf, wird dies ebenfalls angegeben.

Eine *Erhaltungsdosis* kann bei vielen Patienten sinnvoll sein, entweder um den Zustand der Erkrankung nicht weiter zu verschlimmern (zum Beispiel Diabetes, Parkinson, Multiple Sklerose) oder vorbeugend einen ähnlichen Zustand zu verhindern (zum Beispiel Rückfall einer Hauterkrankung oder einer rheumatischen Erkrankung).

Fallbeispiel 1: Akne (Acne vulgaris)

Männlich, 17 Jahre, starker, jugendlicher Aknebefall im Gesichts- und Halsbereich seit über 1 Jahr, mit auffallenden, entzündeten Pusteln und unreiner Haut.

Vorbehandlung: Aknosan (Minocyclin), Differin (Adapalen). *Erfolg:* nur schwach und sehr kurzfristig.

Dosierung: 1-mal täglich 3 g Klinoptilolith in etwas Wasser einnehmen, bis die Akne verschwunden ist. *Dazu:* 2-mal täglich 1 Tropfen Muskatellersalbeiöl einnehmen.

Ergebnis: Besserung nach 2 Wochen mit zunehmender Abheilung der Pusteln über weitere 2 Monate und vollkommen reiner Haut danach.

Erhaltungsdosis: 1-mal 2 g/Tag.

Fallbeispiel 2: Schuppenflechte (Psoriasis)

Männlich, 34 Jahre, Schuppenflechte mit auffallenden weißen Schuppenbereichen und extremem Juckreiz seit über 20 Jahren, hauptsächlich an Ellenbogen, Kopfansatz, hinter den Ohren und im Brustbereich.

Vorbehandlung: Urea (Harnstoff), Beta Creme (Betamethason), Calcipotriol (Vitamin D3 Analog), Psoralen. *Erfolg:* immer nur kurzfristig.

Dosierung: 1. Woche: 1-mal täglich morgens 3 g Klinoptilolith in etwas Wasser einnehmen, dann langsam steigernd auf 1-mal 5 g täglich. *Dazu*:* abends 1 Teelöffel Indischer Flohsamen (schwarz, ganz) und dazu 2-mal täglich 20 ml 25 ppm kolloidales Silber einnehmen.

Ergebnis: Besserung erstmals nach 6 Wochen, auffallende Besserung nach 6 Monaten, mit nunmehr sehr seltenen und leichten Schüben.

Fallbeispiel 3: Knochenhautentzündung (Periostitis)

Männlich, 60 Jahre, Knochenhautentzündung nach Sturz vom Baugerüst mit deutlichem Druckschmerz und Belastungsschmerz an der Schienbeinkante seit über 6 Wochen.

Vorbehandlung: Neomycin. *Erfolg:* wenig, Schmerzen waren immer da.

Dosierung: 1-mal täglich morgens 3 g Klinoptilolith in etwas Wasser einnehmen. *Dazu:* 2-mal täglich 30 ml 25 ppm kolloidales Silber.

Ergebnis: Besserung nach 3 Tagen, Beschwerdefreiheit nach der 1. Woche, vollständige Verheilung nach 3 Wochen.

Fallbeispiel 4: Gedächtnisstörungen

Männlich, 54 Jahre, auffallend zunehmende Gedächtnis- und Wortfindungsstörungen mit verminderter Leistungsfähigkeit seit 4 Jahren.

Vorbehandlung: Donepezil, Cerepar (Piracetam). *Erfolg:* keiner; die Gedächtnisstörungen wurden zunehmend auffallender.

Dosierung: 1-mal täglich morgens 3 g Klinoptilolith für 2 Wochen in etwas Wasser einnehmen, dann auf 2-mal 3 g gesteigert.

Ergebnis: erstmals nach 3 Wochen zunehmende Besserung der Konzentrationsfähigkeit, nach 8 Wochen erhebliche Verbesserung des Gedächtnisses, Wortfindungsstörungen traten danach seltener auf.

Erhaltungsdosis: 1-mal 4 g/Tag.

Fallbeispiel 5: Stuhlgangstörungen

Weiblich, 64 Jahre, seit über 10 Jahren Stuhlverstopfung mit harten Kotballen nach längerem Abführmittelmissbrauch. Ein normaler Stuhlgang ohne Abführmittel war nicht mehr möglich. Je nach Dosierung trat oft Durchfall auf.

Vorbehandlung: 2-mal 10 ml Bifiteral täglich. Mehrere Abführmittel wechselnd. *Erfolg:* kaum, regelmäßige Abführmitteleinnahme war notwendig.

Dosierung: 1-mal täglich 3 g Klinoptilolith in etwas Wasser einnehmen, dann in Folge 2-mal täglich 3 g Klinoptilolith einnehmen.

Ergebnis: nach 6 Tagen Stuhl weich und problemlos; nach 2 Monaten kein Abführmittel inkl. Bifiteral mehr notwendig.

Erhaltungsdosis: 1-mal 3 g/Tag.

Fallbeispiel 6: Blasenentzündung

Weiblich, 34 Jahre, seit 3 Wochen Schmerzen beim Wasserlassen, Brennen in der Harnröhre.

Vorbehandlung: Eusaprim (Trimethoprim), Norfloxacin, Buscopan (Butyl-scopolaminiumbromid), L-Methionin (Aminosäure).

Dosierung: 2-mal täglich 3 g Klinoptilolith in etwas Wasser einnehmen. *Dazu:* 2-mal täglich 20 ml 25 ppm kolloidales Silber einnehmen.

Ergebnis: nach wenigen Tagen fast schmerzfrei, Brennen beim Wasserlassen nach 1 Woche vollkommen verschwunden, nach 20 Tagen vollkommen symptomfrei.

Fallbeispiel 7: Diabetes mellitus Typ II

Weiblich, 72 Jahre, 80 kg; stark schwankende Zuckerwerte zwischen 190–350 mg/dl seit über 20 Jahren; Durchblutungsstörungen der Beine, mit Gefühllosigkeit im Fuß; schlechte Wundheilungstendenz.

Vorbehandlung: Metformin.

Dosierung: 1-mal täglich 3 g Klinoptilolith in etwas Wasser einnehmen, dann in Folge 2-mal täglich 3 g Klinoptilolith einnehmen.

Ergebnis: erstmalige Einstellung auf 160 nach 3 Wochen, regelmäßiger Zucker 95–160 nach etwa 3 Monaten.

Erhaltungsdosis: 1-mal 3 g/Tag.

Fallbeispiel 8: Diabetes mellitus Typ I

Weiblich, 47 Jahre, schwankende Zuckerwerte mit Schmerzen in Beinen und Händen, zunehmende Sehstörungen.

Vorbehandlung: Novalgin.

Dosierung: 1-mal täglich 3 g Klinoptilolith in etwas Wasser einnehmen, dann in Folge 2-mal täglich 3 g Klinoptilolith einnehmen.

Ergebnis: Besserung der Schmerzen nach 12 Tagen, weitgehende Beschwerdefreiheit nach 4 Wochen.

Erhaltungsdosis: 1-mal 3 g/Tag.

Fallbeispiel 9: Gicht (Arthritis urica)

Männlich, 52 Jahre, heftige und in unregelmäßigen Abständen seit über einem Jahr meist nachts auftretende Schmerzanfälle, am häufigsten im Großzehengrundgelenk. Das Gelenk ist gerötet und geschwollen mit beginnender Deformierung und leichtem Fieber.

Vorbehandlung: Zyloric Allopurinol. *Erfolg:* nur beschränkt.

Dosierung: 1-mal täglich 3 g Klinoptilolith in etwas Wasser einnehmen.

Ergebnis: Besserung der Schmerzen im Fuß und den Zehen nach 3 Wochen. Der Patient konnte im Gegensatz zu vorher dann auch wieder Bier trinken, ohne damit Schmerzen auszulösen.

Fallbeispiel 10: Arthrose

Weiblich, 54 Jahre, seit über 15 Jahren Kniegelenksarthrose mit starken morgendlichen Anlaufschmerzen, Schmerzen im rechten Knie.

Vorbehandlung: Indoclir (Indometacin), Soventol Hydrocort (Cortisol), Allobenz (Benzbromaron), Zyloric (Allopurinol). *Erfolg:* Schmerzen waren erträglich, aber nie weg.

Dosierung: 2-mal 3 g Klinoptilolith in der 1. Woche, dann 2-mal 5 g Klinoptilolith einnehmen.

Ergebnis: Besserung nach 4 Wochen, zunehmende Beschwerdefreiheit nach 8 Wochen, fast beschwerdefrei nach 12 Wochen.

Erhaltungsdosis: 1-mal 3 g/Tag.

Fallbeispiel 11: Rheumatische Polyarthritis

Männlich, 48 Jahre, mit Polyarthritis und wandernden Schmerzen in Armen und Beinen, dadurch zunehmende Bewegungseinschränkung.

Vorbehandlung: Ibuprofen (Phenylpropionsäure), Cortison, Brexidol (Piroxicam), Vioxx (Rofecoxib), Paracetamol. *Erfolg:* Schmerzen waren nie weg.

Dosierung: 2-mal 3 g Klinoptilolith/Tag in der 1. Woche, dann auf 2-mal 5 g Klinoptilolith/Tag gesteigert.

Ergebnis: Besserung erstmals nach 5 Wochen, Erleichterung beim Treppensteigen nach 8 Wochen, weitgehende Beschwerdefreiheit nach 12 Wochen, fast völlige Beschwerdefreiheit nach 18 Wochen.

Erhaltungsdosis: 1-mal 3 g/Tag.

Fallbeispiel 12: Magenübersäuerung

Männlich, 56 Jahre, mit Magenübersäuerung und leichtem Reflux, mit Brennen in der Speiseröhre.

Vorbehandlung: Maloxan (half in den letzten Monaten nicht mehr) und andere Antazida.

Dosierung: 2-mal täglich 3 g Klinoptilolith nach dem Essen (mittags und abends) in etwas Wasser einnehmen. In akuten Fällen, die nachts auftraten, wurde 3 g Klinoptilolith in etwas Wasser zusätzlich eingenommen.

Ergebnis: Abklingen der Beschwerden wenige Tage nach Einnahme des Klinoptiloliths. Vollständige Beschwerdefreiheit nach 8 Wochen.

Erhaltungsdosis: 1-mal 3 g/Tag nach dem Mittagessen.

Fallbeispiele aus der Tierwelt

Hund: Gebärmuttervereiterung

Hündin, 2 Jahre, akute Gebärmuttervereiterung mit anschließender Operation, Kastration erforderlich. Gebärmutter knotig, gerötet und entzündet, Entscheidung für die Operation sinnvoll. Vermutung, es handelte sich um eine länger bestehende latente Entzündung, da der Hund in den beiden Läufigkeitszyklen unter hormonellen Problemen und Fressunlust/Inappetenz litt.

Dosierung: 1-mal täglich 2 g Klinoptilolith im Futter.

Ergebnis: Die Entzündung öffnete sich nach außen, Eiter und Blut flossen ab, dadurch wurde eine Sepsis vermieden. Nach weiteren Gaben von 2 g Klinoptilolith pro Tag über 4 Wochen ist die Narbe nicht mehr sichtbar, der Hund ist agil, aktiv und frisst mit großem Appetit.

Erfahrungen privater Anwender

Hunde

Hund, 5,5 kg, erhöhte Leberwerte. Nach 4 Wochen mit Mistelpräparat keine Veränderung.

Dosierung: 4 Wochen 1-mal täglich 1 gehäufter Teelöffel mit Klinoptilolith im Rohfutter.

Ergebnis: Werte aktuell im Normbereich.

Hund, 65 kg.

Dosierung: seit 12 Wochen täglich 1 Esslöffel Klinoptilolith.

Ergebnis: strahlend weißes, seidig glänzendes und weiches Fell.

Hündin, großer Hot Spot durch eine Futtermittelallergie.

Dosierung: mehrmals täglich mit Klinoptilolith gepudert, zwischen den Anwendungen nicht abgewaschen.

Ergebnis: Hot Spot schnell verheilt, Fell gut nachgewachsen.

Labrador, 12,5 Jahre, Arthrose und Gelenkentzündung.

Dosierung: seit etwa 3 Monaten morgens und abends 1 Teelöffel Klinoptilolith im Futter.

Ergebnis: Bewegungsfähigkeit massiv verbessert.

Terriermischling, 12,5 kg, Durchfall.

Dosierung: 1 gut gehäufter Teelöffel Klinoptilolith mit etwas Frischkäse und Wasser. Bei anhaltendem Durchfall auch ein zweites Mal. In Einzelfällen zwischen ¼ und ½ Teelöffel, mit zeitlichem Abstand zum regulären Futter, das bereits einige Zusätze enthält.

Ergebnis: Abklingen des Durchfalls.

Hündin, 22 kg, angeborener intrahepatischer Lebershunt. Erfolgreiche Operation, jedoch erhöhte Ammoniakwerte aufgrund des noch nicht vollständig geschlossenen Shunts.

Dosierung: seit 8 Monaten täglich ½ Teelöffel Klinoptilolith.

Ergebnis: Der Wert ist jetzt im Normbereich.

Schäferhund, 40 kg, Narkose. Gabe von Klinoptilolith zur Vorbereitung auf die Narkose.

Dosierung: 1 Woche vor dem Eingriff jeweils abends 1 gestrichener Esslöffel mit dem Futter. Nach der Narkose 1 Esslöffel mit Leberwurst vermischt, nach zwei Wochen wiederum 1 gestrichener Esslöffel im Futter.

Ergebnis: um einen Tag schnellere Genesung als bei einer Narkose ein halbes Jahr zuvor (bei gleicher Narkosedauer und demselben Narkosemittel).

Labradorhündin, 4 Jahre.

Dosierung: Täglich 1 Messerspitze Klinoptilolith mit etwas Wasser während des Fressens.

Ergebnis: anhaltende Gesundheit, kein Wurmbefall.

Katzen

Katze, Maine Coon, 6 Jahre.

Dosierung: täglich 1 Teelöffel Klinoptilolith im rohen Fleischfutter, dazu Taurin und gemahlene Spirulina-Tabs. In Fällen von Krankheiten wie Durchfall oder Entzündungen wird das Futter mit kolloidalem Silber ergänzt.

Ergebnis: Die Tiere sind dauerhaft gesund.

Katze, schwere Erkrankung mit spastischen Krampfanfällen, schmerzhaften Schwellungen an Kopf und allergischen Futterunverträglichkeiten.

Dosierung: 1 Messerspitze Klinoptilolith mit dem Wasserinhalt einer 5-ml-Spritze, in das Maul, nicht in den Rachen.

Ergebnis: keine Anfälle mehr, verträgt die meisten Futterarten.

Pferd

Ältere Stute, früher im Reitsport, leidet seit etwa 20 Jahren unter Kotwasser und chronischem Husten, sehr abweisendes Wesen. Hustenmedikamente schlagen nicht mehr an.

Dosierung: seit 6 Wochen 2 gehäufte Esslöffel Klinoptilolith im Futter.

Ergebnis: seit der zweiten Woche kein Kotwasser mehr, Husten beinahe abgeklungen. Umgänglicheres Wesen.

Hühner

Hühner, 11 Tiere unterschiedlicher Rassen, Mauser.

Dosierung: während der Mauser ab Juli/August täglich 1 Teelöffel Klinoptilolith im Futter.

Ergebnis: abgeschwächte Mauser, reduzierter Stress, anhaltende Produktion von Eiern.

Eichhörnchen

Eichhörnchen, in einem großen Außengehege lebend, Vergiftungserscheinungen. Drei Tiere bereits verstorben.

Dosierung: 2 Teelöffel Klinoptilolith auf 1 Liter Trinkwasser. Daneben zusätzlich eine Trinkschale mit Wasser. Wasser mit Klinoptilolith wurde deutlich bevorzugt.

Ergebnis: sehr schnelle Erholung.

Anwendung
und Einnahme

Anwendungsarten

Das Wirkungsprinzip von Klinoptilolith kann einerseits auf dessen *physikalischen* Aufbau, andererseits auf dessen *chemische* Zusammensetzung zurückgeführt werden; also auf eine ergänzende biophysikalische und biochemische Wirkung im Organismus.

Klinoptilolith kann sowohl *innerlich* als auch *äußerlich* eingesetzt werden. Üblich ist die Einnahme des in Wasser eingerührten Pulvers (perorale Pulvereinnahme als Wassersuspension). Dabei verteilt sich Klinoptilolith über die gesamte Schleimhaut von Speiseröhre, Magen und Darm gleichmäßig. Es neutralisiert das Säuremilieu im Magen-Darm-Trakt und verbessert die Aufnahme im Blut durch Adsorption. Eine Entgiftung erfolgt dabei gleichmäßig verteilt über Magen- und Darmschleimhaut.

Ein Einrühren in Joghurt oder in Buttermilch kann in Betracht gezogen werden; vor allem dann, wenn die Patienten das Pulver nicht schlucken können (dies sollte meines Erachtens jedoch nicht die Regel sein).

Mithilfe eines Klistiers kann eine lauwarme Klinoptilolith-Suspension anal als Einlauf gegeben werden *(anale oder vaginale Anwendung),* dies kann zum Beispiel bei Verdauungsproblemen (anal) oder bei Unterleibsbeschwerden (vaginal) sinnvoll sein. Bei sehr wenigen Frauenbeschwerden kann die Applikation mittels einem Klistier in die Scheide hilfreich sein.

Bei Hautproblemen, Verbrennungen, offenen Schnitt-, Schürf-, Stich- und anderen Wunden, bei Dekubitus und schweren Verletzungen sowie bei allergischen Hautreaktionen kann trockenes Pulver oder eine dünne bzw. eine eingedickte Suspension aufgetragen werden *(äußere Anwendung).*

Das Einrühren
von Klinoptilolith in Wasser
zur inneren Einnahme.

Eventuell mit Pflaster/Gaze abdecken oder mit einer Mullbinde schützen. Klinoptilolith wird solange aufgetragen, bis die Wunde am Verheilen oder die allergische Reaktion abgeklungen ist.

Einnahmeempfehlung

Meiner Erfahrung nach kann die Anwendung von Klinoptilolith bei verschiedenen Erkrankungen nach einem relativ festgelegten Schema angesetzt werden. Abweichungen von dieser Regel kommen jedoch oft und individuell differenziert vor.

Die »normale« Tagesdosis wird heute allgemein mit *1-mal täglich 3 g Klinoptilolith* für Erwachsene angesetzt. Das entspricht etwa 1 gestrichen vollen Teelöffel. Allgemein setze ich fein gemahlenes[53] Klinoptilolith aufgeschwemmt in etwas Wasser ein. Je nachdem, wie stark die Entgiftungsfunktion des Klinoptiliths sein soll, setze ich entsprechend hoch die Dosierung an. Höhere Dosen werden praxisnahe in Ausnahmefällen eingesetzt und mit einer langsamen Dosissteigerung durchgeführt. Diese Steigerung kann bis zu 1-mal 10 g/Tag bei Erwachsenen erfolgen.[54]

Ebenso wird die Dosierung grundsätzlich erhöht, wenn Durchfälle oder Blutungen im Stuhl in der Krankensymptomatik mit vorhanden sind, jedoch keine Gefahr einer Stuhlverstopfung besteht.

Wird Klinoptilolith in einer nur leichten Handverreibung, nicht einer tribomechanisch aktivierten Verreibung verwendet, tendiere ich inzwischen zu erheblich niedrigerer Dosierung; manchmal sogar unter 2 g Klinoptilolith pro Tag.

Da elektrolytische Vorgänge ohnehin nur in wässrigem Milieu stattfinden können, wird das Pulver zur Einnahme stets mit genügend Wasser oder Tee angerührt oder aufgeschüttelt.

Das feine Klinoptilolithpulver sollte mit genügend Flüssigkeit angerührt und unmittelbar danach getrunken werden. Am besten eignet sich ein gerundetes 200 ml (Wein-)Glas, da sich abgesetztes Pulver nicht in den Ecken sammeln kann. Es sollte zügig durchgeführt werden, damit sich das Pulver nicht am Boden absetzt. Es ist jedoch leicht wieder aufschwemmbar.

53 Durch tribomechanische Verreibung oder mit der Gegenstrahlmühle zerkleinert.
54 Prof. Hecht gibt dazu sogar bis 15 g/Tag an.

Die Empfehlung, das angerührte Pulver solle möglichst lange im Mund verbleiben, am besten unter der Zunge, teile ich nicht. Klinoptilolith wird nicht über die Mundschleimhaut, sondern über den Darm[55] aufgenommen. Darin widersprechen sich Prof. Hecht und alle, die von ihm abschreiben, selbst. Denn wenn das Steinpulver den Körper nur passiert, ist eine Schleimhautresorption ausgeschlossen.

Eine normale Kuranwendung dauert etwa 4–8 Wochen[56], kann aber je nach Erkrankungsbild über einen weit längeren Zeitraum durchgeführt werden. Eine regelmäßige Einnahme über Jahre kann ohne Probleme durchgeführt werden. Ob dies therapeutisch sinnvoll ist, ist eine andere Frage und abhängig von der entsprechenden Erkrankung.

In akuten Fällen kann die Dosis kurzfristig verdoppelt werden. Eine generell höhere Dosierung erweist sich als allgemein nicht besonders sinnvoll. Es sind dabei keine schnelleren Verbesserungen zu beobachten.

Bei schweren chronischen Vergiftungsfällen jedoch kann eine längere Einnahme von 5–8 g sinnvoll sein und ist manchmal auch für einen Therapieerfolg notwendig.[57]

Als Krebsprophylaxe kann Klinoptilolith mit einer Tagesdosis von 3 g über Jahre eingenommen werden. Prof. Hecht schreibt in seinem Buch, dass er seit über 8 Jahren eine tägliche Menge von 8 g Klinoptilolith zu sich nimmt.

Die Einnahme des Klinoptiloliths sollte morgens (wenn möglich immer zur gleichen Zeit) auf nüchternen Magen erfolgen. Die Einnahme von weiteren Medikamenten sollte erst eine Stunde danach oder davor erfolgen.

Ob Klinoptilolith zusammen mit dem Essen oder in größerem Abstand eingenommen werden sollte, ist bisher strittig und rein hypothetisch. Ich gehe davon aus, dass Klinoptilolith ins Blut aufgenommen und verstoffwechselt wird. Ein Abstand zur nächsten Essensaufnahme muss nicht notwendigerweise eingehalten werden.

---

55 Siehe Bioverfügbarkeit Seite 28.
56 Prof. Hecht nimmt hier einen 40-tägigen Zyklus an, den er chronobiologisch gut begründet; unserer Erfahrung nach bringt dieser Zeitrhythmus jedoch keine Vorteile.
57 Es gibt in den USA angeblich einen Fall von Rattengiftvergiftung von Kindern, die mit einer größeren Menge Klinoptilolith behandelt wurden.

Einnahmeempfehlung für Tiere

Da viele Wild- und Haustiere immer wieder von selbst Erde oder andere Mineralstoffe zu sich nehmen, ist die Dosierung von Klinoptilolith bei erkrankten Tieren schwieriger als diejenige von kolloidalem Silber oder pflanzlichen Auszügen.

Eine weitere Herausforderung bei der Behandlung von Tieren ist der tierische Verdauungstrakt mit seinen besonderen physiologischen Verdauungsvorgängen und spezifischen Erkrankungen.

Die Internetrecherche zum Thema der individuellen Dosierung von Klinoptilolith bei verschiedenen Tierarten erweist sich als schwierig. Differenzierende Angaben dazu fehlen meist. Außerdem weichen einzelne Angaben oft deutlich voneinander ab. In den meisten Fällen wird zudem Klinoptilolith zusammen mit anderen Produkten verwendet.

Bei Großtieren ergeben sich kaum Probleme, da sie ein vergleichbares Gewicht haben und sich ausschließlich von Pflanzen ernähren. Dosierungen von 2 bis 60 Gramm können mit den meisten Küchenwaagen abgemessen werden. Die Tagesgaben für Schafe, Schweine, Ponys, Lamas, Pferde oder Rinder sind leicht abzumessen, zumal diese Tiere auch genügend trinken. Deshalb kann es weniger zu Verdauungsstörungen, vor allem Verstopfungen, kommen.

Geht man von der Dosierung für Menschen mit etwa 60 Kilogramm Körpergewicht aus, so erscheint eine Gabe von 3 Gramm als sinnvoll. Bei einem 90 Kilogramm schweren Menschen verwende ich 5 Gramm Klinoptilolith. Handelt es sich nun um ein Pferd von 600 Kilogramm, verwende ich meist 30 Gramm Klinoptilolith. Die Dosierung kann aber auch ohne Weiteres auf bis zu 45 Gramm erhöht werden.

Ähnlich ist es bei etwa 1000 Kilogramm schweren Rindern, bei denen sich eine Dosierung von 50–60 Gramm bewährt hat.

Bei großen Hunden (40–65 kg) und Schafen (40–65 kg) kann ähnlich wie beim Menschen dosiert werden, trotz des vollkommen unterschiedlichen Verdauungstraktes. Eine Dosis von 3–5 Gramm pro Gabe ist angemessen.

Mit Großraubtieren liegen keine Erfahrungen vor.

Schwieriger ist es bei Tieren der mittleren Gewichtsklasse von 15 bis 35 Kilogramm, noch schwieriger bei kleineren Hunden (unter 10 kg), Katzen (unter 2 kg), Hasen oder gar Nagetieren (50–150 g), oder gar Vögeln wie Hühnern, Tauben, Papageien oder Singvögeln. Ebenso bei Echsen und Amphibien.

Einzelerfahrungen bei der Behandlung mit Klinoptilolith von fast allen Tierarten sind im Internet zu finden. Zuweilen sind dort jedoch auch sehr abenteuerliche Dosierungen zu finden.

Mengenmaße wie etwa eine Messerspitze, wie man sie manchmal im Internet oder den sozialen Medien findet, sind zu ungenau, um Laien weiterzuhelfen. Dadurch, dass Tieren Klinoptilolith immer zusammen mit Nahrungsmitteln gegeben wird, ist die Genauigkeit in der Dosierung aber ein sekundäres Problem. Durch das Zumischen ins Futter kann die theoretisch errechnete Menge an Klinoptilolith oft um das 3- bis 5-fache überschritten werden, ohne dass Probleme auftreten.

Dosierung bei Tieren

Kleine Nager (Hamster, Mäuse, Ratten)	0,1 g
Zwerghasen, Meerschweinchen, Kleinraubtiere	0,1–0,2 g
Igel, 1–2 kg	0,2 g
Große Nager (Chinchillas, Kaninchen)	0,2–0,3 g
Katzen, Hasen, kleine Hunde, 2–10 kg	0,3–1,0 g
Große Hunde, Schafe, Ziegen: 40–65 kg	3,0–5,0 g
Lamas, Rehe, 45–60 kg	5,0–7,0 g
Schweine, 120–200 kg	5,0–8,0 g
Ponys, Esel, Pferde, 300–600 kg	15–30 g
Schwere Pferde, 800 kg	30–50 g
Rinder, Milchkühe, 800–1000 kg	bis 45 g

Teilung durch Bilden von Häufchen.

Dosierungen unter 3 Gramm

Ein gestrichener Teelöffel Klinoptilolith enthält etwa 3 Gramm (mit minimaler Abweichung, die jedoch tolerierbar ist). Da Küchenwaagen Mengen von unter 5 Gramm nur sehr ungenau abwiegen, ist der einfachste Weg, geringere Mengen abzumessen, diese durch Bildung von Teilmengen herzustellen (siehe Bild lins).

Ein gestrichener Teelöffel Klinoptilolith kann auf einem Papier ausgebreitet und dann mit einem Lineal oder einem Messer in gleich große Teile geteilt werden. Teilt man das 3-Gramm-Häufchen in 6 Teilmengen, hat jede Teilmenge etwa 0,5 Gramm. Mit geringen Abweichungen kann man gut leben. Teilt man die einzelnen Häufchen nochmals, kann man Mengen von 0,25 Gramm herstellen. 0,1 Gramm werden hergestellt, indem ein Häufchen 5-mal geteilt wird. Auf diese Weise kann man sogar Teilmengen von 0,05 g = 50 mg herstellen.

Nebenwirkungen

Im Normalfall ist die innere Einnahme von Klinoptilolith bis 3 g/Tag bedenkenlos zu empfehlen und ohne Nebenwirkungen. Eine Überdosierung in diesem Bereich ist nicht möglich.

Da viele Patienten mit einer Veränderung des Stuhlgangs reagierten, war es wichtig, die richtige Dosierung zu finden – sodass weder Stuhlverstopfungen noch Durchfälle bei der Einnahme des Klinoptiloliths auftraten. Dadurch ergab sich – abhängig vom Patienten – eine Dosierung von 3–8 g bzw. 1 gestrichener Kaffeelöffel (etwa 3 g) bis zu 1 hoch gehäuften Kaffeelöffel (etwa 8 g). Nur in sehr seltenen Fällen musste deswegen neben dem Klinoptilolith auch 1 Kaffeelöffel Indischer Flohsamen (schwarz, ganze Körner) täglich dazugeben werden.

Manchmal ist zu beobachten, dass bei einer Darmreinigung mit Klinoptilolith die im Gewebe eingelagerten Schwermetalle nachgeschoben werden und somit auch in seltenen Fällen Hautunreinheiten, Gelenkbeschwerden oder Kopfschmerzen ausgelöst werden. Dieses Phänomen löst sich nach einiger Zeit von selbst. Eine dunklere Verfärbung des Stuhls ist normalerweise ein Anzeichen für die stattfindende enzymgesteuerte Entgiftung.

In seltenen Fällen kommen bei sehr empfindlichen Personen vorübergehend leichte Blähungen (1:1000), Stuhlverstopfungen (1:900) oder Durchfälle vor. Diese Beschwerden lösen sich jedoch nach kurzer Zeit vollständig auf. Durch die kurzfristige Reduzierung der Einnahmedosis (bis zur Halbierung) und die vermehrte Zuführung von Leitungswasser oder Mineralwasser (auch Kaffee) kann dieser Zustand erleichtert werden.

Extrem selten (bisher zweimal) traten bei hochempfindlichen Patienten mit paradoxen Reaktionen verschiedene Gesundheitsstörungen auf, die eine vorübergehende Reduzierung der Dosis notwendig machten.

Der Staub des verriebenen Klinoptiloliths sollte nicht eingeatmet werden, da er in den Bronchien das Wasser bindet und ihnen Feuchtigkeit entzieht.

Theoretisch kann der Staub, wenn er über Monate eingeatmet wird, zu einer Silikose führen (siehe auch Kapitel »Toxikologie«, unten).

Kontraindikationen

Alle Prozesse, die durch die Anwendung von Klinoptilolith unnötig verstärkt werden, müssen hier in Betracht gezogen werden.

Bei Darmverschluß und Obstipation sollte Klinoptilolith nicht verwendet werden. In seltenen Fällen führt die Anwendung zu einer Stuhlverstopfung (Obstipation), die jedoch relativ leicht lösbar ist. Kommt dies jedoch bei einem Darmverschluss oder bei einer allgemeineren Stuhlverstopfung vor, verstärkt sich das Problem. Ansonsten ist mir bisher keine Kontrindikation bekannt.

Die Auffassung vieler Ärzte, vor allem der Onkologen, dass Klinoptilolith nicht während einer Chemotherapie eingenommen werden sollte, teile ich nicht. Klinoptilolith baut die großen Moleküle der Chemotherapie nicht in sein Kristallgitter ein. Bei Cis-Platin (cis-Diammindichloridoplatin) mit seiner Molekularmasse von 300,05 g/mol wäre das theoretisch möglich. Da diese Medikamente aber intravenös verabreicht werden, kommt der Klinoptilolith nicht mit dem Cis-Platin in Berührung.

Toxikologie

Wie aus der gesamten bisher publizierten Literatur ersichtlich, hat sich Klinoptilolith als vollständig ungefährlich erwiesen.[58] Feines Klinoptilolithpulver als Staub jedoch kann längerfristig eingeatmet – wie alle Silikatstäube – zu einer Silikose (Bergarbeitererkrankung) führen und die Lungenfunktion massiv belasten. In therapeutischen Dosen und Abständen kann dies jedoch nicht vorkommen. Das fest in das Alumo-Gerüstsilikat eingebaute Aluminium ist unlöslich und kann chemisch nicht reagieren, also auch keine Aluminiumreaktion auslösen.[59]

In dem durchgeführten Zytotoxizitätstest ergaben sich keine toxikologischen Schädigungen der Testzellen. Im »aktivierten Klinoptilolith« finden sich keine nadelförmigen Partikel (die als toxisch oder karzinogen angesehen werden). Dr. Pond hat in ihrer Untersuchung zur Reproduktion keine giftige (toxikologische) oder fruchtschädigende (teratogene) Wirkung des verabreichten Klinoptiloliths festgestellt.

Bei toxikologischen Untersuchungen von Prof. Dr. K. Pavelić 1998/1999 in Zagreb wurden nach der oralen Verabreichung sehr hoher Dosen (3,3–16 g mikronisierter Zeolith pro Tag und Wistar-Ratte) über ein Jahr hinweg keine Veränderungen an Leber, Milz, Niere und allen weiteren untersuchten Organen festgestellt. In den Untersuchungen ist die fehlende präklinische Toxizität eindeutig dokumentiert.[60]

Erkrankungsausschluss

Im Laufe der letzten Jahre habe ich mit dem Einsatz von Klinoptilolith bei sehr unterschiedlichen Erkrankungen gute Erfolge erzielt. Meine Zeolith-Forschungsgruppe hat dazu viele Beispiele anderer Therapeuten gesammelt und Berichte aus dem Internet auf deren Stichhaltigkeit überprüft.

Wichtig war mir vor allem, alle Berichte auszusondern, bei denen neben Klinoptilolith auch eine andere Medikation oder ein zusätzlicher therapeutischer Ansatz mitwirkte. Es wurden zum Beispiel keine Erfahrungen mit berücksichtigt, in der ätherische Öle, biochemische Salze, Enzyme, homöopathische Mittel, Makroelemente oder der Zapper von Hulda Clark mit verwendet wurden.

58 Toxikologische Studien an Mäusen und Ratten haben gezeigt, dass die Behandlung keine Nebenwirkungen hat.
59 Die oft verbreitete Angst vor Aluminium ist dadurch bei Alumosilikat nicht gegeben, da das Aluminium in den Alumosilikaten sich wie Silizium verhält.
60 Die FDA hat den Klinoptilolith ebenfalls untersucht und für unbedenklich erklärt.

Schwierig dagegen ist der Einsatz von Algen in Kombination mit Klinoptilolith zu beurteilen, wie er in einigen Kombinationspräparaten und bevorzugt von Prof. Hecht (sowie von russischen Ärzten) verwendet wird.

Natürlich hat sich im Laufe der Zeit auch gezeigt, dass der Einsatz weiterer Naturheilverfahren oft die Wirkung des Klinoptiloliths verbesserte. Wenn jedoch keine therapeutischen Erfolge beim Einsatz des Klinoptiloliths in Erfahrung zu bringen waren, wurden diese Krankheitsbilder auch nicht in das Klinoptilolith-Schema aufgenommen.

Dies kann und wird sich allerdings ändern, sobald neue zuverlässige therapeutische Erfahrungen vorliegen.

Erfahrungen liegen bei folgenden Erkrankungen vor

Keine oder minimale positive Erfahrungen liegen bis heute vor bei:
infektiösen und degenerativen Augenerkrankungen, Angina pectoris, Blinddarmentzündungen, Epilepsie, Gallenblasenbeschwerden, Grauem und Grünem Star, Herzerkrankungen und Herzinfarkt, Hörsturz, Hustenanfällen, Innen- und Mittelohrerkrankungen, Knochennekrose, Krampfaderbeschwerden, nichtepileptischen Krampfanfällen, Lähmungen und Lähmungserscheinungen, Lymphknotenerkrankungen, nerval bedingten Nervenlähmungen, Schwerhörigkeit, Sensibilitäts- und Empfindungsstörungen, Sexualstörungen, Stimmverlust, Taubheitsgefühlen, Tinnitus, Thrombose im akuten Zustand, Übergewicht, venösen Erkrankungen, Wadenkrämpfe und Warzen sowie Pilzerkrankungen im Verdauungstrakt.

Unzuverlässige therapeutische Erfahrungen mit wenigen Patienten liegen bis heute vor bei:
Durchblutungsstörungen, Fieberzuständen, Migräne und Clusterkopfschmerz, Schwangerschaftsbeschwerden, Sehnenscheidenentzündungen, Unterschenkelgeschwüren, Wechseljahrbeschwerden und Wurmbefall.

Gute Erfahrungen mit vielen Patienten liegen bisher vor bei:
Abszessen, Abwehrschwäche, Akne, Anämie, begleitender Chemotherapie, Colitis ulcerosa, Colon irritabilis und Morbus Crohn, Darminfektionen, Diabetes Typ I und II, Erschöpfungszuständen, Gallensteinbeschwerden, allergi-

schen, degenerativen und infektiösen Hauterkrankungen, bakteriellen und viralen Infektionserkrankungen, Knochen- und Gelenkschmerzen, Knochenwachstumsstörungen und Osteoporose, Lebererkrankungen, Magenübersäuerung und Reflux, Nervenentzündungen, Reizdarm, Schilddrüsenüberfunktion, Schuppenflechte und Neurodermitis, Verbrennungen, Schwermetallausleitungen und Stuhlgangstörungen.

Sinnvolle Anwendungen liegen bis heute auch vor bei:
offenen Beinen aufgrund von Venenschwäche (durch äußere Breiauflage), Lebererkrankungen, unterstützender Behandlung der Borreliose, Allergien und Unverträglichkeitsreaktionen, Autoimmunerkrankungen, Knochenerkrankungen, Chemotherapie und Suchterkrankungen, vor allem bei Alkoholmissbrauch, Schlafstörungen, depressiven Verstimmungen, Spätzuständen bei Demenzerkrankungen und Zysten.

Insgesamt ist der Einsatz von Klinoptilolith sinnvoll als Begleittherapie bei sehr vielen Erkrankungen, da er die Entgiftungsfunktion der Leber unterstützt und durch sein energetisches Verhalten als Radikalenfänger wirkt.

Als *nicht sinnvoll* erscheint die Anwendung von Klinoptilolith bei zu niedrigem Augeninnendruck.

Fazit:
Klinoptilolith ist ein mineralisches Mittel mit einem breiten, aber festumrissenen Wirkungsspektrum – und guten Erfolgsbereichen. Aber es ist kein Allheilmittel und hat seine therapeutischen Grenzen.

Sein gesamtes therapeutisches Wirkungsspektrum ist bisher noch nicht bekannt, da noch viel zu wenig Patientenberichte zu Behandlungen mit Klinoptilolith und vor allem noch viel zu wenige klinische Berichte vorliegen.

Es kommen jedoch regelmäßig neue Ergebnisse dazu, die das Wirkungsspektrum des Klinoptiloliths bestätigen, erweitern und auch sichern. Da immer mehr Heilpraktiker Klinoptilolith als optimales Ergänzungsmittel ihrer Therapie entdecken – und im Internet immer mehr Patienten von ihrer persönlichen Erfahrung in verschiedenen Foren berichten –, werden im Laufe der Zeit immer mehr verlässliche Aussagen vorliegen. Dadurch kann sich der Einsatz von Klinoptilolith im therapeutischen Bereich bald zu einer zuverlässigen Methode ausweiten.

Krankheitsbilder

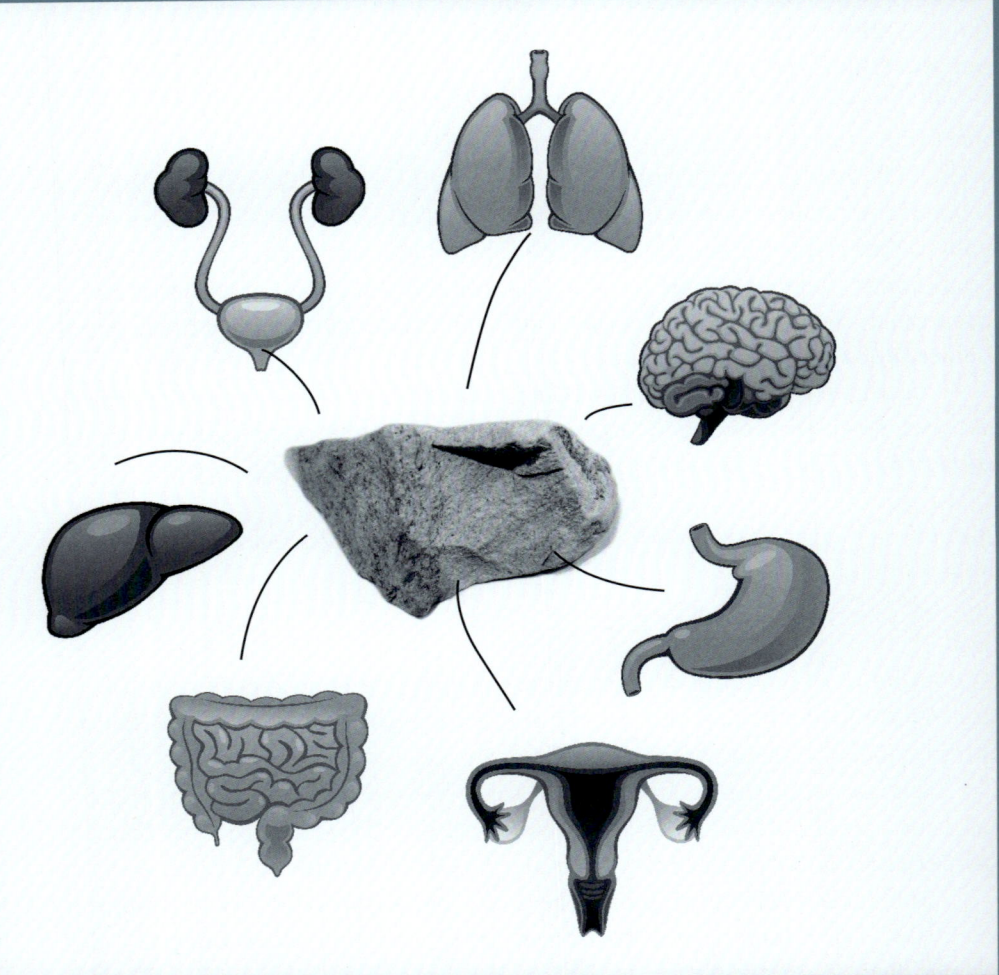

Krankheitsbilder, bei denen eine Klinoptilolith-Anwendung sinnvoll erscheint

Klinoptilolith hat erhebliche Auswirkungen auf folgende Systeme und Krankheitsbilder gezeigt:

Blutgefäßsystem: Stabilisierung und Optimierung der Funktion des Blutgefäßsystems durch Verbesserung der Venenspannung und Absenkung der Venendurchlässigkeit, Reduzierung und vollständige Sanierung von Ödemen, Krampfadern, Hämorrhoiden, Verschwinden von ausgeprägten Kapillaren. Stärkung des Herzmuskels, beschleunigte Infarktnachsorge.

Blutbild: Beobachtet wurde eine Verbesserung des Blutbildes bei allen Probanden, unter anderem die Korrektur erhöhter Blutfettwerte (Cholesterin, Triglyceride) und anderer Werte (Hämoglobin).

Verdauungssystem: Stabilisierung und optimale Regulierung des Verdauungssystems, Beseitigung und Sanierung von Schäden oder Störungen wie Sodbrennen, Magen- oder Zwölffingerdarmgeschwüren, Regulierung der Darmsymbionten.

Rheumatische Erkrankungen: Sanierung von rheumatischen Erkrankungen einschließlich Ischias, Spondylose, Arthrose, rheumatischer Arthritis und autoimmuner rheumatischer Erkrankungen.

Nierenfunktionen: Harntreibende Wirkung sowie Verbesserung der Nierenfunktionen. Sanierung von Entzündungen an Nieren, auch verträglich für Dialysepatienten.

Hautkrankheiten: Bekämpfung von Hautkrankheiten wie Seborrhöe, Dermatitis, Herpes (alle Arten), Psoriasis.

Wunden und Verbrennungen, Hautverbesserung: Verbesserung des Wundheilungsverlaufs, der Hautfeuchtigkeit sowie eine erhebliche Verbesserung der Widerstandsfähigkeit der Haut gegen verschiedene negative externe Einflüsse einschließlich der UV-Strahlung.

Parodontose: Sanierung von Parodontose und Beseitigung von Mikroorganismen im Mund.

Endokrine Drüsen: Optimierung der Funktion von Drüsen mit innerer Sekretion, besonders der Schilddrüse.

Diabetes Mellitus: Bei den meisten Probanden kommt es zu einer deutlichen Stabilisierung und Senkung des Blutzuckerspiegels.

Steigerung der körperlichen Leistungsfähigkeit: Steigerung der Ausdauer bei verstärkten körperlichen Belastungen, Verringern von Schmerzen, die infolge verstärkter körperlicher Belastungen auftreten.

Neuropsychiatrische Erkrankungen: Allgemeine Verbesserung der Stimmungslage. Bekämpfung von Schlaflosigkeit, Neurose, Depression. Unterstützende Wirkung bei der Behandlung von Epilepsie, Schizophrenie, Alzheimer und Parkinson.

Pilzerkrankungen: Beseitigung verschiedener Pilzerkrankungen der Haut (unter anderem Candida) und der Schleimhaut. Sanierung von Pilzerkrankungen der inneren Organe, die als Folge von radiologischen Eingriffen in Kombination mit Antibiotika auftreten können.

Klinoptilolith kann hervorragend zusammen mit anderen Stoffen eingesetzt werden, da das Vulkan-Mineral eine trägerähnliche Funktion hat – es hilft, andere Substanzen leichter in den Körper zu führen. Besonders gut eignen sich dazu alkoholische Pflanzenauszüge, aber auch andere Stoffe, die zusammen mit Klinoptilolith eine viel stärkere und schnellere Wirkung zeigen.

Diese kombinierten Erfahrungen liegen mir erst seit verhältnismäßig kurzer Zeit vor, auch kann ich nur begrenzt auf fremde Erfahrungen zurückgreifen. Es gibt noch zu wenige Ärzte und Heilpraktiker, die Klinoptilolith hauptsächlich einsetzen. Wenn Klinoptilolith zusammen mit anderen hochwirksamen Medikamenten oder Methoden eingesetzt wird, ist nicht ersichtlich, welchen Anteil des therapeutischen Erfolgs ihm zuzuordnen ist.

Meine Bestrebung der letzten Jahre war es, erst sichere Erfahrungen zur Wirkung von Klinoptilolith zu sammeln, daher verzichtete ich oft bewusst darauf, Kombinationen verschiedener Stoffe einzusetzen. Positive Erfahrungen, die ich früher mit kolloidalem Silber und Pflanzenauszügen gesammelt hatte, stellte ich zunächst bewusst zurück, um die vergleichbare Wirkung von Klinoptilolith als Einzelstoff herausfiltern zu können.

Erst die komplexe Therapie der Borreliose zeigte, dass es sinnvoll ist, Klinoptilolith mit anderen Stoffen zu kombinieren. Zuerst hielt ich bei der Mittelgabe einen zeitlichen Abstand, der aus pragmatischen Gründen oft verkürzt werden musste. Die Wirkung blieb gleich. Langsam begann ich die Arzneimittel zu kombinieren – und hatte auch bei schwierigen Erkrankungen Erfolg. So werden in der Aufzählung der folgenden Erkrankungen mögliche Kombinationen angegeben.

Bei den beschriebenen Krankheitsbildern konnten in den letzten Jahren erstaunliche Behandlungserfolge erzielt werden. Es überraschte mich immer wieder, wie groß das Einsatzgebiet des Klinoptiloliths ist.

Klinische Studien dazu werden im Anhang angeführt.

Die Dosierung entspricht der Erfahrung. Liegen weitere Erfahrungen mit einer Ergänzung durch kolloidales Silber oder ätherische Öle vor, um den Therapieerfolg zu optimieren, werden diese Angaben mit *Wirkungsergänzung:* angehängt. Bei längerer Einnahme von kolloidalem Silber empfiehlt sich die Anschaffung eines Silbergeräts, da die Menge des kolloidalen Silbers sehr schnell in hohe finanzielle Beträge gehen kann (zur Herstellung kolloidalen Silbers siehe Seite 124).

Autoimmun- und Immunkomplexerkrankungen

Allergische Kontaktdermatitis (Allergisches Kontaktekzem): eine entzündliche Reaktion der Haut, die vornehmlich die Dermis (Lederhaut) erfasst und allergisch bedingt ist.

Symptome: Eine allergische Dermatitis kann unter allen Erscheinungsformen eines Ekzems auftreten. Von einfachen Hautrötungen über Knötchen bis hin zu Bläschen, die mit nässenden, oberflächlichen Hautdefekten aufgehen und schließlich zu Krusten führen. Der Verlauf kann langjährig und immer wiederkehrend sein, solange das auslösende Allergen nicht gefunden wird, beziehungsweise wenn es nur schwer gemieden werden kann und man damit immer wieder in Kontakt kommt.

Dosierung: 1-mal täglich morgens 3 g Klinoptilolith, steigernd auf 6 g in etwas Wasser einnehmen. Bei Verträglichkeit bis zur maximalen Tagesdosis von 8 g steigern. *Wirkungsergänzung:* 2-mal täglich 20 ml 25 ppm kolloidales Silber einnehmen.

Fibromyalgie (Muskelfaserschmerz): ein Krankheitszustand ungeklärter Ursache durch chronische Schmerzen in der Muskulatur.

Symptome: ein über den ganzen Körper verteilter Schmerz, ausgelöst durch Fingerdruck auf Muskeln, Muskelhüllen oder Sehnen.

Es können chronische Müdigkeit und Erschöpfung, Schlafstörungen, Kopfschmerzen, kalte Hände und Füße, starke Schweißneigung, Zittern,

Gleichgewichtsstörungen, Empfindungsstörungen wie Taubheitsgefühl oder Kribbeln, Gelenkschmerzen und erhöhte Kälteempfindlichkeit auftreten. Es kann zu Gesichtsfeldausfällen mit verschwommenem Sehen kommen. Ängstlichkeit, Gedächtnis- und Konzentrationsstörungen, Depressionen und Stressempfindlichkeit können auftreten.

Dosierung: 1-mal täglich morgens 3 g Klinoptilolith in etwas Wasser einnehmen, dann steigernd auf 1-mal täglich bis 6 g Klinoptilolith, je nach Verträglichkeit. *Erhaltungsdosis:* 1-mal 3 g pro Tag.

Multiple Sklerose (Encephalomyelitis disseminata): eine chronisch-entzündliche Entmarkungserkrankung des zentralen Nervensystems unbekannter Ursache, mit unterschiedlichen, meist schubhaften Verlaufsformen.

Symptome: Die ersten Symptome erscheinen im Rahmen eines Schubes, später bleiben nach Schüben vermehrt neurologische Defizite zurück. Zu Beginn treten häufig Sehstörungen mit Sehunschärfe oder milchigem Schleier, mit oder ohne Augenschmerzen oder Sensibilitätsstörungen wie Missempfindungen, Taubheitsgefühle und Schmerzen auf.

Es treten Lähmungserscheinungen auf, die durch eine abnorme unwillkürliche Erhöhung des Muskeltonus die Bewegungsfähigkeit zusätzlich einschränken; sowie Störungen der Augenbewegungen (Doppeltsehen und Augenzittern), Schluckstörungen, Schwindel, Bewegungsstörungen, Sprechstörungen, Blasen- und Darmfunktionsstörungen und sexuelle Funktionsstörungen. Oft mit gesteigerter körperlicher und psychischer Ermüdbarkeit (unabhängig von körperlicher und psychischer Belastung), die im Laufe des Tages zunimmt. Auch treten kognitive, psychische und affektive Störungen sowie Lähmung und spastische Tonuserhöhung auf.

Dosierung: 1-mal täglich morgens 3 g Klinoptilolith in etwas Wasser einnehmen, dann steigernd auf 2-mal täglich bis 4 g Klinoptilolith. *Erhaltungsdosis:* 1-mal 3 g pro Tag. *Wirkungsergänzung:* 2-mal täglich 20 ml 25 ppm kolloidales Silber einnehmen, *dazu* 1-mal täglich 1 Tropfen ätherisches Muskatellersalbeiöl einnehmen.

Muskelschwäche (Muskelhypotonie): Schwäche und Kraftlosigkeit durch Muskelabbau, oft als Begleiterscheinung anderer Erkrankungen.

Symptome: Ein Augenlid schließt sich oder Auftreten von Doppeltsehen mit zunehmender Verschlechterung im Laufe des Tages. Schwierigkeiten beim

Kauen und Schlucken, die sich während der Mahlzeit verschlimmern. Die Muskulatur des Gesichts erschlafft und die Lippen weichen zurück, wobei ein verzerrtes Lächeln entsteht. Die Kraft der gesamten Muskulatur wird immer schwächer, bis es zu einer Lähmung der Atemmuskulatur kommt.

Dosierung: 1. Woche: 1-mal täglich 3 g Klinoptilolith in etwas Wasser einnehmen, dann steigernd auf 1-mal täglich 5 g Klinoptilolith. *Erhaltungsdosis:* 1-mal 3 g pro Tag. *Wirkungsergänzung:* 2-mal täglich 20 ml 25 ppm kolloidales Silber einnehmen.

Allergien

Heuschnupfen (Rhinitis allergica): eine allergische Reaktion der Nasen- und Nasennebenhöhlenschleimhäute.

Symptome: wässriger oder glasartiger Fließschnupfen, selten Stockschnupfen, mit häufigen Niesattacken, meist ausgeprägtem, starkem Juckreiz in der Nase, Behinderung der Nasenatmung, Rötung und Schwellung der Augen. Oft treten asthmaartige Anfälle oder eine Nesselsucht mit hohem Fieber auf. Die Augen sind meist lichtempfindlich, oft mit Kopfschmerz verbunden.

Dosierung: 1-mal täglich 3 g Klinoptilolith, mit etwas Wasser einnehmen. *Im akuten Fall:* 2-mal täglich 3 g Klinoptilolith mit etwas Wasser einnehmen.

Milchschorf: ein im Säuglingsalter oder bei Kleinkindern auftretendes weißschuppiges Hautekzem, welches häufig auf Nahrungsmittelunverträglichkeiten zurückgeht und eine Erstmanifestation einer Neurodermitis ist.

Symptome: Es treten eine kleinschuppige Rötung, weißliche oder gelbe Schuppen und Krusten, selten mit Bläschen, vor allem des behaarten Kopfes, mit Juckreiz auf. Wird die Haut aufgekratzt, kann diese nässen.

Dosierung: äußerlich Klinoptilolith lokal dünn auftragen und 1-mal täglich 1 g Klinoptilolith in etwas Wasser einnehmen. *Wirkungsergänzung:* 2-mal täglich 20 ml 25 ppm kolloidales Silber einnehmen.

Nesselsucht (Urtikaria): eine angeborene oder erworbene veränderte, gesteigerte oder verminderte Reaktion der Haut oder Schleimhäute auf bestimmte »normale« Reize.

Symptome: Reizreaktionen können sofort und massiv oder erst später, teils erst nach einigen Tagen auftreten: heftiger Juckreiz, Prickeln, Hautrötung; Schwellung und Quaddelbildung auf der Haut, die unregelmäßig begrenzt sind, aber auch großflächig sich auf dem Körper ausbreiten können.

Dosierung: 1-mal täglich morgens 3 g Klinoptilolith in etwas Wasser über Monate einnehmen. *Wirkungsergänzung:* einige Tropfen ätherisches Lavendelöl auf die betroffenen Stellen dünn auftragen.

Hauterkrankungen, Verbrennungen, Überempfindlichkeit

Abszess: ein abgekapselter, eitriger Einschluss von Krankheitserregern unter der Haut (mit oder ohne Schwellung), der sich nach einem Durchbruch nach außen durch Aufbrechen oder Fistelgänge entleeren kann.

Symptome: eine meist entzündliche, mit Eiter gefüllte Weichteilschwellung, die auch als starke Hautrötung mit Fieber auftreten kann. Ein großer Abszess kann zu einer Blutvergiftung (Sepsis) führen.

Dosierung: 1-mal täglich 3 g Klinoptilolith in etwas Wasser einnehmen. *Wirkungsergänzung:* 2-mal täglich 20 ml 25 ppm kolloidales Silber einnehmen.

Akne (Acne vulgaris): eine Erkrankung hauptsächlich des Talgdrüsenfollikels, die zunächst nichtentzündliche Komedonen hervorbringt; im späteren Verlauf können aber auch eine Reihe entzündlicher Effloreszenzen wie Papeln, Pusteln und Knoten entstehen.

Dosierung: 1-mal täglich 3 g Klinoptilolith in etwas Wasser einnehmen, bis die Akne verschwunden ist. *Wirkungsergänzung:* 2-mal täglich 20 ml 25 ppm kolloidales Silber, *dazu* 2-mal täglich 1 Tropfen ätherisches Muskatellersalbeiöl einnehmen.

Dekubitus (Wundliegen): eine lokale Schädigung der Haut und des darunter liegenden Gewebes bei bewegungsunfähigen, meist bettlägerigen Patienten, die je nach Tiefe in 4 Grade eingeteilt wird.

Dosierung: 2-mal täglich Klinoptilolithpulver fein auf die offene Wundstelle streuen. *Wirkungsergänzung:* 2-mal täglich 20 ml 25 ppm kolloidales Silber oder einige Tropfen Lavendelöl in die offene Wunde tropfen.

Ekzeme (Juckflechte): ein Sammelbegriff für akute oder chronische vielgestaltige oberflächliche, entzündliche nicht ansteckende Veränderungen der Haut.

Symptome: häufig von quälendem Juckreiz begleitet und gehen mit Rötung, Nässe, Bildung kleiner Papeln, Bläschen sowie einer gelegentlichen Schwellung auf der Haut einher. Nach Platzen der Bläschen trocknen diese unter Krusten- und Schuppenbildung aus. Durch eine nervliche Überreizung kann es zu psycho-vegetativen Störungen kommen. Für das chronische Ekzem sind eine starke Schuppenbildung mit trockener Haut, eine übermäßige Verhornung und Hauteinrisse ohne Entzündungszeichen typisch.

Dosierung: 1-mal täglich 3 g Klinoptilolith in etwas Wasser einnehmen. *Wirkungsergänzung:* 2-mal täglich 20 ml 25 ppm kolloidales Silber einnehmen.

Furunkel: eine schmerzhafte, knotige Entzündung des Haarbalgs auf der Haut, die sich auf das umgebende Gewebe ausdehnt.

Symptome: eine gerötete Haut, mit zentralem Eiterpfropf. Die Erkrankung kann mit schweren allgemeinen Erscheinungen wie Abgeschlagenheit, Fieber und Schwellung der regionalen Lymphknoten einhergehen. Fließen mehrere, dicht nebeneinander stehende Furunkel zusammen, nennt man dies Karbunkel.

Dosierung: äußerlich Klinoptilolithbrei dünn auf das Furunkel auftragen, *dazu* 1-mal täglich 3 g Klinoptilolith in Wasser einnehmen. *Wirkungsergänzung:* 2-mal täglich 20 ml 25 ppm kolloidales Silber einnehmen, *dazu* 1 Tropfen ätherisches Nelkenöl auf entzündete Stellen auftragen.

Gürtelrose (Herpes Zoster): eine schmerzhafte, virusbedingte, kaum ansteckende Nervenentzündung.

Symptome: eine plötzlich auftretende, einseitig bandartige juckende Bläschenbildung mit oder ohne Fieber mit einem allgemeinen Krankheitsgefühl, auf der Haut im Verlaufsgebiet eines Nervs. Es sieht aus, als lege sich ein Gürtel um eine Körperhälfte. Der Blaseninhalt kann wässrig, blutig oder eitrig sein. Die Bläschen platzen auf und verschorfen. Der unerträgliche Schmerz tritt meist immer schon vor dem Ausbruch der Bläschen auf und bleibt oft noch nach dem Abheilen monate- oder jahrelang bestehen.

Dosierung: 1. Woche: 1-mal täglich 3 g Klinoptilolith in Wasser einnehmen, auf 1-mal täglich 5 g (bei Verträglichkeit) steigern. *Wirkungsergänzung:* 2-mal täglich 20 ml 25 ppm kolloidales Silber, *dazu* 2-mal täglich 1 Tropfen ätherisches Nelkenöl direkt auf die betroffene Hautstelle sanft einreiben.

Hundebiss: eine durch den Biss eines Haushunds verursachte Verletzung eines Menschen.

Symptome: Hautverletzungen, aber auch tiefere Wunden mit Zerreißungen der Muskulatur, von Sehnen oder Verletzungen von Gelenken und Knochen können auftreten. Außerdem besteht die Gefahr einer Wundinfektion durch Bakterien.

Dosierung: 2-mal täglich Klinoptilolithbrei dünn auf die Bissstelle auftragen, *dazu* 1-mal täglich 3 g Klinoptilolith in etwas Wasser einnehmen. *Wirkungsergänzung:* die frische Wunde erst mit 25 ppm kolloidalem Silber auswaschen; dann 1–2 Tropfen Lavendelöl in die Wunde tropfen.

Nagelbettentzündung (Panaritium): eine durch eine kleine Verletzung, rissige Nagelbette oder Nägelbeißen auftretende Entzündung des Nagelfalzes.

Symptome: Der Bereich um den Nagel ist mehr oder minder gerötet, geschwollen, berührungsempfindlich und schmerzhaft, mit klopfenden Schmerzen. Schreitet die Entzündung weiter fort, bildet sich Eiter unter der Haut. Eine Wärmeanwendung verschlimmert den Schmerz, kühlende Umwicklungen lindern ihn meist etwas.

Dosierung: mindestens 2-mal täglich Klinoptilolithbrei dünn auf die entzündete Nagelendstelle auftragen. *Wirkungsergänzung:* 2-mal täglich 1 Tropfen ätherisches Nelkenöl auf das Nagelende auftragen.

Neurodermitis (atopisches Ekzem): eine chronische, nicht ansteckende Hautkrankheit, die zu den atopischen Erkrankungen gehört.

Symptome: an mehreren Stellen rote, schuppende, manchmal auch nässende Ekzeme auf der Haut und ein starker Juckreiz. Die Erkrankung verläuft meist schubweise mit individuellem, vom Lebensalter abhängigem Erscheinungsbild, das im höheren Alter verschwindet.

Dosierung: 2-mal täglich 3 g Klinoptilolith in etwas Wasser einnehmen, langsam steigend auf 2-mal täglich 5 g Klinoptilolith. *Erhaltungsdosis:* 1-mal 3 g pro Tag. *Wirkungsergänzung:* 2-mal täglich 20 ml 25 ppm kolloidales Silber einnehmen, *dazu* 1-mal täglich 1 Tropfen ätherisches Muskatellersalbeiöl einnehmen.

Schuppenflechte (Psoriasis): eine gutartige, jedoch hartnäckige nicht ansteckende, chronisch-entzündliche Hauterkrankung, die in verschiedenen Formen und Schweregraden auftritt. Sie wird immer wieder von akuten Schüben angefacht.

Symptome: viele entzündliche, scharf abgegrenzte Wundstellen; auch mit landkartenähnlichen Mustern, vor allem an Knie, Ellenbogen und behaartem Kopf, die von feinen, wachsartigen silberhellen Schuppen oder harten, oft großflächigen Hautplatten bedeckt sind, aber zu keinem Haarausfall führen. Nach deren Ablösen treten feine Blutstropfen aus. Die Fingernägel sind meist charakteristisch gezeichnet.

Dosierung: 1. Woche: 1-mal täglich morgens 3–4,5 g in etwas Wasser einnehmen, langsam steigernd auf 1-mal 5 g täglich. *Wirkungsergänzung:* abends 1 Teelöffel Indischer Flohsamen (schwarz, ganz), *dazu* 2-mal täglich 20 ml 25 ppm kolloidales Silber einnehmen.

Verbrennungen (Combustio) und **Strahlenschädigung** der Haut.

Symptome: Hautschädigung in mehreren Stufen.

1. Grad: Rötung, Schmerzhaftigkeit der Haut, mit Spannungsgefühl, kann zur Abschälung der Oberhaut kommen.

2. Grad: Blasenbildung, meist mit Flüssigkeit gefüllt, unter der Blasendecke eine hochrote, nässende Hautfläche, stark schmerzhaft.

Neben Rötung und Blasenbildung noch Verkohlung der verletzten Haut; bei großen Flächen auch hohes Fieber, hoher Puls und Schlaflosigkeit, auch Schockerscheinungen.

Dosierung: 1-mal täglich Klinoptilolithpulver oder Klinoptilolithbrei dünn auf die betroffene Stelle auftragen, *dazu* 1–2 Tropfen Lavendelöl in das Klinoptilolithpulver mischen oder 1–2 Tropfen Lavendelöl vor dem Klinoptilolithpulver auf die verbrannte Haut tropfen und sanft verteilen.

Wundversorgung: Eine Wunde ist die Trennung des Gewebes an äußeren Körperoberflächen mit oder ohne Gewebsverlust. Zumeist ist sie durch äußere Gewalt verursacht, kann aber auch alleinige Folge einer Krankheit sein, beispielsweise ein Geschwür. Die Wunde kann bakteriell infiziert sein.

Dosierung: 2-mal täglich Klinoptilolithpulver direkt in die Wunde zum Austrocknen fein verteilt einstreuen, *dazu* 1–2 Tropfen ätherisches Lavendelöl vor dem Klinoptilolithpulver in die Wunde tropfen.

Knochenerkrankungen und Brüche

Knochenbrüche (Fraktur): eine Knochenerkrankung mit Bruch, die allgemein durch Einwirkung von Gewalt entsteht.

Symptome: starke Schmerzen, vor allem bei der Bewegung des betroffenen Teils; der gebrochene Körperteil ist deformiert, die Umgebung ist durch Blutergüsse verfärbt. Bei verletzten Nerven kann ein Taubheitsgefühl oder gar eine Lähmungserscheinung mit auftreten.

Formen: Dehnungsbruch, Drehungsbruch, Abscherbruch und Stauchungsbruch. Weiter werden offene Brüche, wo ein Knochenteil die Haut durchbricht, und geschlossene Brüche, wobei die Knochen im Gewebe eingeschlossen bleiben, unterschieden.

Dosierung: 1. Woche: 1-mal täglich 3 g Klinoptilolith einnehmen, langsam steigernd bis zu 1-mal täglich 5 g Klinoptilolith. *Wirkungsergänzung:* 2-mal täglich 10–15 Tropfen Wallwurztinktur (Beinwell) einnehmen.

Knochenhautentzündung (Periostitis): eine Entzündung der Knochenhaut, ausgelöst durch bakterielle Krankheitserreger oder eine mechanische Ursache.

Symptome: Druckschmerzen und starker Belastungsschmerz; kann mit Rötung und Schwellung der darüberliegenden Haut verbunden sein. Hautbereich fühlt sich meist warm an.

Dosierung: 1-mal täglich morgens 3 g Klinoptilolith in etwas Wasser einnehmen, *dazu* 2-mal täglich 1 Tropfen ätherisches Nelkenöl in den schmerzenden Bereich äußerlich einreiben.

Knochenwachstumsstörung: eine Störung des Wachstums der Knochen unterschiedlicher Ursache; meist durch eine Störung der Knochenaufbaustoffe oder der mitbeteiligten Hormone. *Weitere Ursachen:* Siliziummangel, Metallvergiftung oder eine Kortison-Nebenwirkung.

Dosierung: 1-mal täglich morgens 3 g Klinoptilolith in etwas Wasser, *dazu* 1-mal täglich 3 Tropfen Calcium phosphoricum D6 einnehmen; *alternativ:* 1-mal täglich 6 Tropfen Apatitelixier einnehmen.

Schlafstörungen und depressive Verstimmungen

Angstsyndrome: eine Sammelbezeichnung psychischer Störungen, bei denen die Furcht vor einem Objekt, einer Situation oder unspezifische Ängste im Vordergrund stehen.

Symptome: Herzklopfen und Pulsbeschleunigung, oft mit Schwindel, Schweißausbruch, Zittern, Beben, Mundtrockenheit, Hitzewallungen und Sprachschwierigkeiten. Dazu Atembeschwerden, Beklemmungsgefühl, Brustschmerzen, Übelkeit, Erbrechen, Durchfall. Auch Bewusstseinsstörungen und die Angst zu sterben, allgemeines Vernichtungsgefühl. Jeder vierte Patient klagt über chronische Schmerzen.

Dosierung: 2-mal täglich 3 g Klinoptilolith in etwas Wasser einnehmen, *dazu* 1–2-mal täglich 1–2 Tropfen ätherisches Muskatellersalbeiöl einnehmen.

Depressive Verstimmungen: ein Zustand psychischer Niedergeschlagenheit, der sich bei jeder Person anders auswirkt.

Symptome: Verlust von Interesse und Freude, erhöhte Ermüdbarkeit. *Weitere häufige Symptome:* Konzentrations- und Aufmerksamkeitsstörungen, vermindertes Selbstwertgefühl und Selbstvertrauen, Schuldgefühle und Gefühle von Wertlosigkeit, negative und pessimistische Zukunftsperspektiven, psychische Unruhe oder Gehemmtheit, Selbstmordgedanken, Schlafstörungen und verminderter Appetit.

Dosierung: 2 Wochen 1-mal täglich 3 g, danach 2-mal täglich 3 g Klinoptilolith in etwas Wasser einnehmen. *Erhaltungsdosis:* 1-mal 3 g pro Tag. *Wirkungsergänzung:* 2-mal täglich 20 ml 25 ppm kolloidales Silber einnehmen, *dazu* 1–2-mal täglich 1–2 Tropfen ätherisches Muskatellersalbeiöl einnehmen.

Endogene und exogene Depressionen: eine seelische Störung mit gedrückter eingeengter Stimmungslage und Niedergeschlagenheit.

Symptome: deutlich gedrückte, pessimistische, schwermütige Stimmung, von Bedauern und Hoffnungslosigkeit beherrscht, mit Antriebsminderung, Bewegungsabläufe sowie Gestik und Mimik sind verlangsamt, Interessenverlust, evtl. Angstzustände oder Selbsttötungstendenzen. Die Person hat zu nichts mehr Lust und kann sich auch nicht aufraffen, sie fühlt sich leer und gefühllos. Freude kann nur schwach oder nicht empfunden werden. Essen verliert seinen Geschmack, es tritt meist Appetitlosigkeit mit Gewichtsverlust auf – alles erscheint stumpf und leblos. Denkprozesse sind verlangsamt, die Konzentration leidet, die Sprache ist verlangsamt, Denkhemmungen kommen vor. Das sexuelle Interesse liegt still. Oft sind auch körperliche Beschwerden wie Kopfschmerzen, starke Müdigkeit, Schlafstörungen sowie Rückenschmerzen und Stuhlverstopfung vorhanden.

Dosierung: 1-mal täglich morgens 3 g Klinoptilolith in etwas Wasser einnehmen. *Erhaltungsdosis:* 1-mal 3 g pro Tag. *Wirkungsergänzung:* 2-mal täglich 20 ml 25 ppm kolloidales Silber einnehmen, *dazu* 2-mal täglich 1 Tropfen ätherisches Muskatellersalbeiöl zum Essen einnehmen.

Burn-out-Syndrom (Erschöpfungszustand): ein durch Überbeanspruchung oder mangelnde Erholungsphasen hervorgerufener andauernder Erschöpfungszustand mit Gefühl der inneren Leere und der seelischen Verausgabung, der über sechs Monate andauert, mit völligem Verbrauch der zur Verfügung stehenden Kräfte. Die Erkrankung wurde noch nicht eindeutig definiert und kann sehr unterschiedliche Symptome zeigen.

Symptome: Regelmäßig kommt es durch die Erschöpfung mit einer verminderten Leistungsfähigkeit, Hoffnungslosigkeit, Apathie und Depression zu körperlichen Beschwerden, die von Kopfschmerzen über Schlafstörungen bis hin zu Verdauungsproblemen reichen.

Dosierung: 1. bis 3. Woche: 1-mal täglich 3 g Klinoptilolith in etwas Wasser einnehmen, dann langsam steigernd bis zu 1-mal täglich 5 g Klinoptilolith. *Wirkungsergänzung:* 2-mal täglich 20 ml 25 ppm kolloidales Silber; abends vor dem Schlafen 1 Tropfen ätherisches Lavendelöl in die Brust einreiben; *dazu* 2-mal täglich 1 Tropfen Muskatellersalbeiöl zum Essen einnehmen.

Chronische Müdigkeit: eine rätselhafte und umstrittene Krankheit, wobei die Betroffenen an einer permanenten und extrem starken Erschöpfung leiden, die ein normales alltägliches Leben unmöglich macht.

Symptome: eine monatelange Müdigkeit mit Abgeschlagenheit und Konzentrationsschwäche. Zusätzlich können depressive Verstimmungen, Nachtschweiß und Sensibilitätsstörungen auftreten.

Dosierung: 1. bis 3. Woche: 1-mal täglich 3 g Klinoptilolith in etwas Wasser einnehmen, dann langsam steigernd bis zu 1-mal täglich 5 g Klinoptilolith. *Wirkungsergänzung:* bei Bedarf 1 Tropfen Muskatellersalbeiöl einnehmen.

Gedächtnisstörungen: eine funktionelle Beeinträchtigung des Gedächtnisses, bei der qualitative und quantitative Aspekte unterschieden werden können.

Dosierung: 1-mal täglich morgens 3 g Klinoptilolith in etwas Wasser einnehmen. *Wirkungsergänzung:* 2-mal täglich 1 Tropfen ätherisches Muskatellersalbeiöl einnehmen.

Konzentrationsstörungen und Lernschwäche/Lernschwierigkeit: eine mangelnde Fähigkeit, die Lerninhalte, beispielsweise des normalen Schulunterrichts, zu erfassen, zu behalten, wiederzugeben und anzuwenden.

Symptome: meist mit Konzentrationsstörungen, Merkschwäche, Vergesslichkeit und Störung der Aufmerksamkeit verbunden.

Dosierung: 1-mal täglich morgens 3 g Klinoptilolith in etwas Wasser einnehmen. *Erhaltungsdosis:* 1-mal 3 g pro Tag. *Wirkungsergänzung:* 2-mal täglich 20 ml 25 ppm kolloidales Silber, *dazu* 1-mal täglich 1 Tropfen ätherisches Muskatellersalbeiöl zum Essen einnehmen; in einer Lernphase 1 Tropfen Rosmarinöl zur Konzentrationsverbesserung auf ein Papier in der Nähe auftropfen und einatmen.

Schlafstörungen (Insomnie): eine durch organische oder psychische Erkrankung bedingte oder durch eine Konfliktsituation ausgelöste Störung des Schlafs, als Ein- oder Durchschlafstörung. Entweder eine Behinderung des Einschlafens, die Verringerung der nächtlichen Schlaftiefe oder vorzeitiges Erwachen am Morgen.

Dosierung: 1-mal täglich abends 3 g Klinoptilolith in etwas Wasser einnehmen. *Wirkungsergänzung:* 1–2-mal täglich 1–2 Tropfen ätherisches Muskatellersalbeiöl einnehmen und abends vor dem Schlafen 1 Tropfen ätherisches Lavendelöl leicht in die Brust einreiben.

Geriatrische Erkrankungen

Osteoporose (Knochenschwund): eine Knochenerkrankung, die durch einen krankhaften Schwund von Knochengewebe gekennzeichnet ist. Durch den Abbau werden die Knochen poröser und brechen leichter als gesunde Knochen. Knochenbrüche (Frakturen) des Handgelenks, der Wirbelsäule und der Hüfte sind häufig die Folge, es kann jedoch auch das ganze Skelett betroffen sein.

Symptome: Schmerzen, vor allem im Rücken; Haltungsänderung mit Rundrücken mit Hautfalten am Rücken, die tannenbaumähnlich aussehen.

Dosierung: 1-mal täglich morgens 3 g Klinoptilolith in etwas Wasser einnehmen. *Erhaltungsdosis:* 1-mal 3 g pro Tag. *Wirkungsergänzung:* 1-mal täglich abends 1 Tropfen ätherisches Muskatellersalbeiöl einnehmen, *dazu* 2-mal täglich 15 Tropfen Wallwurztinktur einnehmen.

Hormonelle Erkrankungen

Menstruationsbeschwerden: das Auftreten verschiedener Symptome, die vor, während und nach dem Ausbleiben der weiblichen Menstruation auftreten können. Einige Frauen sind davon so stark betroffen, dass sie von den behandelnden Ärzten arbeitsunfähig geschrieben werden müssen.

Symptome: meist krampfartige Unterleibsschmerzen, Kopfschmerzen und Unwohlsein. Letzteres kann von Völlegefühl und Übelkeit bis zu Erbrechen und Durchfall gehen.

Dosierung: 1-mal täglich 3 g Klinoptilolith in etwas Wasser einnehmen. *Wirkungsergänzung:* im akuten Fall 1–2 Tropfen ätherisches Muskatellersalbeiöl einnehmen.

Schilddrüsenüberfunktion (Hyperthyreosis): eine gesteigerte Ausschüttung von Schilddrüsenhormonen als Erkrankung der Schilddrüse oder eine ungehemmte Produktion von Schilddrüsenhormonen in einzelnen Bezirken der Schilddrüse. Dies kann bei der Basedow-Krankheit, in der Anfangsphase einer Schilddrüsenentzündung oder bei einem Schilddrüsentumor auftreten.

Symptome: im Anfangsstadium innere Unruhe, nervöse Übererregbarkeit, schlechter Schlaf, Reizbarkeit, Leistungsschwäche, Hitzeempfindlichkeit und Schweißausbrüche, vegetabile Labilität, Angstgefühl, zittrige Hände. Das Spätstadium zeichnet sich aus durch Herzrasen, häufigen Stuhlgang und Durchfall, oft treten auch krampfartige Verstopfungen, Augenprobleme, Schilddrüsenschwellung, schwankender Blutdruck, feuchte und warme Hände auf. Häufig kommt es zu Gewichtsverlust trotz erhöhtem Appetit.

Dosierung: 1-mal täglich morgens 3 g Klinoptilolith in etwas Wasser einnehmen. *Wirkungsergänzung:* täglich 1 Tropfen ätherisches Muskatellersalbeiöl morgens einnehmen.

Tumorerkrankungen und begleitende Krebstherapie

Der Einsatz von Klinoptilolith war bei verschiedenen Krebserkrankungen erfolgreich, so bei:

Blasenkrebs, Brustkrebs, Dickdarm- und Dünndarmkrebs, Eierstockkrebs, Gebärmutterhalskrebs, Hautkrebs, Knochenkrebs, Leberkrebs, Lungenkrebs, Magenkrebs, Milzkrebs, Prostatakrebs, Unterzungenkrebs und Zungenkrebs.

Insgesamt liegen allerdings noch viel zu wenige sichere Erfahrungen bei Tumorerkrankungen vor. Prinzipiell jedoch sollte Klinoptilolith zusätzlich zur schulmedizinischen oder alternativen Therapie eingesetzt werden.

Dosierungsvorschlag: 1-mal täglich 3 g Klinoptilolith in etwas Wasser einnehmen, steigernd bei Verträglichkeit auf täglich 2-mal 5 g Klinoptilolith. *Wirkungsergänzung:* 2-mal täglich 30 ml 200 ppm kolloidales Silber für 1 Woche, dann 1-mal 50 ml 50 ppm kolloidales Silber für 1 Woche, dann 2-mal 30 ml 25 ppm kolloidales Silber einnehmen; *dazu* täglich 1 Tropfen ätherisches Muskatellersalbeiöl morgens einnehmen.

Begleitung der Chemotherapie: In den letzten zehn Jahren hat sich Klinoptilolith als Begleittherapie bei verschiedenen Chemotherapien bewährt, insbesondere um die Nebenwirkungen der Therapien zu mildern und die Lebensqualität der Patienten zu verbessern.

Die Behandlung von Krebs wird umgangssprachlich meist als Chemotherapie bezeichnet. Diese muss jedoch von der Immun-Therapie unterschieden werden, bei der der Krebs mit Methoden des Immunsystems bekämpft wird.

Bei der Behandlung bösartiger Tumorerkrankungen nutzen die meisten der verwendeten Substanzen die schnelle Teilungsfähigkeit der Tumorzellen. Diese reagieren empfindlicher als gesunde Zellen auf Störungen der Zellteilung; auf gesunde Zellen mit ähnlich guter Teilungsfähigkeit üben sie allerdings eine ähnliche Wirkung aus, wodurch sich meist massive Nebenwirkungen einstellen.

Diese Nebenwirkungen sind Übelkeit und Erbrechen, Erschöpfung, Haarausfall, Schleimhautentzündungen und Blutbildveränderungen bis zur Anämie; auch tritt oft eine vorübergehende Beeinträchtigung des Denk-, Merk- und Stressbewältigungsvermögens auf. Dazu sind viele Zytostatika selbst krebserzeugend.

Viele dieser Nebenwirkungen treten bei der Einnahme von Klinoptilolith während einer Chemotherapie nicht mehr auf.

Nebenwirkungen, die durch Verbrennungen bei der Bestrahlung entstehen, werden ebenso verringert. Das ist bisher noch viel zu wenig beachtet worden.

Da Klinoptilolith nach Auffassung vieler Ärzte jedoch auch die Wirkung der Chemotherapie beeinträchtigen kann, werden die Gaben während der Therapie oft reduziert.

Dosierung: 1-mal täglich 3 g Klinoptilolith in etwas Wasser einnehmen, steigernd bei Verträglichkeit auf täglich 2-mal 5 g Klinoptilolith. *Wirkungsergänzung:* 2-mal wöchentlich 1 sc Lachemistol-Injektion. Muskatellersalbeiöl darf nicht an den Tagen, an denen Lachemistol gespritzt wird und 1 Tag danach angewendet werden.

Neuroimmunologische und psychiatrische Erkrankungen

Unterstützend bei Epilepsie: eine mit Krampfanfällen einhergehende Erkrankung, mit kurzzeitiger Bewusstseinsstörung während des Anfalls.

Symptome: Anfall mit plötzlichem Bewusstseinsverlust, mit Sturz, minutenlangen Krämpfen mit Schaum vor dem Mund, Zungenbissen und Einnässung.

Dosierung: 2-mal täglich 1,5 g Klinoptilolith in etwas Wasser einnehmen. *Erhaltungsdosis:* 1-mal 3 g pro Tag. *Wirkungsergänzung:* 2-mal täglich 30 ml 25 ppm kolloidales Silber einnehmen, *dazu* 1-mal täglich 1−2 Tropfen Muskatellersalbeiöl zum Essen einnehmen.

Unterstützend bei Parkinson-Erkrankung (Paralysis agitans): eine degenerative fortschreitende Erkrankung des Gehirns, bei der der Nervenüberträgerstoff Dopamin nicht mehr gebildet wird.

Symptome: zuerst Zittern in Händen, Armen, Beinen. Die Hände zittern ständig und ohne erkennbaren Anlass. Die Bewegungsabläufe verlangsamen sich, mit vermindertem Minenspiel, das bis zur starren Maske werden kann. Die Stimme wird leiser, die Feinmotorik immer schlechter, das Schriftbild immer kleiner, der Gang langsamer, kleinschrittig, bis zu Trippelschritten. Im späteren Stadium kann der Patient nicht mehr gehen und sitzt stundenlang ohne jede Regung, bewegungsverharrend, oft mit geöffnetem Mund. Die

Hände zittern immer stärker, hören jedoch auf, wenn eine Bewegung durchgeführt wird. Das Gesicht wird salbig, die Sprache stark verlangsamt, wenn auch bei normal erhaltener geistiger Wendigkeit. Dadurch kommt es meist zu einer depressiven, aber reizbaren Verstimmung.

Dosierung: 2-mal täglich 3 g Klinoptilolith in etwas Wasser einnehmen. *Erhaltungsdosis:* 1-mal 3 g pro Tag. *Wirkungsergänzung:* 2-mal täglich 30 ml 25 ppm kolloidales Silber einnehmen, *dazu* 1-mal täglich 1–2 Tropfen Muskatellersalbeiöl zum Essen einnehmen.

Bluterkrankungen und Durchblutungsstörungen

Anämie (Blutarmut): eine Verminderung des Blutfarbstoffs und damit der Zahl der roten Blutkörperchen.

Symptome: meist starke Blässe der Haut und Schleimhäute, Kraftlosigkeit, Müdigkeit, Benommenheit, Erschöpfung und Konzentrationsstörungen, Appetitlosigkeit und Verdauungsstörungen, Kopfschmerzen, Sehstörungen und Schlaflosigkeit, Schwindel, Ohrensausen, Herzklopfen, Kurzatmigkeit und Verwirrtheitszustände.

Dosierung: 1-mal täglich 3 g Klinoptilolith in etwas Wasser einnehmen. *Wirkungsergänzung:* 1-mal täglich 1–2 Tropfen ätherisches Ingweröl zum Essen einnehmen.

Arteriosklerose (Arterienverkalkung): eine Einengung oder ein Verschluss von Arterien durch eine Fett- und Kalkablagerung, mit Elastizitätsverlust, immer starrer werdend bis zur vollständigen Verengung der Blutbahn, überwiegend im höheren Lebensalter zu finden.

Symptome: Herabsetzung der Leistungsfähigkeit, Gedächtnis- und Konzentrationsschwäche bis zu Sprachstörungen, Kribbeln, Pelzigwerden, mit Kältegefühl, Schwäche oder Bewegungsunfähigkeit von Beinen oder Armen, krampfartige Schmerzen bei Anstrengungen. Der Beginn ist langsam, schleichend – später kommen die Belastungsschmerzen hinzu und es geht in einen fortschreitenden Zerfall, in einen Gewebetod der Gliedmaßen über.

Dosierung: 1-mal täglich 3 g Klinoptilolith in etwas Wasser einnehmen. *Wirkungsergänzung:* 1-mal täglich 2 Teelöffel Indischer Flohsamen (schwarz, ganz) einnehmen.

Blutdruckstörungen: ein vom normalen arteriellen Blutdruck abweichender Messwert, der entweder als zu niedrig (Hypotonie) oder als zu hoch (Hypertonie) ermittelt wird.

Niedrige Werte sind meist mit Symptomen einer Minderdurchblutung verbunden und vollkommen harmlos[61].

Erhöhte Werte sind eher problematisch und über 95/160 behandlungssinnig. Sehr stark erhöhte Werte über 100/180 sind nur kurzfristig tolerierbar.

Dosierung: 1-mal täglich 3 g Klinoptilolith in etwas Wasser einnehmen. *Erhaltungsdosis:* 1-mal 3 g pro Tag. *Wirkungsergänzung:* bei Werten über 100/180 1–2-mal täglich 1–2 Tropfen (arabisches) Weihrauchöl einnehmen, unter Blutdruckkontrolle.

Diabetische Durchblutungsstörungen (Diabetische Mikroangiopathie): eine durch Diabetes ausgelöste Spätkomplikation mit massiven Durchblutungsstörungen und Gefäßschädigungen.

Durch Veränderungen der Kapillaren werden verschiedene Formen der diabetischen Durchblutungsstörungen verursacht: insbesondere die Nephropathie, Retinopathie sowie sensorische und motorische Neuropathie. Die Makroangiopathie tritt nicht nur bei Diabetes auf, aber schneller und stärker als bei Nicht-Diabetikern. Sie ist für das hohe Herzinfarkt-, Schlaganfall- und Gangränrisiko bei Diabetes verantwortlich.

Dosierung: 1-mal täglich 3 g Klinoptilolith in etwas Wasser einnehmen. *Wirkungsergänzung:* 2-mal täglich 1 Tropfen Rosmarinöl einnehmen, dazu betroffene Hautstellen 2-mal täglich mit 2 Tropfen Rosmarinöl sanft einreiben.

Krampfadern (Varizen): Beschwerden, die durch knotig erweiterte, oberflächliche Venen ausgelöst werden.

Symptome: anfangs häufig nur leichtes Spannungs- oder Schweregefühl in den Beinen. Juckreiz der Haut über einer größeren Krampfader sowie nächtliche Wadenkrämpfe können auftreten. Bei warmem Wetter sind die Beschwerden schlimmer. Frauen beklagen unterschiedliche Beschwerdebilder im Verlauf ihres Monatszyklus. In fortgeschrittenem Stadium zeichnen sich die verdickten Venen in ihrer typischen verästelten Form durch die Haut ab. Was-

---

61 Außer in Deutschland, deswegen international als »german desease« bezeichnet.

ser wird im Gewebe eingelagert, und es entstehen Ödeme. Die Haut kann sich bräunlich verfärben und pergamentartig verhärten. Gelegentlich findet sich eine Mykose der Haut oder der Zehennägel, deren Zusammenhang mit Krampfadern vielfach verkannt wird.

Dosierung: 1-mal täglich 3 g Klinoptilolith in etwas Wasser einnehmen. *Wirkungsergänzung:* 1 Ampulle Lachesis-D8-Injektionen jeden 3. Tag sc injizieren.

Bronchialerkrankungen

Asthma (Asthma bronchiale): eine psychisch und/oder allergisch ausgelöste anfallsweise Wiederkehr von schweren Atemnotanfällen.

Symptome: zu Beginn der Anfälle Hustenstöße, verbunden mit einer ziehenden, hörbar keuchenden Einatmung, einer Verkrampfung der Bronchialmuskulatur und einer Schleimhautschwellung, der ein zäher, glasiger Auswurf, dann blaue Lippen, manchmal auch eine leichte Blaufärbung der Haut, pfeifende Atmung und Schweißausbruch folgen. Die Ausatmung ist stärker behindert als die Einatmung. Der Asthmatiker ist unfähig ruhig durchzuatmen; oft nächtlich auftretend mit einem Gefühl der Brustenge und hochgradiger, eventuell zum Aufsitzen zwingender Atemnot und beschleunigtem Puls.

Dosierung: 1-mal täglich 3 g Klinoptilolith in etwas Wasser einnehmen. *Wirkungsergänzung:* 2-mal täglich 20 ml 25 ppm kolloidales Silber, dazu 1 Tropfen ätherisches Muskatellersalbeiöl im Akutfall direkt einnehmen.

Bronchialerweiterung (Bronchiektasie): eine Folge einer lang anhaltenden Bronchitis, mit einer Zerstörung des Bronchialgewebes.

Symptome: meist mit hartnäckigem Husten, besonders frühmorgens, mit großen Mengen übel riechendem Auswurf; Verdickungen an den Fingerendgliedern, zunehmender Kräfteverfall.

Dosierung: 1-mal täglich 3 g Klinoptilolith in etwas Wasser einnehmen, nach 1 Woche steigern auf 2-mal 3 g Klinoptilolith täglich. *Wirkungsergänzung:* 2-mal täglich 20 ml 25 ppm kolloidales Silber einnehmen, *dazu* 2-mal täglich 2 Tropfen ätherisches Fenchelöl einnehmen und morgens 2 Tropfen in die Brust einreiben.

Chronischer Bronchialkatarrh (Bronchitis chronica): eine akute Entzündung der Bronchialschleimhäute, als Folgeerscheinung eines Infekts der oberen Luftwege.

Symptome: ein zuerst dünnflüssiger, dann zäher weißglasiger, später schleimig-eitriger gelblicher Auswurf mit zuerst heftigem, meist trockenem, schmerzhaftem Reizhusten, brennendem Brustschmerz und meist mit unerklärlicher Müdigkeit einhergehend. Beginnt meist mit mäßigem Fieberanstieg, oft von Schüttelfrost begleitet; Krankeitsverlauf: leichtes bis schweres Fieber bis 40 °C kann auftreten.

Eine Bronchitis ist chronisch, wenn diese sich mindestens über sechs Monate mit Husten und Auswurf bemerkbar macht. Sie verläuft oft anfangs symptomarm mit einem Husten, an den der Patient sich gewöhnt hat, einer nur leicht erhöhten Temperatur und einem mäßig beeinträchtigten Allgemeinbefinden. Der insbesondere morgendliche Auswurf ist im Spätzustand schleimig-glasig und zäh, selten grüngelb. Oft kommt es morgens zu starken Hustenanfällen. Mit zunehmendem Verlauf kommt es zu einer Atemnot, zunächst nur bei Belastung, später auch in der Ruhe.

Dosierung: 1-mal täglich 3 g Klinoptilolith in etwas Wasser einnehmen. *Wirkungsergänzung:* 2-mal täglich 20 ml 25 ppm kolloidales Silber, dazu 2-mal täglich 2 Tropfen ätherisches Fenchelöl einnehmen und morgens und abends 2 Tropfen in die Brust einreiben.

Magen-Darm- und Verdauungsstörungen

Blähungen (Flatulenz): eine durch Gärungs- und Fäulnisvorgänge auftretende übermäßige Gasansammlung im Magen-Darm-Trakt mit durch den After abgehenden Darmgasen.

Symptome: häufig mit einer Auftreibung des Leibes, Zwerchfellhochstand, Rumoren im Bauch, Völlegefühl, stark abgehenden, meist übel riechenden Blähungswinden verbunden. Oft kommt es zu Krämpfen oder kolikartigen Schmerzen.

Dosierung: 1-mal täglich 3 g Klinoptilolith in etwas Wasser einnehmen. *Wirkungsergänzung:* 2-mal täglich 1 Tropfen ätherisches Fenchelöl (oder Ingweröl) zum Essen einnehmen; bei Babys 1 Tropfen jeweils bei jedem zweiten Windelwechsel in den Bauch sanft einreiben.

Chronische Bauchspeicheldrüsenentzündung (Pankreatitis chronica): eine Entzündung mit Einschränkung der Bauchspeicheldrüsenfunktion.

Symptome: Druckgefühl im Bauchbereich, Appetitlosigkeit; Verdauungsbeschwerden mit Neigung zu Durchfällen, übel riechenden Blähungen und fettglänzendem Stuhl.

Dosierung: 1-mal täglich 3 g Klinoptilolith in Wasser einnehmen. *Wirkungsergänzung:* 1-mal täglich 20 ml 25 ppm kolloidales Silber einnehmen, *dazu* 2-mal täglich 1 Tropfen ätherisches Ingweröl zum Essen einnehmen.

Chronisch-entzündliche Darmerkrankung (Colitis ulcerosa): eine schwere, subakute, meist aber chronisch verlaufende Schleimhautentzündung des Dick- und Mastdarms, wobei die Darmwand durch Geschwüre zerstört ist.

Symptome: Die Erkrankung beginnt meist im frühen Lebensalter mit häufigen breiigen, schleimig-blutig-eitrigen, bis zu 20 Durchfällen pro Tag, die sich langsam steigern und schließlich in reine Blutstühle übergehen können. Meist unter Mitwirkung psychischer Faktoren. Oft treten Fieberanfälle, Appetitlosigkeit und Gewichtsverlust auf. Schwere Verläufe sind durch Erbrechen, eventuell Fieber, unklare bis kolikartige Schmerzen, Übelkeit und Gewichtsverlust gekennzeichnet.

Dosierung: 1-mal täglich 3 g Klinoptilolith in etwas Wasser einnehmen, langsam auf täglich 2-mal 3 g steigern. *Wirkungsergänzung:* 1-mal täglich 2 Teelöffel Indischer Flohsamen (schwarz, ganze Körner), *dazu* 800–1200 mg täglich Indischer Weihrauch (Boswellia serata) in Kapseln einnehmen.

Darmbeschwerden: verschiedene Beschwerden im Darmbereich mit einer Vielzahl von Symptomen und Ursachen.

Symptome: Es kann sich dabei um diffuse oder spezielle Beschwerden handeln wie Schmerzen, Übelkeit, Erbrechen, Durchfall, Stuhlverstopfung, Druckgefühl, Blähungen mit aufgetriebenem Bauch.

Dosierung: 1-mal täglich 3 g Klinoptilolith in etwas Wasser einnehmen. *Wirkungsergänzung:* 2-mal täglich 1 Tropfen Ingweröl zum Essen einnehmen.

Geschädigte Darmflora (Dysbiose): verschiedene Verdauungsstörungen infolge einer meist durch Medikamente geschädigten, bakteriellen Darmbesiedlung.

Symptome: allgemein Bauchschmerzen, Blähungen, eine erhöhte Infektanfälligkeit sowie Anfälligkeit für Nahrungsmittelunverträglichkeiten. Bei gestörter Dünndarmflora tritt ein Blähbauch ohne abgehende Darmgase auf, der Bauch verflacht über Nacht wieder. Bei gestörter Dickdarmflora tritt Blähbauch mit abgehenden Darmgasen auf.

Dosierung: 1-mal täglich morgens 3 g Klinoptilolith in etwas Wasser einnehmen. *Erhaltungsdosis:* 1-mal 3 g pro Tag. *Wirkungsergänzung:* 1-mal täglich 2 Teelöffel Indischer Flohsamen (schwarz, ganze Körner) und 1 Tropfen ätherisches Ingweröl einnehmen.

Chronische Dünndarmentzündung (Colitis ulcerosa, Colon irritabilis, Morbus Crohn): entzündliche Infektionen der Dünndarmschleimhaut.

Symptome: meist übel riechende Durchfälle mit plötzlichen krampfartigen Bauchschmerzen, Blähungen, Erbrechen und leichtem Fieber. Oft kommen Appetitmangel, Übelkeit, Essunlust oder Völlegefühl hinzu.

Dosierung: 1-mal täglich 3 g Klinoptilolith in etwas Wasser einnehmen, dann steigernd bis zu 1-mal täglich 5 g Klinoptilolith. *Erhaltungsdosis:* 1-mal 3 g pro Tag. *Wirkungsergänzung:* 2-mal täglich 20 ml 25 ppm kolloidales Silber, *dazu* täglich 800–1200 mg Indischer Weihrauch (Boswellia serata) in Kapseln einnehmen.

Durchfall (Diarrhö): ein oft auftretendes Beschwerdebild, mit häufiger, mehr oder weniger durch Wasser verdünnter Stuhlausscheidung, die mehr als dreimal hintereinander ungeformt, breiig oder wässrig abgesetzt wird.

Symptome: Die unzureichend eingedickte Stuhlmenge kann mit Schleim, Eiter oder Blut vermischt sein; geht oft mit krampfartigen Schmerzen einher und führt in schweren Fällen durch Elektrolytenverlust zu schweren allgemeinen Erscheinungen und Durst.

Durchfall kann akut und nur wenige Stunden bis Tage, oder chronisch über eine längere Zeit anhalten oder in Abständen immer wieder auftreten.

Dosierung: akut: bis 3-mal täglich 5 g Klinoptilolith; *chronisch:* 1-mal täglich 3 g Klinoptilolith in etwas Wasser einnehmen.

Gallenblasen- und Gallengangentzündung (Cholangitis und Cholezystitis): eine Entzündung der Gallenblase bzw. der -gänge mit akutem oder chronischem Verlauf.

Symptome: akut: plötzlich auftretendes, eventuell intermittierendes Fieber oder Schüttelfrost, leichte Gelbsucht, örtliche Schmerzen und Druckempfindlichkeit unterhalb des rechten Rippenbogens mit Ausstrahlung zwischen die Schulterblätter, Erbrechen und ein sehr schlechtes Allgemeinbefinden.

Chronisch: Druck- und Spannungsgefühl im rechten Oberbauch, Appetitmangel, morgendliche Übelkeit, Blähungszustände und eine Unverträglichkeit von fetten Speisen mit übel riechenden, blassen und schaumigen Stühlen.

Dosierung: 2-mal täglich 3 g Klinoptilolith in etwas Wasser einnehmen. *Wirkungsergänzung:* 2-mal täglich 20 ml 25 ppm kolloidales Silber einnehmen.

Gallensteine (Cholelithiasis): ein Leiden durch das Vorhandensein eines oder mehrerer Gallensteine in den Gallenwegen. Sie bestehen aus kristallinen Fettpartikeln, vor allem aus Cholesterin. Die Größe der Gallensteine reicht von einem Korn bis zur Größe eines Hühnereies.

Symptome: Druckgefühl im rechten Oberbauch, Völlegefühl und Übelkeit, Unverträglichkeit von fetten, schweren Mahlzeiten. Die Steine können eine Gallenkolik auslösen.

Dosierung: 2-mal täglich 3 g Klinoptilolith in etwas Wasser einnehmen, *dazu* täglich mittags 1 Tropfen ätherisches Ingweröl zum Essen einnehmen.

Chronische Leberentzündung (Hepatitis chronica): eine meist virusbedingte chronische Infektion der Leber.

Symptome: Gelbfärbung der Haut und Skleren der Augen, geschwollene, auf Druck schmerzhafte Leber, Fettunverträglichkeit und oft eine unerklärliche Müdigkeit.

Dosierung: 2-mal täglich 3 g Klinoptilolith in etwas Wasser einnehmen. *Wirkungsergänzung:* 2-mal täglich 20 ml 25 ppm kolloidales Silber, *dazu* täglich 300 mg Silymarin und 1 Tropfen ätherisches Ingweröl zum Mittagessen einnehmen.

Lebererkrankungen (Hepatopathie): eine Sammelbezeichnung sehr unterschiedlicher Erkrankungen, die durch verschiedene Störungen der Leberfunktionen ausgelöst werden.

Symptome: meist unspezifisch, mit Abgeschlagenheit, Müdigkeit, Leistungsminderung, Schmerzen im Oberbauch mit Übelkeit und Erbrechen, Unverträglichkeit von Fett oder fetthaltigen Produkten; manchmal löst der Geruch von fettem Essen schon Übelkeit aus.

Dosierung: 1-mal täglich 3 g Klinoptilolith in etwas Wasser einnehmen, steigernd auf 1-mal täglich 5–8 g Klinoptilolith, oder täglich 2-mal 3 g Klinoptilolith. *Wirkungsergänzung:* täglich 300 mg Silymarin und 1 Tropfen ätherisches Ingweröl zum Mittagessen einnehmen.

Magenbeschwerden: eine Anzahl unspezifischer Beschwerden im Oberbauchbereich, die sich kaum von einer Erkrankung der Bauchspeicheldrüse, Gallenblase, Leber und des Darmes unterscheiden, und genauso unterschiedlich sein können wie die möglichen Ursachen.

Symptome: Druckgefühl oder Schmerzen in der Magengegend, Völlegefühl, oft mit Appetitlosigkeit und Aufstoßen, Blähungen oder Unverträglichkeit bestimmter Speisen, Übelkeit, manchmal auch mit Erbrechen. Es können Durchfall oder Stuhlverstopfung mit vorhanden sein, meist aber ist die Stuhlkonsistenz nicht betroffen.

Dosierung: 1-mal täglich morgens 3 g Klinoptilolith in etwas Wasser einnehmen. *Wirkungsergänzung:* 1-mal täglich 1–2 Tropfen Ingweröl zum Essen einnehmen.

Magenübersäuerung, Sodbrennen (Refluxösophagitis) und **Refluxsyndrom:** ein durch Rückfluss von saurem Mageninhalt in die Speiseröhre ausgelöster brennender Schmerz hinter dem Brustbein.

Symptome: brennendes Schmerzgefühl in der Brustmitte oberhalb der Magengrube und entlang der Speiseröhre, mit einem Druckgefühl hinter dem Brustbein, das in den Hals, den Rachen oder sogar in das Gesicht ausstrahlen kann, meist nach den Mahlzeiten (durch Überfüllung oder Übersäuerung des Magens) und häufig beim Bücken oder Liegen.

Besteht Rückfluss von Magensaft, kommt saures Aufstoßen nach der Nahrungsaufnahme hinzu mit der Empfindung eines sauren Geschmacks. Wiederholt können Blutungen auftreten. Bei längerem Bestehen kann die

Schleimhaut sich geschwürig verändern und schließlich unter Narbenbildung verengen.

Dosierung: 2-mal täglich 3 g Klinoptilolith in etwas Wasser einnehmen, steigernd auf 2-mal täglich 5 g Klinoptilolith.

Magen- und Zwölffingerdarmgeschwüre (Ulcus ventriculi et duodeni): eine Sammelbezeichnung für Geschwüre des Magens und des Zwölffingerdarms.

Symptome: Der Beginn der Geschwüre ist schleichend, meist als leichtes Unwohlsein oder als brennende, nagende oder krampfartige Schmerzen in der Magengrube, mit saurem Aufstoßen und einem Nüchternschmerz oder einem Schmerz sofort nach den Mahlzeiten. Dann treten Übelkeit, Sodbrennen, Erbrechen und Verstopfung auf.

Das Geschwür kann tief in die Schleimhaut eindringen und dort schwere Blutungen verursachen, wobei Blut im Erbrochenen oder im Kot auftreten kann.

Dosierung: 2-mal täglich 3 g Klinoptilolith in etwas Wasser einnehmen. *Wirkungsergänzung:* 2-mal täglich 20 ml 25 ppm kolloidales Silber einnehmen.

Magenschleimhautentzündung (Gastritis): eine gereizte und entzündliche Veränderung der Magenschleimhaut, die akut oder chronisch auftreten kann.

Symptome: akute Form mit plötzlichem Beginn, meist nach Alkohol oder scharf gewürztem Essen, begleitet von saurem Aufstoßen, Blähungen, Druckgefühl oder krampfartigem Schmerz im Oberbauch, von fadem Geschmack im Mund, Zungenbelägen, Mundgeruch, Erbrechen, Übelkeit und Völlegefühl. Es können auch Schwindel und Durchfall auftreten.

Dosierung: 1-mal täglich 3 g Klinoptilolith in etwas Wasser einnehmen.

Morbus Crohn: eine schubweise verlaufende chronisch-entzündliche, Narben bildende Darmerkrankung, die regional begrenzt oder im gesamten Verdauungstrakt auftreten kann.

Symptome: kolikartige Bauchkrämpfe, chronische, teilweise blutige Durchfälle, selten auch Verstopfung; mit Übelkeit, Erbrechen, Appetitlosigkeit, Leistungsabfall, Erschöpfungszuständen und Gewichtsverlust verbunden. Fieberschübe können auftreten sowie Haut-, Augen- und Gelenkentzündungen.

Dosierung: 2-mal täglich 3 g Klinoptilolith in etwas Wasser einnehmen, dann steigern auf 2-mal täglich 5 g Klinoptilolith. *Erhaltungsdosis:* 1-mal 3 g pro

Tag. *Wirkungsergänzung*: 2-mal täglich 30 ml 25 ppm kolloidales Silber, *dazu* täglich 800–1200 mg Indischer Weihrauch (Boswellia serata) in Kapseln einnehmen.

Reizdarm (Colon irritabilis): eine chronische Entzündung, die selten den gesamten Dickdarm, meist jedoch das Darmende befällt, plötzlich einsetzen oder jahrelang dauern kann. Meist vieldeutige, stark wechselnde Beschwerden im Mittel- und Unterbauch und kaum »objektive« Nachweise.

Symptome: Der Beginn verläuft mit schleimigen Darmentleerungen, deren Folgen Appetitlosigkeit, Gewichtsabnahme, Schwäche, oft auch Wadenkrämpfe sind. Meist ist eine psychische Komponente vorhanden, die verschlimmernd auf die Erkrankung wirkt. Sie verläuft schubartig, wobei anfallsfreie Zeiten mit kolikartigen Schmerzanfällen abwechseln. Häufig sind diese Erscheinungen nach einer psychischen Belastung festzustellen und vergehen bei einer Entspannung oder im Urlaub.

Dosierung: 1-mal täglich morgens 3 g Klinoptilolith in etwas Wasser einnehmen. *Wirkungsergänzung*: 2-mal täglich 20 ml 25 ppm kolloidales Silber, *dazu* täglich abends 1 Teelöffel Indischen Flohsamen (schwarz, ganze Körner) einnehmen.

Stuhlgangstörungen (Dyschezie): ein verlängertes Verweilen des Stuhles im Darm mit seltener, verminderter und meist schwieriger Entleerung. Die Häufigkeit des Stuhlganges bei gesunden Menschen liegt zwischen dreimal die Woche und zweimal am Tag.

Dosierung: 1-mal täglich morgens 3 g Klinoptilolith in etwas Wasser einnehmen. *Wirkungsergänzung*: täglich abends 1–2 Teelöffel Indischer Flohsamen (schwarz, ganze Körner) einnehmen.

Verdauungsstörungen (Dyspepsie): eine Störung der Verdauungstätigkeit, die verschiedene Verdauungsorgane betrifft.

Symptome: aufgeblähter Bauch mit Völlegefühl und Appetitlosigkeit, Unbehagen im Oberbauch, Aufstoßen, Schluckauf, Übelkeit, Erbrechen oder Durchfall, Blähungsabgang, stark riechende Ausscheidungen, Stuhlverstopfung oder Durchfall mit unverdauten Resten.

Dosierung: 1-mal täglich morgens 3 g Klinoptilolith in etwas Wasser einnehmen. *Wirkungsergänzung*: 2-mal täglich 1 Tropfen ätherisches Ingweröl zum Essen einnehmen.

Blasen- und Nierenerkrankungen

Blasenentzündung (Zystitis): eine meist akute bakterielle, entzündliche Erkrankung der Harnblasenschleimhaut, die meist bei Frauen auftritt.

Symptome: begleitet von häufigem Harndrang. Brennen und Schmerzen beim Wasserlassen, die gegen Ende der Harnentleerung zunehmen. Fortbestehen des Harndrangs nach Blasenentleerung. Meist trüber Harn. Schwere Formen treten mit Fieber, Schüttelfrost sowie Eiter und Blut im Harn auf, oft mit Kopfschmerz, belegter Zunge, Ringe um die Augen, Müdigkeit und Übelkeit.

Die Erkrankung wird durch kalte Füße oder Durchnässung begünstigt. Durch die viel kürzere Harnröhre ist eine Blasenentzündung bei Frauen häufiger als bei Männern. Sie sollte nie als harmlos betrachtet werden, da eine Blasenentzündung zu einer Nierenbeckenentzündung führen kann.

Dosierung: 1-mal täglich morgens 3 g Klinoptilolith in etwas Wasser einnehmen. *Wirkungsergänzung:* 2-mal täglich 20 ml 50 ppm kolloidales Silber für 8 Tage einnehmen, dann 2-mal täglich 20 ml 25 ppm.

Harnröhrenentzündung (Urethritis): eine durch Bakterien ausgelöste entzündliche Infektion der Schleimhaut der Harnröhre, die meist in Verbindung mit anderen Infektionen der Harnwege oder der Prostata auftritt.

Symptome: meist fahlgelbe Haut, Juckreiz, Druckgefühl in der Blase mit in die Leistengegend ausstrahlendem Schmerz; häufiger Harndrang mit brennendem Schmerz beim Wasserlassen und schleimigem bis eitrigem Ausfluss. Selten auch hohes Fieber.

Dosierung: 1-mal täglich morgens 3 g Klinoptilolith in etwas Wasser einnehmen. *Wirkungsergänzung:* für 8 Tage 2-mal täglich 20 ml 25 ppm (oder höher) kolloidales Silber einnehmen.

Nierenbeckenentzündung (Pyelonephritis): eine meist akute, bakterielle Entzündung des Nierenbeckens, die oft nach einer Blasenentzündung auftritt.

Symptome: Appetitlosigkeit, Unbehagen, Frösteln, Fieber und Schüttelfrost, Herpes labialis, heftige Kreuzschmerzen und Schmerzen oder Druckgefühl in der Nierengegend, die klopfempfindlich sind. Trockene und belegte Zunge. Trüber, meist flockiger Urin. In schweren Fällen kann die Harnausscheidung vermindert werden oder ausbleiben. Das Gesicht ist morgens geschwollen, vor allem um die Augen.

Die chronisch verlaufende Form ist durch mildere Symptome mit vereinzelten Fieberanfällen und Schmerzen beim Wasserlassen gekennzeichnet.

Dosierung: 1-mal täglich morgens 3 g Klinoptilolith in etwas Wasser einnehmen. *Wirkungsergänzung:* 2-mal täglich 30 ml kolloidales Silber 50 ppm für 8 Tage, dann 2-mal täglich 30 ml 25 ppm einnehmen.

Nierengrieß und Nierensteine: eine durch Steinbildung gekennzeichnete Erkrankung der Niere unterschiedlicher Ursachen, die bei Steinabgang wehenartige Schmerzen verursachen können.

Symptome: Die Beschwerden sind von der Größe des Steines (von reiskorngroß bis das ganze Nierenbecken ausfüllend) sowie dessen Sitz abhängig. Quälende, krampfartige Schmerzen, die in die Leistengegend oder Oberschenkelinnenseite ausstrahlen, mit Übelkeit, Erbrechen, Schweißausbrüchen, Schüttelfrost und Fieber sowie Blut im Harn.

Dosierung: 1-mal täglich morgens 3 g Klinoptilolith in etwas Wasser einnehmen, *dazu* 2-mal täglich 4–6 Tropfen Kardentinktur einnehmen.

Stoffwechselstörungen

Diabetes Typ I und **Typ II:** eine chronische Störung des Zuckerstoffwechsels mit zeitweiser oder ständiger Erhöhung des Blutzuckerspiegels, als Folge eines Insulinmangels oder ein vermindertes Ansprechen des Körpers auf Insulin.

Symptome bei Überzucker: Gewichtsverlust trotz normaler Ernährung, starker Durst mit übermäßiger Ausscheidung an Harn mit Mineralien (auch nachts), Austrocknung des Körpers und Insulinmangel, Infektanfälligkeit, Müdigkeit, Einschränkung körperlicher und geistiger Leistungsfähigkeit, Verminderung des Geschlechtstriebs und der Potenz.

Symptome bei Unterzucker: Heißhunger mit Aggressivität, Alpträume, auch Depressionen. Juckreiz auf der Haut, Herzklopfen mit Schweißausbrüchen, Ruhelosigkeit, Schwindel, Übelkeit und Schwächegefühl. Es können auch Ekzeme, Kopfschmerzen, Muskelschmerzen, Schlafstörungen, Sehstörungen und Zittern auftreten; ebenso können Konzentrationsstörungen, Müdigkeit und Sexualstörungen vorkommen.

Folgeerkrankungen und Spätkomplikationen: Störungen der Augennetzhaut bis zur Erblindung, der Nieren bis zum vollkommenen Nierenversagen, des

Nervensystems (mit Gefühlsstörungen und Schmerzunempfindlichkeit). Störungen der Durchblutung der Beine (mit Gefäßverschlüssen oder absterbenden Teilen), der Herzgefäße oder der Gehirngefäße (bis zum Schlaganfall).

Dosierung: 2-mal täglich 3 g Klinoptilolith in etwas Wasser einnehmen, steigernd auf 2-mal täglich 6 g Klinoptilolith in 6 Wochen. *Erhaltungsdosis:* 1-mal 3 g pro Tag. *Wirkungsergänzung:* Ceylon-Zimtpulver ins Essen geben, *dazu* 2-mal täglich 15–20 Tropfen Helianthustinktur einnehmen.

Zum Ende oder spätestens nach einer vierwöchigen Behandlung mit Klinoptilolith muss der Blutzucker neu eingestellt, die Medikation angepasst werden.

Fettsucht und krankhaftes Übergewicht (Adipositas): ein starkes Übergewicht, das durch eine über das normale Maß hinausgehende Vermehrung des Körperfettes mit krankhaften Auswirkungen gekennzeichnet ist.

Folgeerkrankungen: Viele Zivilisationskrankheiten hängen mit Übergewicht zusammen. *Risikofaktor für:* Herz-Kreislauf-Erkrankungen, arteriellen Bluthochdruck, Altersdiabetes, Herzinfarkte, Arteriosklerose, Schlaganfälle, Brustkrebs, Arthrose, degenerative Wirbelsäulenerkrankungen, Gallenblasenerkrankungen, Gicht, das obstruktive Schlafapnoe-Syndrom und Wundheilungsstörungen.

Verminderung der kognitiven Leistungsfähigkeit; Demenzerkrankungen einschließlich Alzheimer; Schrumpfung des Gehirngewebes. Die Betroffenen fühlen sich oft als Versager und Außenseiter, weil Fettleibigkeit gesellschaftlich nicht toleriert wird und Betroffene sozial ausgegrenzt werden.

Dosierung: 2-mal täglich 3 g Klinoptilolith in etwas Wasser einnehmen. *Wirkungsergänzung:* 2-mal täglich 15–20 Tropfen Helianthustinktur einnehmen.

Fettstoffwechselstörungen (Hypercholesterinämie): eine angeborene oder erworbene Störung des Fettstoffwechsels.

Symptome: keine direkten Symptome. Erhöhte Blutfettwerte, aber nur Werte über 300 sind bedenklich. Nur durch einen Labortest feststellbar.

Dosierung: 2-mal täglich 3 g Klinoptilolith in etwas Wasser einnehmen. *Erhaltungsdosis:* 1-mal 3 g pro Tag. *Wirkungsergänzung:* abends 2 Teelöffel Indischer Flohsamen (schwarz, ganze Körner) in Wasser für 20 Minuten eingeweicht, einnehmen; *dazu* 2-mal täglich 15–20 Tropfen Helianthustinktur einnehmen.

Gicht (Arthritis urica): eine durch Harnsäurevermehrung im Blut ausgelöste entzündliche Störung des Eiweißstoffwechsels der Extremitätengelenke, die vorwiegend Männer im mittleren Lebensalter betrifft.

Symptome: plötzliche, meist nachts auftretende Anfälle mit heftigem Schmerz, am häufigsten im Großzehengrundgelenk. Das Gelenk ist gerötet und geschwollen, meist mit Fieber. Die akuten Schmerzanfälle dauern nur wenige Tage, wiederholen sich jedoch in unregelmäßigen Abständen.

Die chronische Form führt zu Verwachsungen und Deformierungen der betroffenen Gelenke. In schweren Fällen können auch innere Organe, besonders die Nieren, geschädigt werden.

Dosierung: 1-mal täglich morgens 3 g Klinoptilolith in etwas Wasser einnehmen, *dazu* 2-mal täglich 4–6 Tropfen Kardentinktur einnehmen.

Rheumatische Erkrankungen

Rheumatische Erkrankungen müssen immer unter dem Aspekt der Autoimmunreaktion gesehen werden. Ohne die Berücksichtigung einer fehlgeleiteten Symbiose wird wahrscheinlich kein Therapieerfolg erreichbar sein.

Gelenkverschleiß (Arthrose): eine Abnutzungserscheinung des Gelenkknorpels und des Bindegewebes an einem oder mehreren Gelenken, mit nachfolgenden Veränderungen des Knochengewebes und oft mit dornähnlichen Auswüchsen.

Symptome: Das betroffene Gelenk ist erheblich eingeschränkt, die Gelenkkapsel narbig verdickt. Es kann ein Gelenkerguss mit Schwellung bestehen. Druck- und Bewegungsschmerz treten als Anfangs- und Einlaufschmerz vor allem zu Beginn einer Belastung auf. Bei Bewegung knackt und knirscht es im Gelenk. Das Allgemeinbefinden, die Stimmung und das Lebensgefühl bleiben davon unberührt.

Dosierung: 2-mal täglich 3 g Klinoptilolith in etwas Wasser einnehmen. *Wirkungsergänzung:* 2-mal täglich 20 ml 25 ppm kolloidales Silber einnehmen, dazu 2-mal täglich 4–6 Tropfen Kardentinktur einnehmen.

Rheumatische Gelenksentzündung (Polyarthritis): eine akute oder chronische Entzündung der Gelenke – »trocken« oder »exsudativ« –, oft in Schüben verlaufend.

Einteilung: nach der Zahl der betroffenen Gelenke, nach dem Verlauf in akut oder chronisch und nach der Ursache.

Symptome: Das betroffene Gelenk ist meist geschwollen, schmerzhaft und bewegungseingeschränkt (zumindest morgens), selten gerötet und überwärmt. Bei chronischem Verlauf kommt es zu einem Funktionsverlust des Gelenks mit Fehlstellung und Kontraktur.

Dosierung: 2-mal täglich 3 g Klinoptilolith in etwas Wasser einnehmen. *Wirkungsergänzung:* 2-mal täglich 30 ml 25 ppm kolloidales Silber einnehmen, *dazu* 2-mal täglich 4–6 Tropfen Kardentinktur zum Essen; *alternativ:* 800–1200 mg Indischer Weihrauch in Kapseln einnehmen.

Infektionserkrankungen und gestörte Infektabwehr

Abwehrschwäche: die verminderte Fähigkeit des Organismus, eindringende Erreger wirksam zu bekämpfen. In der Folge treten gehäuft Infektionskrankheiten auf, die zudem erschwert verlaufen können.

Ursachen: meist als Folge einer Erkrankung des Knochenmarks, mit einer gestörten Blutbildung. Oder als Folge einer Mineral- oder Vitaminmangelernährung; einer medizinischen Behandlung, die das Immunsystem direkt unterdrückt oder als Nebenwirkung schädigt; einer Bestrahlung. Als Folge einer Vergiftung, einer schweren Infektionserkrankung oder einer chronischen Pilzerkrankung; selten auch angeboren.

Dosierung: 1-mal täglich 3 g Klinoptilolith in etwas Wasser einnehmen, steigern auf täglich 1-mal 5 g Klinoptilolith. *Wirkungsergänzung:* 2-mal täglich 30 ml 25 ppm kolloidales Silber einnehmen, *dazu* 2-mal täglich je 1 Tropfen ätherisches Ingweröl zum Essen einnehmen.

Bakterielle Infektionen: eine Infektion durch einen in den Körper eingedrungenen bakteriellen Erreger, der eine Erkrankung auslöst. Je nach Keim und Immunität kann diese Infektion harmlos oder sehr gefährlich sein.

Symptome: Sie zeigen ein breites Spektrum zeitlicher Verläufe; oft sind sie für den Erreger spezifisch. Sie können hochakut in wenigen Tagen entstehen oder sich über Jahre hinweg langsam entwickeln. Einige Infektionen laufen bei einer nicht immungeschwächten Person nahezu unbemerkt ab oder äußern sich nur in leichten Störungen des Allgemeinbefindens. Andere entwickeln ein hochdramatisches Krankheitsbild. Auf diese meist schwer verlaufenden Krankheiten reagiert der Körper meist mit Fieber, beschleunigtem Puls, erhöhter Atemfrequenz sowie Durst und Ruhebedürfnis.

Dosierung: 2-mal täglich 3 g Klinoptilolith in Wasser einnehmen. *Wirkungsergänzung:* 2-mal täglich 30 ml 25 ppm kolloidales Silber einnehmen, *dazu* 2-mal täglich 1 Tropfen ätherisches Ingweröl zum Essen einnehmen.

Grippaler Infekt: eine akute, ansteckende, virusbedingte Infektionserkrankung.

Symptome: Brennen in der Nase mit Niesreiz. Schleimabsonderung, anfangs wässrig, später eitrig. Nasenatmung behindert mit Geschmacks- und Geruchsstörung, Rötung der Rachenschleimhaut. Mattigkeit, Gliederschmerzen mit leichter Temperaturerhöhung.

Dosierung: 2-mal täglich 3 g Klinoptilolith in etwas Wasser einnehmen. *Wirkungsergänzung:* 2-mal täglich 20 ml 25 ppm kolloidales Silber einnehmen.

Grippe (Influenza): eine akute, ansteckende, epidemisch auftretende, schwere Infektionserkrankung, die sehr uneinheitlich verläuft.

Symptome: hohes, in der Regel plötzlich beginnendes Fieber; geht oft mit Schüttelfrost, schwerem Krankheitsgefühl, Abgeschlagenheit, Fröstelgefühl, Kopfschmerzen, wässrigem Fließschnupfen, Husten und mit einer Entzündung der Bronchien einher. Oft mit Muskel-, Glieder- oder Gelenkschmerzen, häufig auch mit Augenbeschwerden und einer allgemeinen Schwäche. Es können dabei auch eine Bindehautentzündung und Lippenbläschen auftreten.

Komplikationen: vor allem bei Menschen mit chronischen Erkrankungen des Herzens, der Atemwege oder des Stoffwechsels und bei älteren Menschen.

Dosierung: 2-mal täglich 3 g Klinoptilolith in etwas Wasser einnehmen. *Wirkungsergänzung:* 2-mal täglich 30 ml kolloidales Silber 25 ppm einnehmen.

Chemische Belastungserkrankungen

Amalgambelastung:[62] eine krankmachende Belastung mit quecksilberhaltigem Amalgan, vor allem in den Organen oder dem Bindegewebe.

Das Erkennen akuter Quecksilbervergiftungen ist leicht, der Übergang vom Gesundsein zur Krankheit ist auffällig. Chronische Vergiftungen sind durch ihre langsame Entwicklung nicht zu merken. Man fühlt sich unwohl, macht aber Faktoren wie Stress oder Ärger dafür verantwortlich, und gewöhnt sich daran, etwa an Kopfverspannungen und Verdauungsprobleme, die sich langsam aufbauen. Beim Arztbesuch wird oft die Diagnose vegetative Dystonie gestellt oder Leberschaden, ohne nach den Ursachen zu forschen.

Dosierung: 2-mal täglich 3 g Klinoptilolith in etwas Wasser einnehmen. *Erhaltungsdosis:* 1-mal 3 g pro Tag. *Wirkungsergänzung:* 2-mal täglich 20 ml 25 ppm kolloidales Silber, dazu Koriandertinktur zum Essen einnehmen, *dazu* 1-mal täglich abends 3 Tropfen Petasites D6 einnehmen.

Vielfache Chemikalienunverträglichkeit (MCS = Multiple Chemical Sensitivity): eine chronische Krankheit mit Unverträglichkeiten von vielfältigen Chemikalien, auch in niedriger Konzentration.

Symptome: meist eine Vielzahl von unspezifischen Beschwerden: Müdigkeit, Kopfschmerzen, Abgeschlagenheit, Konzentrationsstörungen, Augenbrennen, Verlust an Merkfähigkeit, Schwindel, Atemnot, Beschwerden am Bewegungsapparat, Magen-Darm-Beschwerden, Haut- und Schleimhautprobleme oder diffuse Schmerzen.

In der Regel nehmen die Symptome mit der Zeit zu, ebenso die Anzahl der Substanzen, die von den Betroffenen als auslösend wahrgenommen werden.

Dosierung: 2-mal täglich 3 g Klinoptilolith in etwas Wasser einnehmen. *Wirkungsergänzung:* 2-mal täglich 20 ml 25 ppm kolloidales Silber einnehmen, *dazu* 2-mal 4 Tropfen Koriandertinktur zum Essen einnehmen.

---

62 »Eine mehrfach behauptete Gesundheitsgefährdung durch Amalgamfüllungen stellte sich als nicht gegeben heraus« (in: wikipedia.org/wiki/Amalgam). Dies zeigt die »wissenschaftliche« Objektivität des Internetlexikons Wikipedia.

Medikamenten-Entgiftung: eine Entgiftung des Körpers von eingenommenen Medikamenten oder deren Rückstände.

Dosierung: 2-mal täglich 3 g Klinoptilolith in etwas Wasser einnehmen. *Wirkungsergänzung:* 2-mal täglich 20 ml 25 ppm kolloidales Silber einnehmen, *dazu* 2-mal 4 Tropfen Koriandertinktur zum Essen einnehmen.

Organische Schadstoffausleitung: eine Lösung und Ausleitung der im Körperfett oder in den Organen abgelagerten organischen Schadstoffe oder deren Rückstände.

Dosierung: 2-mal täglich 3 g Klinoptilolith in etwas Wasser einnehmen. *Wirkungsergänzung:* 2-mal täglich 20 ml 25 ppm kolloidales Silber einnehmen, *dazu* 2-mal 4 Tropfen Koriandertinktur zum Essen einnehmen.

Schwermetallausleitung: eine Lösung und Ausleitung der im Körper abgelagerten Schwermetalle, etwa Blei, Cadmium, Nickel.

Dosierung: 2-mal täglich 3 g Klinoptilolith in etwas Wasser einnehmen. *Wirkungsergänzung:* 2-mal täglich 20 ml 25 ppm kolloidales Silber einnehmen, *dazu* 2-mal 4 Tropfen Koriandertinktur zum Essen einnehmen.

Zahnfleischerkrankungen

Zahnfleischentzündung (Gingivitis): eine entzündliche Veränderung des den Zahn umgebenden Gewebes, besonders des Kieferknochens; mit einer Zerstörung des Knochens, die als Folge einer Reaktion des körpereigenen Immunsystems, einer Verletzung, von Störungen während der Schwangerschaft, Zuckererkrankung oder schwerem Vitamin-C-Mangel anzusehen ist.

Symptome: Schwellung, Rötung, eventuell bläulicher Verfärbung und Schmerzen, mit einer Berührungsempfindlichkeit und erhöhter Blutungsneigung des Zahnfleisches. Es können auch Geschwüre und Zahnfleischwucherungen auftreten.

Dosierung: 1-mal täglich 3 g Klinoptilolith in etwas Wasser einnehmen, *dazu* 1-mal täglich einmassieren des Pulvers ins Zahnfleisch. *Wirkungsergänzung:* 1-mal täglich 2 Tropfen Myrrtenöl abends sanft ins Zahnfleisch einmassieren.

Kinderkrankheiten

Masern (Morbili): eine sehr ansteckende, durch Tröpfcheninfektion ausgelöste fieberhafte Virusinfektion, die besonders im Kindesalter auftritt.

Symptome: beginnt mit uncharakteristischen Erkältungserscheinungen, Appetitlosigkeit, Mattigkeit, Halsschmerzen sowie Lichtscheue mit geröteten, tränenden Augen, einem aufgedunsenen Gesicht, trockenem Husten, Bindehautentzündung und Fieber, das sehr hoch steigen kann, aber wieder verschwindet.

Der typische Hautausschlag beginnt hinter den Ohren und breitet sich vom Gesicht, über den Hals, über den gesamten Körper aus, mit erneutem Fieberanstieg bis zu 40 °C (dabei erfüllt das Fieber eine wichtige Heilungsfunktion und sollte in der Regel nicht gesenkt werden). Nach 2–5 Tagen geht dann das Fieber zurück, der Ausschlag verschwindet. Auf der Haut bilden sich kleine weiße Schuppen.

Dosierung: 1-mal täglich morgens 1 g Klinoptilolith in etwas Wasser einnehmen. Das Pulver auf den Hautausschlag streuen. *Wirkungsergänzung:* 2-mal täglich 20 ml 25 ppm kolloidales Silber einnehmen.

Scharlach (Scarlatina): eine akute, sehr ansteckende gefährliche bakterielle Infektionskrankheit, die meist im Kindesalter auftritt.

Symptome: plötzliches hohes Fieber über 39 °C, Schüttelfrost, Kopf- und Halsschmerzen, Schluckbeschwerden und Erbrechen mit Appetitlosigkeit, Übelkeit. Die Zunge ist geschwollen dunkelrot, weiß belegt, die Mundschleimhaut gerötet, die Mandeln entzündet und mit einem gelblich-weißen Belag überzogen. Der Hautausschlag ist scharlachrot und feinfleckig und tritt besonders in den Achselhöhlen, der Leistengegend, den Wangen und dem Kinn auf. Nach dem Fieberabfall beginnt die Abschuppung der Haut.

Dosierung: 1-mal täglich morgens 1–3 g Klinoptilolith, je nach Alter, in etwas Wasser einnehmen. Das Pulver auf den Hautausschlag streuen. *Wirkungsergänzung:* 2-mal täglich 20 ml 25 ppm kolloidales Silber einnehmen, *dazu* 1–2 Tropfen ätherisches Lavendelöl auf die betroffenen Hautstellen sanft einreiben.

Windpocken (Varicella): eine ansteckende Virusinfektion, vor allem von Kindern, gekennzeichnet durch einen typischen Hautausschlag.

Symptome: Beginn meist mit Kopf-, Gelenk- und Gliederschmerzen, leichtem Fieber und Lymphknotenschwellungen. Der typische weit verteilte und bläschenförmige Ausschlag tritt plötzlich am Körperstamm, am behaarten Kopf und Gesicht auf. Später können auch die Extremitäten und die Schleimhäute betroffen sein. Aus kleinen Knötchen entwickeln sich Bläschen mit klarer Flüssigkeit, die oft heftig jucken. Nachfolgend trocknen die Bläschen ein, verkrusten, heilen ab und verlaufen bei normaler Immunitätslage gutartig und ohne Nachwirkungen.

Dosierung: In den ersten Tagen 2-mal täglich 1–2 g Klinoptilolith, je nach Alter, in etwas Wasser einnehmen, dann auf 1-mal täglich 1 g Klinoptilolith reduzieren. *Wirkungsergänzung:* 2-mal täglich 20 ml 25 ppm kolloidales Silber einnehmen, *dazu* 1–2 Tropfen ätherisches Lavendelöl auf die betroffenen Hautstellen sanft einreiben.

Nervenerkrankungen

Multiple Sklerose (Encephalitis disseminata): eine schubförmig oder sich langsam entwickelnde entzündliche Erkrankung des Rückenmarks mit einer Schädigung der Nervenhüllen.

Symptome: sehr vielfältig und sehr unterschiedlich. Beginnt meist mit einer Sehverschlechterung, verschwommenem Sehen und Augenzittern, mit zunehmender Müdigkeit und Schwäche, Zittern beim Zugreifen und zunehmender Sprachschwierigkeit. Der Betroffene kann Stuhl und Urin nicht mehr halten. Es treten Sensibilitätsstörungen und immer stärker werdende Lähmungserscheinungen hinzu.

Dosierung: 1-mal täglich 3 g Klinoptilolith in etwas Wasser einnehmen. *Erhaltungsdosis:* 1-mal 3 g pro Tag. *Wirkungsergänzung:* 2-mal täglich für 2 Wochen 20 ml 50 ppm, dann 2-mal täglich 20 ml 25 ppm kolloidales Silber einnehmen.

Nervenentzündung (Neuritis): eine Bezeichnung für anfallartig auftretende Schmerzen im Ausbreitungsgebiet eines sensiblen Nervs.

Symptome: ein wellenförmig, attackenartig oder dauerhaft auftretender Schmerz, der als stechend, bohrend, reißend empfunden wird und meist auf ein umschriebenes Gebiet begrenzt bleibt. Begleitet von Empfindungsstörungen wie Kribbeln, Brennen oder einem pelzigen Gefühl, auch mit Lähmungserscheinungen. Der Schmerz kann von wenigen Minuten bis zu mehreren Wochen anhalten und in unregelmäßigen Abständen immer wieder auftreten.

Bei Nervenschmerzen sind im Gegensatz zur Nervenentzündung keine anatomischen Veränderungen oder Funktionsausfälle der Nerven nachweisbar.

Dosierung: 2-mal täglich 3 g Klinoptilolith in etwas Wasser einnehmen. *Wirkungsergänzung:* 2-mal täglich 20 ml 25 ppm kolloidales Silber, *dazu* 2-mal täglich 4 Tropfen Koriandertinktur zum Essen einnehmen.

Polyneuropathie: ein Oberbegriff für bestimmte Erkrankungen des Nervensystems, die mehrere Nerven betreffen.

Symptome: Die Symptome können je nach betroffenem Nervenfasertyp und betroffener Körperregion sehr vielfältig sein.

Dosierung: 2-mal täglich 3 g Klinoptilolith in etwas Wasser einnehmen. *Wirkungsergänzung:* 2-mal täglich 20 ml 25 ppm kolloidales Silber einnehmen.

Restless-Legs-Syndrom: eine Erkrankung mit Gefühlsstörungen und Bewegungsdrang in den Beinen oder Füßen, oftmals einhergehend mit unwillkürlichen Bewegungen und dem unwiderstehlichen Drang, sich zu bewegen.

Symptome: Zustände der Ruhe bzw. Entspannung in den Beinen und/oder Füßen führen zu einem Ziehen, Spannen, Kribbeln, Schmerzen, Wärmegefühl oder anderen als unangenehm empfundenen Gefühlen.

Dosierung: 2-mal täglich 3 g Klinoptilolith in etwas Wasser einnehmen. *Erhaltungsdosis:* 1-mal 3 g pro Tag.

Schmerzzustände

Migräne (Halbseitenkopfschmerz): eine neurologische Erkrankung, die dreimal so häufig bei Frauen wie bei Männern mit einem vielgestaltigen Krankheitsbild auftritt, meist periodisch wiederkehrend, anfallartig, pulsierend und halbseitig.

Symptome: Beim Migräneanfall können verschiedene Phasen mit unterschiedlich charakteristischen Symptomen auftreten. Oft mit einem Anfall von Vorbotensymptomen, mit Wahrnehmungsstörungen (sogenannte Migräneaura) und meist unterschiedlichen Sehstörungen. In der Schmerzphase bestehen neben den Kopfschmerzen Symptome wie Übelkeit, Erbrechen, Licht-, Lärm- und Geruchsempfindlichkeit.

Dosierung: 2-mal täglich 3 g Klinoptilolith in etwas Wasser einnehmen.
Wirkungsergänzung: 2-mal täglich 20 ml 25 ppm kolloidales Silber einnehmen.

Chronische Muskelschmerzen (Myalgie): Schmerzen als Symptom bei den verschiedensten Krankheiten, meist bakteriellen oder viralen Infektionen, aber auch des rheumatischen Formenkreises oder körperlicher Fehlbelastung.

Dosierung: 2-mal täglich 3 g Klinoptilolith in etwas Wasser einnehmen.
Wirkungsergänzung: 2-mal täglich 20 ml 25 ppm kolloidales Silber einnehmen.

Krankheitsbilder bei Tieren

In den letzten 20 Jahren sind viele Berichte über die Behandlung von kranken Tieren mit Klinoptilolith erschienen. In erster Linie geht es in diesen Berichten um erkrankte Pferde und Hunde, aber auch um Hühner, Milchvieh, Schafe und Schweine. Im Zentrum stehen Erkrankungen der Knochen und des Bewegungsapparates, des Verdauungstraktes einschließlich der Leber, des gestörten Immunsystems sowie der Unverträglichkeit verschiedener Lebensmittel. Oft thematisiert werden auch Erkrankungen der Haut, der Haare sowie der Hufe.

Tumorerkrankungen bei Hunden

Die Wirksamkeit der Anwendung von Klinoptilolith bei verschiedenen Tumoren von 51 Hunden wurde an der Tiermedizinischen Fakultät in Zagreb unter der Leitung von Prof. Dr. sc. Ljiljana Bedrica untersucht. Alle Hunde wurden vor der Behandlung einer klinischen Untersuchung mit entsprechenden hämatologischen und biochemischen Analysen unterzogen. Klinoptilolith wurde den Hunden oral verabreicht, bei Veränderungen der Haut wurden die erkrankten Stellen mit Klinoptilolith-Pulver bestäubt.

Milchdrüsentumore wurden bei 10 Hündinnen im Alter von 6 bis 14 Jahren untersucht. Die besten Ergebnisse konnten bei Adenokarzinomen beobachtet werden. Die kleineren sind nach Einnahme von Klinoptilolith über 3 bis

4 Wochen völlig verschwunden, während die größeren nach 4 Wochen um die Hälfte kleiner waren. Gemischte Milchdrüsenkarzinome wurden auch nach 3 Monaten nicht kleiner, hatten sich allerdings auch nicht vergrößert. Ein Jahr nach der Entfernung dieser Tumore gab es keine Rückfallsymptome.

Haut- und Schleimhauttumore wurden bei 10 Hunden im Alter von 6½ bis 13 Jahren untersucht. Alle Bildungen sind nach einer gewissen Dauer der Einnahme von Klinoptilolith verschwunden, traten jedoch nach Absetzen des Klinoptilolithpräparates erneut auf. Eine Woche nach einer erneuten Einnahme bildeten sie sich wieder zurück.

Prostatatumore wurden bei 6 Hunden untersucht. Bereits eine Woche nach der Einnahme von Klinoptilolith verschwanden die Krankheitssymptome völlig.

Lymphome wurden bei 8 Hunden untersucht. Alle Hunde lebten nach 3–4 Tagen der Einnahme des Klinoptilolithpräparates auf. Nach einer Woche verhielten sie sich normal. Ihr Blutbild hatte sich nach einem Monat normalisiert.

Lungentumore wurden bei 3 Hunden festgestellt und hatten sich nach einem Monat um die Hälfte verkleinert. Zwei Hunde lebten danach noch ein Jahr. Ein Hund, der das Präparat unregelmäßig eingenommen hatte, verendete nach drei Monaten.

Osteosarkome wurden bei 3 Hunden festgestellt. Ein Hund starb zwei Monate nach der Diagnose. Zwei Hunde nahmen danach eineinhalb Jahre lang Klinoptilolith ein.

Bei *verschiedenen anderen Tumoren* wurde festgestellt, dass sich bei allen Hunden eine Verbesserung des Allgemeinzustandes eingestellt hatte.

Praxis

Entgiftung
Heilpflanzen
Kolloidales Silber
Ätherische Öle

Ergänzungstherapie bei Borreliose-Erkrankung

Im Laufe der letzten Jahre hat sich das extrem fein gemahlene[63] Klinoptilolith als eine sinnvolle medikamentöse Ergänzung bei verschiedenen Erkrankungen bewährt. Ich habe in dieser Zeit Klinoptilolith zusammen mit kolloidalem Silber bei über vierhundert Patienten eingesetzt, die überwiegend mit der Diagnose Borreliose, mit unterschiedlichen Symptomen, belegt waren.

Klinoptilolith wurde dabei hauptsächlich innerlich im Grammbereich angewendet. Als Richtwert zur Einnahme galt 1 flach gestrichener Teelöffel, der etwa 3 g entspricht. Klinoptilolith wurde in ein Glas Wasser eingerührt und getrunken. Nur bei ausgesprochenen Hautirritationen und Hautverletzungen sowie bei Druckgeschwüren der Haut wurde Klinoptilolith auch äußerlich eingesetzt.

Bei vielen Erscheinungen der Borreliose zeigte es sich, dass Klinoptilolith das Krankheitsbild insgesamt positiv beeinflusste. Ursprünglich setzte ich Klinoptilolith ausschließlich als Entgiftungsmittel gegen Schwermetalle und organische Giftstoffe ein, da der Zeolith durch seine Mineralstruktur Giftstoffe an sich bindet und sie so aus dem Körper wieder ausscheidet. Klinoptilolith entgiftete nicht nur Metalle, Ammoniak und Stoffwechselprodukte, sondern auch Medikamente.

Es zeigte sich, dass Klinoptilolith in Stoffwechselprozesse und Autoimmungeschehen eingreifen konnte und damit ein weites Spektrum des medizinischen Einsatzes bei Borreliose bot. Auch zeigte sich, dass Klinoptilolith für einen noch weit umfangreicheren therapeutischen Einsatz geeignet war: von Blutfettsenkung über Blutzuckersenkung, Entzündungshemmung, Reduktion freier Radikaler, Hautregeneration, Immunstimulation, Aufbau der Leberzellen, Stabilisierung der Psyche, Schmerzlinderung bis zur Stuhlgangregulierung. Die Verträglichkeit medikamentöser Therapien, einschließlich der Chemotherapie bei verschiedenen Krebsarten, war erheblich besser, die Lebensqualität dadurch deutlich gesteigert.

Klinoptilolith scheint eine direkte Wirkung auf Leber, Nieren, Lunge, Magen-Darm-Trakt, Bauchspeicheldrüse, Blutgefäße und Gelenke zu haben

---

63 Je feiner Klinoptilolith zermahlen ist, desto stärker ist dessen Wirkung, solange die Zeolithstruktur noch erhalten bleibt.

sowie eine indirekte Wirkung auf das Immungeschehen und viele enzymatische Vorgänge.

Klinoptilolith ist in der Lage, Stoffe aufzunehmen und diese in den Körper einzuschleusen (= Vektorwirkung). Dadurch verstärkt das Vulkan-Mineral bei gleichzeitiger Einnahme von Pflanzenextrakten oder ätherischen Ölen deren Wirkung: beispielsweise die Karden- oder Koriandertinktur bei Borreliose; Lavendel-, Muskatellersalbei- und Weihrauchöl bei depressiven Erkrankungen.

Klinoptilolith ergänzt sich therapeutisch hervorragend mit kolloidalem Silber, obwohl oder gerade weil die Wirkungsprinzipien äußerst unterschiedlich sind. So lautet die generelle Empfehlung, bei allen systemischen und autoimmunen Erkrankungen sowie bei der Borreliose mit Silber und Klinoptilolith als kombinierte Hauptmittel vorzugehen, was den Behandlungserfolg erheblich absichert und durch die Erfolge Bestätigung findet. Die Mittel begleiten durch die verschiedenen Heilungsphasen und -krisen und stabilisieren ihre Wirkung gegenseitig.

Sicherheitshalber lassen wir zwischen den beiden Einnahmen einen zeitlichen Abstand von wenigstens 30 Minuten – um zu verhindern, dass Klinoptilolith das Silber in sich bindet und dadurch deaktiviert. Dieser zeitliche »Sicherheitsabstand« ist bei gleichzeitiger Einnahme von Klinoptilolith mit Pflanzenauszügen oder ätherischen Ölen nicht notwendig, da es sonst zu keiner Vektorwirkung kommt.

Trotz einer häufig kurzfristig einsetzenden Verbesserung der Lebensqualität ist gerade bei Borreliose eine längerfristige Einnahme von oft über einem Jahr und mehr unerlässlich.

Klinoptilolith mit anderen Verfahren

Klinoptilolith allein ist bereits ein gutes Heilmittel mit einem spezifischen Wirkungskreis. Oft ist dieser jedoch erst die Basis für eine erfolgreiche Behandlung mit weiteren Naturheilverfahren. Deshalb hat sich in der Praxis eine Kombination von Klinoptilolith und anderen Methoden bewährt.

Klinoptilolith lässt sich mit fast allen anderen Naturheilverfahren kombinieren. Es verträgt sich sehr gut mit allen *nichtstofflichen* Verfahren wie Akupunktur, Bioresonanztherapie, Farbtherapie, Frequenztherapie, Klangschalentherapie, Lichttherapie, Magnettherapie und Reiki.

Ebenso gut verträgt es sich mit *feinstofflichen* Verfahren, wie etwa der anthroposophischen Medizin, Bach-Blütentherapie, Behandlung mit Blütenessenzen, Homöopathie, Spagyrik und Steinheilkunde.

Auch lässt sich Klinoptilolith gut mit *grobstofflichen* Verfahren wie Aromatherapie, Ayurveda, Biochemie, Neuraltherapie, mit Heilpflanzenextrakten, Enzymen, kolloidalem Silber und Gold, Spurenelementen, Tinkturen und Vitaminen kombinieren, zumal Klinoptilolith durch seine adaptogene Wirkung einige dieser Stoffe in deren pharmakologischer Wirkung verstärkt.

Kombination mit kolloidalen Edelmetallen

Klinoptilolith kann gut mit kolloidalem Silber oder kolloidalem Gold verabreicht werden. Die Anwendung von kolloidalem Silber ist weitaus besser erforscht, kolloidales Gold wird noch zu sehr spekulativ eingesetzt.

Im Internet werden neben den kolloidalen Edelmetallen weitere kolloidale Metalle wie Eisen, Germanium, Kupfer, Magnesium, Platin, Silizium und Zink angeboten. Sogar Calcium und Kalium werden als Kolloide angeboten. Ich halte diese Metallkolloide für den therapeutischen Einsatz nicht sinnvoll. Sie bringen keinen zusätzlichen therapeutischen Erfolg und sind dem kolloidalen Silber keinesfalls überlegen.

Kolloidales Silber

Kolloidales Silber[64] ist das therapeutisch wichtigste der kolloidalen Edelmetalle. Es sind extrem kleinste und fein verteilte Silberteilchen in wenigen Atomgrößen, die elektrisch aufgeladen sind und sich dadurch im (destillierten) Wasser durch die Brownsche Bewegung selbst in Schwebe halten. Das Silberkolloid kann durch den Thyndalleffekt als Kolloid nachgewiesen werden. Ihre Herstellung geschieht heute auf elektrisch-galvanischem Wege.

---

64 Siehe Hersteller- und Lieferverzeichnis, Seite 207.

Herstellung des kolloidalen Silbers

Die Herstellung von kolloidalem Silber ist inzwischen sicher und relativ einfach geworden. Es wird elektrolytisch mit mineralfreiem Wasser nach der Heißwassermethode galvanisch hergestellt. Die Konzentration der kolloidalen Silberlösung hängt dabei von der Leitfähigkeit des Wassers, der Zeitdauer, der Wassertemperatur, dem Abstand zwischen den Elektroden, der Elektrodenstärke und der angelegten elektrischen Spannung ab. Sinnvoll ist deshalb, ein standardisiertes Gerät zu verwenden, das eine zuverlässige Silber-Konzentration ermöglicht.

Für die elektrische Abscheidung des Silberkolloids wird ein Silbergenerator mit zwei Silberelektroden aus reinstem 999,9er Silber benötigt (Silberelektroden mit einem geringeren Silbergehalt enthalten zu viele Verunreinigungen). Eine Elektrode bildet dabei die Anode, die andere die Kathode. Ein Paar Silberelektroden reicht für die Herstellung mehrerer Hundert Liter kolloidaler Silberlösung von 25 ppm.

Zur Herstellung des kolloidalen Silbers wird destilliertes Wasser verwendet, das technisch durch Umkehrosmose hergestellt sein kann. Das Osmosewasser (das sogenannte destillierte Wasser der Discounter) wird durch halbdurchlässige Membranen gefiltert, die außer Wassermolekülen keine anderen Stoffe durchlassen. Die Behauptung, technisch hergestelltes Osmosewasser enthalte Schwermetalle, ist falsch. Die Schwermetalle sind viel zu groß, als dass sie die Filter passieren könnten. Ist jedoch das Wasser nur durch Ionenaustauscher gereinigt, können unerwünschte Fremdstoffe enthalten sein.

Doppelt destilliertes Wasser oder Aqua purificata zu verwenden, ist meines Erachtens nicht notwendig, kann jedoch – wenn der hohe Preis keine Rolle spielt – verwendet werden.

Ich verwende normales destilliertes Wasser, wobei angebrochene Flaschen innerhalb der folgenden zwei Monate zu verbrauchen sind. Bisher sind innerhalb dieser Zeit in keiner meiner Proben Bakterien aufgetreten. Sollten sich im destillierten Wasser doch Bakterien entwickeln können, was physiologisch eigentlich unmöglich ist, werden diese während der Herstellung des kolloidalen Silbers abgetötet. Das trifft auch auf das von einigen Apothekern empfohlene Aqua purificata zu, das für die Herstellung des kolloidalen Silbers unnötig hoch gereinigt ist. Für medizinische Injektionszwecke dagegen ist es ideal geeignet.

Für die Heißwassermethode zur Herstellung von kolloidalem Silber benötigt man ausschließlich destilliertes Wasser. Jeder Zusatz zerstört das kolloidale Silber. Deshalb sind Quellwasser, Trinkwasser oder Mineralwasser ungeeignet, sie können bis zu 1200 ppm Mineralsalze enthalten und fällen das Silber als Karbonat, Chlorid oder Sulfat aus. Es entstehen damit Silbersalze mit etwas kolloidalem Silber. Ebenso ist der Zusatz von Salz, das von einigen amerikanischen Geräteherstellern auf Batteriebasis propagiert wird, in keinster Weise sinnvoll. Neben kolloidalem Silber entstehen dabei immer Silberchlorid und andere Silbersalze.

Herstellungsprozess:

In einem feuerfesten Gefäß aus Glas[65] oder Pyroflam wird Wasser bis etwa 60 °C erhitzt und in ein hitzebeständiges Glas umgeschüttet. Über dieses wird der Silbergenerator gelegt, sodass die Silberstäbe weitgehend ins Wasser eintauchen. Metallbehälter sind dafür ungeeignet, da einerseits das Metall das Wasser verunreinigt und sich andererseits das kolloidale Silber an der Gefäßwand niederschlägt und die Oberfläche versilbert.

Je nach der aufgewendeten Zeit und der Größe des Glases erzeugt der Silbergenerator eine kolloidale Silberlösung mit einer Konzentration von 3–100 ppm (parts per million = Milligramm pro Kilogramm). Je niedriger der Ausgangsstrom ist, desto länger dauert der Herstellungsprozess, aber auch die entstehenden Cluster sind kleiner, was bei einer Neuroborreliose wichtig sein kann. Die Blut-Hirn-Schranke[66] ist nur für sehr kleine Silberteile durchlässig, große Silberteile gehen nicht mehr ins Gehirn.

Während und nach der Herstellung darf kolloidales Silber nicht mit Metall (zum Beispiel Löffel, Trichter) in Berührung kommen, denn darauf scheidet sich Silber ab und wird dadurch der kolloidalen Lösung entzogen. Man bedenke, dass 100 ml 3 ppm Silberlösung nur 0,3 mg Silber enthält, das sehr schnell als Silberspiegel am Metalllöffel haften bleibt.

---

65 Der Topf zum Erhitzen des Wassers darf – wegen des Memo-Effektes – nicht aus Metall bestehen.
66 Die Blut-Hirn-Schranke ist eine im Gehirn vorhandene Barriere zwischen dem Blutkreislauf und dem Zentralnervensystem. Sie dient dazu, die Milieubedingungen im Gehirn aufrechtzuerhalten und von der des Blutes abzugrenzen. Die Blut-Hirn-Schranke schützt das Gehirn vor im Blut zirkulierenden Erregern, Toxinen und Botenstoffen. Sie stellt einen Filter dar, über den die vom Gehirn benötigten Nährstoffe zugeführt und Stoffwechselprodukte abgeführt werden. Andererseits erschwert diese Schutzfunktion die medikamentöse Behandlung, da viele Medikamente die Blut-Hirn-Schranke nicht passieren können (aus: wikipedia.org/wiki/Blut-Hirn-Schranke, gekürzt).

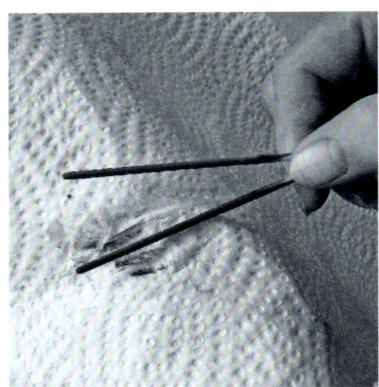

Die Herstellung von kolloidalem Silber. Rechts: Abstreifen der gebrauchten Silber-elektroden nach der Verwendung.

Nach der Herstellung der Lösung werden der Generator vom Strom genommen, die Silberstäbe herausgezogen und mit einem weichen Vlies oder Küchenpapier abgerieben. Auf keinen Fall die Silberstäbe mit einem chemischen Reiniger oder Silberputztuch säubern!

Die durchschnittliche Größe der Silberpartikel liegt im Bereich von 0,005–0,015 Mikrometer. Unabhängig von der Dauer der Herstellung oder der ppm-Zahl ist die Partikelgröße sehr inhomogen und nur unter dem Elektronenmikroskop zu erkennen. Je nach Herstellungsbedingung schwanken die Konzentration der Silberpartikel, die Partikelgröße und die Zusammenballung des schwebenden Kolloids, sodass eine sichere Konzentrationsbestimmung nur sehr aufwendig durchzuführen ist.

Qualitätskriterien

Die Qualität des kolloidalen Silbers hängt von der Herstellung und der Lagerung ab. Beim Einkauf sollte auf die Konzentrationsangabe in ppm geachtet werden. 20–25 ppm sind ein guter Standardwert. Die Lösung sollte so frisch wie möglich sein. Haltbar ist kolloidales Silber maximal 4 Monate.

Wird kolloidales Silber korrekt mit einem standardisierten Generator hergestellt und unter Einhaltung der stets gleichen Herstellungsbedingungen hergestellt, erhält man neben der zuverlässigen Konzentration auch besonders kleine Partikel reinen kolloidalen Silbers. Die Lösung ist meist wasserklar, kann aber auch in seltenen Fällen bläulich bis violett sein. Unter 25 ppm hat die Lösung normalerweise keinen Metallgeschmack.

Für die Lagerung des kolloidalen Silbers ist der Kühlschrank völlig ungeeignet. Die ideale Lagertemperatur ist meiner Erfahrung nach etwa 15–35 °C. Höhere Temperaturen bis 45 °C sind noch kein Problem. Kolloidales Silber sollte lichtgeschützt, am besten in einer dunklen Braunglasflasche im Schrank (zum Beispiel Küchenschrank) aufbewahrt werden (Blauglas oder gar Violettglas ist nicht notwendig). Unter Lichteinfluss oxidiert Silber schnell zu Silberoxid, das dann wirkungslos ist. Werden diese Lagerbedingungen nicht eingehalten, kann die Konzentration nicht garantiert werden.

Kolloidales Silber muss in Glasgefäßen aufbewahrt werden. Metall lässt das kolloidale Silber sehr schnell abscheiden und Plastik würde durch seine Elektrostatik das Kolloid zu sehr beeinflussen.

Je älter eine kolloidale Silberlösung ist, umso schwächer, je frischer, umso stärker ist ihre Wirkung. Ideal für eine Behandlung ist ganz frisch hergestelltes Silber, das der Anwender mit einem standardisierten Gerät (zum Beispiel Ionic Pulser Pro oder KS-Generator von Lavandinum) selbst herstellt. Bei einer Erkrankung des Gehirns muss das Silberkolloid grundsätzlich frisch und darf höchstens 8 Tage alt sein.

Wirkungsprinzip

Kolloidales Silber hat eine vollkommen andere Wirkung als Klinoptilolith. Es wirkt wie ein Breitband-Antibiotikum und tötet alle einzelligen Parasiten, also Bakterien, Viren und Pilze, in kürzester Zeit[67] ab. Einzellige Parasiten benötigen für ihren Stoffwechsel ein Enzym, das durch kolloidales Silber blockiert wird. Der Stoffwechsel kommt zum Erliegen, sie sterben ab. Ein weiterer Vorteil ist, dass Krankheitserreger dagegen nicht resistent werden.

Anwendung

Es liegen positive Erfahrungen sowohl mit der täglichen Einnahme von 10 ml mit 10 ppm als auch mit hohen täglichen Dosen von 200 ml mit 25 ppm und höher vor. Die fertige Silberlösung sollte niemals mit gewöhnlichem Wasser, sondern – wenn überhaupt – nur mit destilliertem Wasser verdünnt werden.

---

67 Zumindest in vitro (unter Laborbedingungen).

Für die Anwendung werden von dem meist nahezu geschmacksneutralen kolloidalen Silber 2-mal täglich 20–30 ml 25 ppm unverdünnt eingenommen. Diese Anwendung empfiehlt sich beispielsweise bei Parasiten- und Hefepilzbefall (Candida), chronischer Müdigkeit, bei Bakterien- und Virusinfektionen, grippalen Infekten, Darmpilzen, aber auch bei vielen anderen Erkrankungen und Entzündungen. Größere Mengen kolloidalen Silbers sollten über den Tag verteilt getrunken werden.

Bei Schnupfen oder Mandelentzündung einfach mit einer 25 ppm-Lösung gurgeln, spülen; bei Bindehautentzündung eine 25 ppm-Lösung als Augentropfen verwenden. Weitere Anwendungsmöglichkeiten sind vaginale und rektale Spülungen, aber auch als Nasen- und Inhalationssprays. Für Spülungen im Vaginalbereich mit 20–50 ml und 25–50 ppm kolloidalen Silbers verwendet man, um Verletzungen zu vermeiden, eine Gummispritze.

Indikationsbereiche des kolloidalen Silbers
(als Ergänzung zu Klinoptilolith)

Wird die Anwendung von Klinoptilolith mit kolloidalem Silber ergänzt, kann zusätzlich das Immunsystem wirkungsvoll unterstützt werden. Viren, Pilze, Bakterien und Parasiten schwächen die Abwehr von Krankheiten und können mit kolloidalem Silber einfach und ohne Ausbildung von Resistenzen bekämpft werden. Klinoptilolith besorgt deren Ausleitung aus dem Körper. Die Forschung geht davon aus, dass die wichtigsten Körperflüssigkeiten Kolloide sind (Blut, Lymphe). Kolloidales Silber ist an dieses Umfeld optimal angepasst und kann seine Aufgabe weit besser als synthetische Stoffe (Antibiotika) erfüllen, sofern die oben beschriebenen Regulationsprozesse korrekt funktionieren. Zudem wird Silber vom Organismus zur Produktion von Stammzellen benötigt und spielt eine wichtige Rolle bei der Abwehr von Belastungen durch elektromagnetische Felder (beispielsweise Elektrosmog, Mobilfunkstrahlung).

Kolloidales Silber kann bei *allen entzündlichen und eitrigen Prozessen* der oberen Atemwege und des Verdauungstrakts eingenommen, bei allen infektiösen *Hauterkrankungen und -entzündungen* äußerlich auf die Haut oder in die Wunde getropft oder eingerieben werden, ähnlich dem Klinoptilolith.

Es kann bei allen *entzündlichen* und *allergischen Hauterkrankungen* mit seiner kühlenden und reizlindernden Wirkung lokal aufgetragen werden. Es reduziert den Schmerz und beschleunigt die Regeneration, ähnlich dem Klinoptilolith.

Es kann bei *Pilzbefall* der Haut und des Verdauungstrakts, bei *Insektenbissen und -stichen* lokal aufgetragen sowie innerlich zur Verbesserung des gesamten Milieus eingenommen werden, ähnlich dem Klinoptilolith.

Es kann bei *Erkrankungen und Störungen der weiblichen* und der *männlichen Geschlechtsorgane* (einschließlich der Prostata) eingenommen werden und ist dabei Klinoptilolith weit überlegen.

Es kann zur *Entlastung und Stärkung der humoralen und der spezifischen Abwehr* sowie bei verminderter Abwehrlage zur Abtötung von Bakterien eingesetzt werden, ähnlich dem Klinoptilolith.

Es kann zur *Unterstützung der Entgiftung, Entschlackung und Schwermetallausleitung* eingenommen werden. Silber bindet Quecksilber, das so über die Nieren ausgeschieden werden kann. Es unterstützt die entgiftende Wirkung des Klinoptiloliths. In Körpergewebe eingelagerte organische Quecksilberverbindungen kann es dagegen nicht ausscheiden.

Es kann *anregend auf katalytische Prozesse und verschiedene Enzyme* einwirken, ähnlich dem Klinoptilolith. Dazu liegen jedoch noch zu wenige gesicherte Erfahrungen vor.

Kombination mit ätherischen Ölen

Verschiedene ätherische Öle haben sich bestens in der Naturheilpraxis bewährt, besonders Anisöl, Fenchelöl, Ingweröl, Lavendelöl, Muskatellersalbeiöl, Nelkenöl, Rosmarinöl und Weihrauchöl.

Ich setze ätherische Öle therapeutisch schon seit über 25 Jahren ein. Die Kombination von ätherischen Ölen mit Klinoptilolith, dessen Wirkung durch die Öle verstärkt wird, hat sich bei einigen Krankheitsbildern bestens bewährt.

Obwohl Klinoptilolith nur eine leichte Wirkung auf depressive Symptome hat, verwende ich das Vulkan-Mineral immer zusammen mit Muskatellersalbeiöl bei Erkrankungen, in denen die Psyche aufgehellt werden muss. Das Öl ist bei dieser Erkrankung Klinoptilolith weit überlegen und sicherer einzusetzen; aber therapeutisch noch sinnvoller ist die Kombination, da Klinoptilolith die Wirkung des Muskatellersalbeiöls verstärkt.

Dosierung: 1–2-mal täglich 1 Tropfen Muskatellersalbeiöl.

Kombination mit Heilpflanzenauszügen

In Russland gibt es seit 1970 verschiedene Präparate, die Klinoptilolith mit Pflanzenauszügen kombinieren. Prof. Hecht unterstützte diese Anwendungen, vor allem die Kombination von Klinoptilolith mit Spirulina.

Da Klinoptilolith die Pflanzenauszüge nicht fest in sein Kristallsystem einbaut, hält es sie nur kurzfristig und gibt sie kontinuierlich wieder ab. In den letzten 10 Jahren habe ich die Kombination mit verschiedenen Pflanzenauszügen vor allem bei Patienten mit Borreliose-Erkrankung getestet und fand diese Kombination dem Einzelextrakt der Pflanze überlegen.

Bisher habe ich diese Pflanzentinktur-Dotierung mit Alant (Inula helenium), Angelika (Angelica archangelica), Blutwurz (Potentilla erecta), Gundelrebe (Glechoma hederacea), Karde (Dipsacus sativus), Katzenkralle (Uncaria tomentosa), Klette (Arctium lappa), Koriander (Coriandrum sativum), Meisterwurz (Peucedanum ostruthium), Pestwurz (Petasites hybridus), Sumpfporst (Ledum palustre) und der Zistrose (Cistus incanus) getestet.

Interessant dazu ist weiter, dass die alkoholischen Auszüge der Pflanzen mit Klinoptilolith besser verträglich sind als ohne die Donation durch Klinoptilolith.

Aus diesem Grund sind auch, entgegen dem Rat vieler Internetkommentare, zeitliche Abstände bei der Einnahme von Pflanzenauszügen und Klinoptilolith unwesentlich. Beides kann ohne Probleme auch zusammen eingenommen werden. Die Behauptung, dass ein zeitlicher Abstand zwischen der Einnahme von Klinoptilolith und Pflanzenauszügen bestehen muss, zeigt nur, dass das Prinzip nicht verstanden wurde.

Kombination mit Borax

Borax ist eines der Mittel, die bestimmte Wirkungen von Klinoptilolith verstärken können. Deshalb ist es sinnvoll, Borax zusammen mit Klinoptilolith bei Erkrankungen der Knochen, des rheumatischen Formenkreises und bei Pilzerkrankungen einzusetzen.

Bor ist ein essenzielles Spurenelement, das der Körper für mehrere wichtige Funktionen, vor allem zum Aufbau der Knochen und der Sexualhormone braucht. Es wird im ganzen Körper gespeichert. Höchste Bor-Konzentrationen befinden sich in den Nebenschilddrüsen, den Knochen und dem Zahnschmelz. Bor regelt nicht nur die Calcium-, Magnesium- und Phosphoraufnahme, sondern auch deren Verteilung. Bor wirkt ebenso auf den Gleichgewichtssinn, die Gehirnleistung und auf das Erinnerungsvermögen, zudem bessert es die Sehkraft, wirkt blutfettsenkend und gerinnungshemmend. Bormangel führt zu Arthritis, Arthrose, Osteoporose und Zahnschäden und führt zu Calcium- und Magnesiummangel.[68]

Da das Element Bor praktisch nicht anwendbar ist, wird dazu das Bormineral Borax (Natriumtetraboratdekahydrat) verwendet. Borax erhöht die Knochendichte und beschleunigt das Zusammenwachsen der Knochen nach Brüchen. Es greift in Entzündungsprozesse im Körper (etwa bei Fibromyalgie) ein und erweitert damit die Wirkung von Klinoptilolith auf das Knochensystem. Borax ist dadurch prädestiniert, die Wirkung von Klinoptilolith im Bereich des Knochenaufbaus zu unterstützen.

Borax verbessert die Haut bei Schuppenflechte, aber auch bei entzündlichen und Autoimmunkrankheiten wie Lupus erythematodes.

Borax wirkt desinfizierend, schwach gegen Bakterien, aber stark gegen Pilze und Viren. Es gibt kaum ein Mittel, das eine ähnlich starke pilzabtötende Wirkung wie Borax hat. Dadurch kann die Antipilzwirkung von Klinoptilolith verstärkt werden.

Die Beobachtungen der letzten Jahre zeigen zudem, dass Bor bei Immunstörungen wirkt. Dazu kommt, dass eines der großen Probleme der Symbioselenkung, die Reduktion oder Abtötung der Pilze im Verdauungstrakt mit Klinoptilolith alleine kaum lösbar ist.

Borax ist auch in der Lage, Fluor aus dem Körper auszuleiten. Dazu ist Klinoptilolith nicht fähig. Klinoptilolith kann zwar Fluor in einer Lösung entfernen, aber nicht das im Körper gebundene Fluor lösen.

Dosierung: Die Dosierung von Borax ist immer noch problematisch, da es oft als giftig bezeichnet wird. Ich setze inzwischen Borax mit einer Tagesdosis von 0,5–1 g ein, in leichten Fällen mit 300–400 mg und in schwierigen Fällen mit 1,5–2 g pro Tag. Ich selbst habe über einen Zeitraum von 4 Wochen eine Tagesdosis von 2 g genommen, obwohl ich keine Krankheitssymptome zeigte. Mir ging es aber darum, zu sehen, wie mein Körper reagiert. Ich habe diese Dosis gut vertragen und fühlte mich wohl dabei.

---

68 Siehe auch S. 141.

Obwohl Borax in den meisten Ländern der EU, aber auch in Australien und Kanada als giftig eingestuft ist und nicht ohne Weiteres in der Apotheke gekauft werden kann, wird sich zeigen, mit welchen Dosierungen bei verschiedenen Krankheitsbildern Erfolge erreicht werden.

Kombination mit Entgiftungsmaßnahmen

Klinoptilolith erweist sich als das Hauptentgiftungsmittel, um organische und anorganische Giftstoffe, aber auch radioaktive Nuklide im Körper zu binden und aus dem Körper auszuscheiden.

Das von mir 2008 im Buch *Naturheilverfahren bei Borreliose* beschriebene Entgiftungsschema wurde 2010 durch die zusätzliche Einnahme von Klinoptilolith erweitert und verbessert. Die Entgiftung über den Darm kann nur optimal mit Klinoptilolith durchgeführt werden.

Die Entgiftung über die Niere wird durch Klinoptilolith ebenfalls verbessert, obwohl dieser nicht über die Niere selbst ausgeschieden wird. Aber nach einer Einnahme von Klinoptilolith ändert sich die Urinausscheidung. Die Menge der Urinausscheidung erhöht sich, und der Urin wird merklich dunkler, sein Geruch unangenehmer.

Umweltgifte

Ein großes Problem der modernen Industriegesellschaften sind die weit verbreiteten Umweltgifte[69], denen jeder Mensch ausgesetzt ist. Sie führen zu einer zusätzlichen gesundheitlichen Belastung, werden aber aus rein finanziellen Interessen heruntergespielt oder vollständig in Abrede gestellt.[70]

Klinoptilolith kann durch seine Kapillarstruktur die meisten dieser Umweltgifte im menschlichen Körper binden und auch wieder ausscheiden. Zu 90 Prozent besteht die Entgiftungstherapie aus der Entfernung von Schadstoffbelastungen – Klinoptilolith eignet sich hierzu hervorragend.

Betroffene einer Umweltvergiftung sind meist auf sich allein gestellt und müssen sich mit viel Aufwand und Geld die nötigen Informationen zur Entgiftung selbst besorgen, um ein Stück Lebensqualität zurückzugewinnen. Vielen

69 Siehe im Anhang Seite 183f.
70 Siehe auch Seite 159ff.

droht neben dem gesundheitlichen auch der finanzielle Ruin. Oft verlieren sie in ihrem Kampf um ihre Gesundheit auch noch ihren Partner, der das Krankheitsbild nicht verstehen kann und dabei die nötige Unterstützung versagt.

Eine wirklich unabhängige Risikoforschung im Wissenschaftsbereich existiert in Deutschland nicht.[71] Die industrieorientierte Wissenschaft redet den Menschen ein, das im Körper befindliche Giftlager sei ungefährlich.

Die toxikologische Forschung, die weitgehend im Industrieinteresse durchgeführt wird, stützt die Unbedenklichkeit der Freisetzung von Bioziden. Fragwürdige Berechnungsmodelle spielen Risiken herunter. Toxikokinetik[72], Kombinationswirkung verschiedener Stoffe, Bioakkumulation (das Anhäufen von verschiedenen Giftstoffen im Körper) und individuelle immunologische und genetische Disposition werden von der toxikologischen Forschung absichtlich nicht berücksichtigt. Häufig werden die Grenzwerte nach oben verändert.

Syndrome systemischer Erkrankungen durch Umweltgifte

Umweltgifte können eine Reihe von unbestimmten Symptomen und Erkrankungen auslösen, zum Beispiel Allergien, Antriebslosigkeit, Appetitlosigkeit, Asthma, Depression, Fibromyalgie, Gedächtnisstörungen, Gewichtsverlust, Hormonstörungen, Hörstörungen, Infektanfälligkeit, Juckreiz, Lähmungen, Leberschädigung, Pilzerkrankungen, rheumatische Schmerzen, Schlafstörungen, Schwindel, Sehstörungen und Zittern. Diese Symptome werden oft als Teil anderer Erkrankungen angesehen und dadurch als eine zusätzliche Umweltbelastung nicht mehr erkennbar.

---

71 Siehe hierzu Seite 159f.
72 Die Toxikokinetik als Teil der Pharmakokinetik beschreibt die Gesamtheit aller Prozesse, denen ein Giftstoff im Körper unterliegt. Dazu gehören die Aufnahme der Gifte, die Verteilung im Körper, der biochemische Um- und Abbau, die Ausscheidung sowie zeitliche und quantitative Konzentration eines Giftstoffs in verschiedenen Bereichen des Organismus.

Gifte und Schadstoffe ausleiten

In der Praxis werden wir bei fast jedem neuen Patienten mit dem Thema der Entgiftung konfrontiert. Daraus ergeben sich oft Probleme, besonders im Stoffwechselbereich. Viele Hautkrankheiten, die als Allergien abgetan werden, sind eigentlich ein Hilfeschrei des Organismus. Es sind in den seltensten Fällen echte Allergien, sondern meist nur Unverträglichkeiten.

Es gehört zur Aufgabe eines Therapeuten, Tiere und Menschen in solchen Zuständen adäquat zu entgiften. Das Therapieren ist nicht sinnvoll, wenn zuvor nicht eine gründliche Feldbereinigung gemacht wurde. Es ist erstaunlich, wie viele Krankheiten sich alleine durch die Entgiftung bessern oder sogar ganz verschwinden.

Der erste Schritt einer notwendigen Entgiftung ist die Ausleitung von Metallen und organischen Schadstoffen, etwa Bakteriengifte, Farbstoffe, Fäulnisgifte, Gärungsgifte, Holzschutzmittel, Konservierungsstoffe, Medikamente (Antibiotika, Zytostatika), Pilzgifte, Spritzmittel und Unkrautvernichtungsmittel.

Der Körper besitzt von Natur aus sieben verschiedene Ausleitungsventile, über die aufgenommene Giftstoffe wieder ausgeschieden werden können. Diese Ausscheidung erfolgt über:
- den *Darm,* der durch Anregung der Peristaltik, Galleanregung und Wasser, organische Gifte und Schwermetalle ausscheidet,
- die *Nieren,* die durch Anregung des Wasserhaushalts, organische Abbauprodukte und Salze ausscheiden,
- die *Lunge,* die mit einer Anregung durch Atemstimulation Gase ausscheidet,
- die *Haut,* die durch Anregung des Schweißes Salze ausscheidet,
- die *Schleimhäute,* die durch Schleimbildung, Bakterien, Viren und Abbauprodukte ausscheidet,
- das *Menstruationsblut,* das durch eine verstärkte Blutung Abbauprodukte ausscheidet,
- *Nägel und Haare,* die Schwermetalle ablagern.

Jedes dieser Organe hat eine bestimmte Ausscheidungskapazität. Normalerweise wird diese Schwelle nicht überschritten, andernfalls kommt es zur Selbstvergiftung der Organe. Der Darm und die Nieren stehen an erster Stelle der Schadstoffausscheidung. Sind sie durch ein Übermaß an Giften oder durch eine angeborene Schwäche überlastet, kann es beispielsweise zu Nieren- und Blasensteinen oder zu Darmproblemen kommen. Als Ausweg wird die Lunge verstärkt zur Ausscheidung der gasförmigen Bestandteile herangezogen.

Ist dann die Ausscheidungskapazität der Lunge ausgeschöpft, verstärkt der Organismus die Ausscheidung über die Haut. Je nach Konzentration der Gifte und deren Aggressivität wird die Haut übermäßig strapaziert und gereizt. Anzeichen hierfür sind chronische Ekzeme, Neurodermitis, Schuppenflechte, Pickel, Akne, Furunkel, offene Beine oder allergische Reaktionen.

Das durch die Ausscheidungen saure oder sogar giftige Milieu der Haut und der Schleimhäute schafft zudem ideale Bedingungen für die Ansiedlung von Haut- und Nagelpilzen sowie von Darm- und Scheidenpilzen.

Obwohl diese Pilze für den Menschen giftige Stoffwechselprodukte ausscheiden, sind nicht sie, sondern die Gifte die eigentlichen Feinde der menschlichen Gesundheit. Die den Menschen befallenden Pilze gelten in den Kreisen der Naturheilkunde als sogenannte Säure- und Giftfresser. Diese können erst wieder verschwinden, wenn das saure Milieu der Haut, ihr idealer Nährboden, nicht mehr existiert.

Im Rahmen einer Entschlackung ist es daher zunächst wichtig, sich von Säuren und Giften zu befreien, die momentan belastend auf den Organismus einwirken. Darauf wirkt Klinoptilolith ein.

Aluminium, ein bedenklich »unbedenkliches« Metall

In den letzten Jahren tauchte immer wieder die Frage auf: »Welche Wirkung hat das Aluminium in Klinoptilolith; bzw. löst sich das Aluminium aus dem Klinoptilolith, und wie gefährlich ist es dadurch?«

Da inzwischen Aluminium ähnlich wie ein gefährliches Schwermetall eingestuft wird, steht hinter dieser Frage immer ein hohes Angstpotenzial.

In allen Gerüstsilikaten, so auch in den Zeolithen, besteht immer eine Kombination von abwechselnd eingebauten Silizium- und Aluminium-Atomen, deshalb zählt man diese zu den sogenannten »Alumosilikaten«. Dieser Einbau in das innere Mineralgerüst ist in natürlich entstandenen Verbindungen so stabil, dass es praktisch nicht möglich ist, das Aluminium daraus zu lösen. Nur eine hochaggressive Fluorsäure wäre als einziges Mittel in der Lage, das Aluminium unter der Zerstörung der Kristallstruktur zu lösen.

In synthetischem Zeolith sind die Verbindungen nicht ganz so stabil, aus dessen Gerüsten lässt sich Aluminium herauslösen.

Bei dieser Frage zeigt sich das bereits angesprochene Problem: Alle vorhandenen Arbeiten beziehen sich auf synthetische Alumosilikate, die durch Sinterung hergestellt wurden. Die Synthese wird aus einer Mischung aus Aluminium- und Siliziumhydroxiden in Natronlauge bei Temperaturen zwischen 50 und 90 Grad Celsius durchgeführt. Die so entstandenen Sinter-Alumosilikate sind chemisch instabil.

»Alumosilikat« ist die Sammelbezeichnung für Minerale aus der Gruppe der Silikate, die sich aus den Grundbausteinen SiO_4-Tetraeder und AlO_4-Tetraeder aufbauen, wie zum Beispiel Feldspate, Feldspatvertreter, Zeolithe und Sodalit. Jedes Silizium- und Aluminiumatom ist dabei von vier Sauerstoffatomen umgeben. Diese Tetraeder teilen sich die Sauerstoffatome. Das dreiwertige Aluminium verhält sich hier chemisch wie das vierwertige Silizium. Zeolithe besitzen in ihrem Gerüst eine Käfigstruktur, in die sie Metalle einbauen können. Aluminium jedoch kann in das Kristallgitter des Klinoptiloliths nicht eingebaut werden. Dadurch kann Klinoptilolith Aluminium auch nicht wieder aus dem Körper ausscheiden. Klinoptilolith kann jedoch durch seine Struktur verhindern, dass weiteres Aluminium im Körper abgelagert wird.

Fraglich ist, inwieweit aus einer Zeolithstruktur Aluminium freigesetzt und über den Darm aufgenommen werden kann, wie immer wieder behauptet wird. Ich persönlich halte das auch unter normalen Umständen für nicht möglich. Selbst wenn Klinoptilolith über einen Zeitraum von über 9 Monaten in einer 1%-igen Salzsäurelösung liegt, ist darin kein Aluminium nachweisbar.

Aluminium wird heute für einige neurologischen Erkrankungen verantwortlich gemacht, deshalb ist es notwendig, die Quellen einer erhöhten Aluminiumbelastung zu kennen:

Problematisch ist Nahrung (wenn durch sauren Regen oder Fluorbelastung vermehrt Aluminium im Boden mobilisiert und von Nahrungspflanzen aufgenommen wird) und Trinkwasser (durch Rückstände), wenn wenig Calcium, Magnesium und Kieselsäure im Wasser vorhanden sind und durch sauren Regen vermehrt Aluminium ins Grundwasser eingetragen wird und nicht hinreichend gebunden wird. Auch Nahrung in Aluminiumdosen, selbst wenn diese beschichtet sind, aluminumbeschichtete Konservendosen, aber auch Töpfe und Geschirr aus Aluminum zur Zubereitung säurehaltiger Speisen, sowie Aluminiumbackbleche sind zu meiden.

In Aluminiumfolie verpackte Lebensmittel und Schokoladen, Getränkekartons und Backfolien sowie Aluminiumsalze als Zusatz für Backpulver, Schmelzsalz, aber auch die Trennmittel Natriumaluminiumsilikat (E554), Kaliumaluminiumsilikat (E555), und Calciumaluminiumsilikat (E556), Calciumaluminat (E598) als Rieselhilfe (bei Salz, um dessen Rieselfähigkeit zu erhalten), Füll- und Festigungsmittel und die Stabilisatoren Aluminiumsulfat (E520), Aluminiumnatriumsulfat (E521) und Aluminiumammoniumsulfat (E523) sowie Farbstoff (E173) sind problematisch.

Wird fluorhaltiges Wasser in Aluminiumtöpfen gekocht, so löst sich zehnmal so viel des Leichtmetalls heraus wie bei Wasser ohne Fluoridzusatz. Es bildet sich Aluminiumtrifluorid, ein Stoff, der leicht durch die Darmwand und durch die Blut-Hirn-Schranke schlüpft.

Die Aufnahmerate für Aluminium im Darm erhöht sich durch Zitronensäure und Ascorbinsäure (saure Früchte) und Glutamat, wobei an Glutamat gebundenes Aluminium auch leicht die Blut-Hirn-Schranke durchdringt und das Gehirn zunehmend belastet. Maltose fördert die Fähigkeit von Aluminium, vom Blut ins Gehirn überzugehen.

Kritisch sind auch aluminiumhaltige Kosmetika und Deosprays. Sie gelten als wesentlicher Risikofaktor für Alzheimer-Demenz. Die bei Sprays üblicherweise verwendeten Aluminiumverbindungen werden beim Einatmen vor allem im Nasen-Rachen-Raum abgelagert.

An Versuchstieren ließ sich zeigen, dass Aluminium schnell über den Riechkolben in das Nervensystem und damit direkt in das Gehirn gelangt. Bei Alzheimer-Patienten ist gerade das Riechhirn besonders geschädigt. Womöglich überwindet in der Nase abgelagertes Aluminium die Barrieren von Riechschleimhaut sowie Riechkolben und dringt ins Gehirn ein.

Dazu kommen noch aluminiumhaltige Arzneimittel (Phosphatbinder, Antazida zur Neutralisierung der Magensäure) und Aluminiumzusätze in Impfstoffen.

Aluminium wird über die Nieren sowie über die Galle ausgeschieden. Im Blut wird Aluminium an Plasmaprotein, vor allem an Transferin gebunden, sodass es nicht bei der Dialyse filtriert wird.

Früher erkrankten Dialyse-Patienten vermehrt an einer Demenz, ausgelöst durch Aluminiumspuren im Dialysewasser. Seit das Metall daraus entfernt wird, kommen keine Neuerkrankungen mehr vor. Im Gehirn von Dialyse- und Alzheimer-Patienten finden sich deutlich erhöhte Aluminiumwerte.

Die an Demenz erkrankten Dialyse-Patienten litten zudem an Knochenerweichung. Dieses Krankheitsbild lässt sich im Tierversuch auch durch Siliziummangel erzeugen. Zu wenig Silizium jedoch schädigt den Knochen ebenso wie zu viel Aluminium im Blut. Beide Elemente ähneln sich in ihren chemischen Eigenschaften, sodass diese austauschbar sind. Hirnschäden können also durch einen relativen Siliziummangel ebenso gefördert werden wie durch eine absolute bzw. relative Aluminiumüberlastung. Der Körper nutzt das Silikat als unschädlichen Platzhalter an Stellen, an denen schädliches Aluminium eindringen könnte.

Hier könnte Klinoptilolith als Mittel bei einer Alzheimer-Demenz eingesetzt werden.

Die Hypothese, dass Aluminium bei der Entstehung der Alzheimer-Krankheit beteiligt ist, beruht auf vier Tatsachen:
– der Neurotoxizität des Aluminiums,
– der Entstehung neurofibrillärer Bündel nach einer Aluminiuminjektion im Tierversuch,
– die im Gehirn von Alzheimer-Patienten gefundenen erhöhten Aluminiumwerte,
– die erhöhten Aluminiumwerte im Trinkwasser bestimmter geographischer Regionen mit gehäuft auftretenden Alzheimer-Fällen.

Als gesichert gilt, dass Aluminium unter bestimmten Voraussetzungen (individuelle Anfälligkeit, Kombination mit zusätzlichen Krankheiten) als neurotoxisch und demenzfördernd anzusehen ist. Aluminium blockiert viele Enzyme, schädigt das Myelin und dadurch zunächst die weniger myelinisierten Hirnbereiche. Zuerst leidet das Gedächtnis darunter, später das Denkvermögen und die Fähigkeit zu planen.

Eindeutige Beweise, dass zu viel Aluminium im Trinkwasser das Erinnerungsvermögen beeinträchtigen kann, wurden 1988 erbracht. Ein Zwischenfall im Wasserwerk in Camelford in Cornwall, England, führte dazu, dass die Bevölkerung Wasser mit enorm erhöhtem Aluminiumsulfat trank. Gedächtnisverlust war ein verbreitetes Leiden unter den Menschen, die dieses kontaminierte Wasser zu sich genommen hatten.

Beweise für den Zusammenhang zwischen Demenz und Aluminium kommen von McLachlans Ontario-Studie, bei der 668 Gehirne von verstorbenen Alzheimer-Patienten untersucht wurden. Die Studie bewies, dass das Risiko, an

Alzheimer zu erkranken, bei Personen, die in einer Gemeinde lebten, deren Trinkwasser mehr als 100 µg Aluminium pro Liter enthielt, 2,5-mal höher war als bei solchen, deren Trinkwaser weniger Aluminium aufwies. McLachlans Ergebnisse sind sogar noch spektakulärer, wenn man die Personen betrachtet, deren Trinkwasser mehr als 175 µg Aluminium pro Liter enthielt.

Die Gehirne waren mit einer 7- bis 8-mal höheren Wahrscheinlichkeit von Alzheimer betroffen, wenn sie regelmäßig Wasser getrunken hatten, das hohe Aluminiumwerte aufwies.

Schwermetalle und Radionuklide

Von den 92 in der Natur vorkommenden Elementen sind 76 Metalle, von denen etwa 20 krebserzeugend sind. Diese Metalle sind als Umweltgifte in unserer Umgebung und sammeln sich im Körper an; sie müssen also zur Entgiftung ausgeschieden werden. Dazu ist Klinoptilolith gut geeignet.

33 Metalle belasten durch Vergiftung den Körper: Antimon, Arsen, Barium, Beryllium, Blei, Cadmium, Chrom, Gallium, Germanium, Gold, Indium, Iridium, Kobalt, Kupfer, Mangan, Molybdän, Nickel, Niobium, Osmium, Palladium, Platin, Polonium, Quecksilber, Radium, Silber, Tantal, Thallium, Titan, Uran, Vanadium, Wismut, Wolfram, Zink und Zinn. Diese Metalle müssen teilweise in Spuren vorhanden sein, größere Mengen davon sind jedoch immer problematisch und müssen deshalb ausgeschieden werden.

Von folgenden 13 Metallen ist keine biologische Bedeutung für den menschlichen Organismus bekannt. Sie wirken jedoch *stimulierend:* Cer, Dysprosium, Erbium, Europium, Gadolinium, Gallium, Holmium, Lutetium, Praseodym, Rubidium, Samarium, Thulium und Ytterbium. Aber alle diese Metalle müssen aus dem Körper entfernt werden.

Die 23 Metalle, die im menschlichen Körper vorhanden sein müssen, wenn auch manche nur in sehr geringen Mengen, werden im Folgenden beschrieben. Ein Mangel dieser essenziellen Metalle führt zu bedrohlichen Erkrankungen. Ebenso problematisch ist eine Überdosierung oder Anreicherung dieser Stoffe im Körper, denn sie erzeugen Symptome, die bei anderen Erkrankungen das Krankheitsbild soweit verfälschen können, dass eine Therapie kaum möglich ist. Dieses Übermaß muss erst aus dem Körper entfernt werden; dazu kann Klinoptilolith das Mittel der Wahl sein.

Antimon: *Wirkung auf den Körper:* ist bisher nicht bekannt. *Vergiftung:* ruft Erbrechen und Durchfall hervor; führt zu Schleimhautreizungen und Hautausschlägen; erzeugt neuralgische Beschwerden und unregelmäßigen Puls.

Arsen: Der menschliche Körper enthält etwa 7 mg Arsen. *Tagesbedarf:* 5–50 µg. *Wirkung auf den Körper:* ist bisher nicht bekannt. *Mangelerscheinungen:* führt zu Wachstums- und Fertilitätsstörungen. *Überdosierung:* führt zu Hautkribbeln, Kopfschmerzen, Übelkeit, Erbrechen, reiswasserähnlichen oder blutigen Durchfällen, Bauchkrämpfen, Graufärbung und Erschlaffung der Haut oder Haarausfall. *Vergiftung:* steigert die Blutungsneigung, beeinflusst die Bildung von Methioninmetaboliten, aktiviert Enzyme anstelle von Phosphor; beeinflusst die Bildung von Blutzellen, die Hemmung der Oxidation und infolge einer Hemmung der Schilddrüse die Senkung des Grundumsatzes; führt zu Müdigkeit, Krämpfen, Leberschäden, Nierenversagen, Magenschleimhautentzündung, Nervenschädigung, Polyneuropathie, Lähmungen. Bei schweren Vergiftungen kommt es zum Kreislaufkollaps und Atemlähmung mit Todesfolge. Arsen gilt als krebserregend.

Barium: Der menschliche Körper enthält etwa 5–7 mg Barium. *Tagesaufnahme:* 1 mg/Tag. *Wirkung auf den Körper:* ist bisher nicht bekannt, wirkt aber stimulierend. *Vergiftung:* führt zu Übelkeit, Erbrechen, Bauchschmerzen, Darmkoliken, Durchfall, Schwindel, Blutdrucksteigerung, Senkung der Herzfrequenz, Muskelkrämpfen, Herzrhythmusstörungen bis hin zum Kammerflimmern. Zittern, Angstzustände und Beeinträchtigung des zentralen Nervensystems mit Muskelschwäche bis zur Lähmung.

Beryllium: *Wirkung auf den Körper:* ist bisher nicht bekannt. *Vergiftung:* führt zu Haut- und Schleimhautzerstörung, Leberschäden und Milzvergrößerung; folgende Symptome können in Erscheinung treten: Fieber, Bindehautentzündung, Magengeschwür; Schäden an Lunge, Herz, Knochen, Milz, Gehirn; Wucherung im Bindegewebe. Wirkt als Nervengift mit Atemlähmung. Beryllium gilt als krebserregend.

Blei: *Wirkung auf den Körper:* hemmt die Aufnahme von Calcium, Magnesium, Selen und Zink sowie die Vitamine A, B, C und E und blockiert verschiedene Enzyme. *Mangelerscheinungen:* sind keine bekannt. *Vergiftung:* beeinträchtigt die

Blutbildung durch Störung der Hämoglobinsynthese; Anämie mit Blässe der Haut. Kann zu Müdigkeit, Appetitlosigkeit, Abmagerung, Erbrechen, Schlafstörungen, Kopfschmerzen, Schwindel sowie schmerzhaften Koliken, Muskelschwäche und zur Schädigung der Gefäße, Nieren, des Nervensystems und Gehirns bis zum Kollaps mit Todesfolge kommen. Es bewirkt Verhaltensstörungen, Reaktionsverminderung, Gedächtnisschwäche und Depression. Blei gilt als erbgutverändernd und führt zur Zeugungsunfähigkeit.

Bor: *Tagesbedarf:* 1–2 mg. *Wirkung auf den Körper:* ist essenziell; wichtig für Knochen und Zahnbildung, Stoffwechsel, Immunsystem, Zellmembran, Zellteilung, Calcium- und Vitaminhaushalt. *Mangelerscheinungen:* Es kann zu Osteoporose, Wucherungen, Neigung zu Allergien, Hautkrankheiten, Leistungsverminderung verschiedener Organe, des Herzens, auch des Immunsystems kommen. *Vergiftung:* Wenige Borverbindungen sind toxisch und gehen mit Verwirrung, Schwäche, Zittern, Ohnmacht, Angst, Schlafstörungen einher; bei *akuter Vergiftung* können Magen-Darm-Krämpfe, Erbrechen, Durchfall bzw. Schädigungen des Knochenmarks, der Leber, Niere, Lunge und des Gehirns sowie Herzkollaps auftreten.

Cadmium: Der menschliche Körper enthält 30 mg Cadmium. *Wirkung auf den Körper:* ist bisher nicht bekannt. *Körperlich:* beeinflusst vermutlich den Stoffwechsel und die Funktion essenzieller Spurenelemente wie Calcium, Kupfer, Mangan, Selen und Zink. *Überdosierung:* löst Appetit- und Geruchsverlust, Übelkeit und Erbrechen bzw. Gelbfärbung der Zahnhälse aus. *Vergiftung:* führt zu Verdauungsstörungen mit Durchfall; Magenschmerzen und Erbrechen, Anämie, Wirbelschmerzen, Leberschädigungen, Nierenfunktionsstörungen bis Nierenschädigung, Knochenmarksschädigungen, Osteoporose und Krämpfe sowie Bluthochdruck, Calciumstoffwechselstörungen, Gefäß- und Herzerkrankungen, Verlust des Geruchssinns. Cadmium gilt als erbgutschädigend.

Chrom: Der menschliche Körper enthält 0,8–8 mg Chrom. *Tagesbedarf:* 2 mg. *Wirkung auf den Körper:* ist essenziell; wichtig für den Fett-, Zucker-, Aminosäurenstoffwechsel; senkt den Cholesterinspiegel und beugt Arteriosklerose vor; aktiviert die Insulinwirkung; wirkt blutdrucksenkend und erweitert die Gefäße. *Mangelerscheinungen:* erhöht die Insulinkonzentration im Blut bis zur Hypoglykämie, Gewichtsverlust; führt zur Verkalkung der Herzkranzgefäße.

Überdosierung: führt zu Magen-Darm-Entzündungen sowie zu Schwäche, Mattigkeit und Durchfall. *Vergiftung:* Arteriosklerose, Trübung der Hornhaut, chronische Entzündungen der Atemwege, Hauterkrankungen und Geschwüre. Kann durch Leber- und Nierenschäden zum Kollaps kommen. Chrom gilt als allergie- und krebserregend.

Germanium: *Wirkung auf den Körper:* bisher nicht bekannt. *Körperlich:* Es greift vermutlich in den Enzymmechanismus ein und kann Sprechstörungen bessern. *Mangelerscheinungen:* bisher nicht bekannt. *Vergiftung:* führt zu Appetitlosigkeit, Gewichtsverlust, Erschöpfungszuständen und Muskelschwäche, zu Nierenfunktionsstörungen bis Nierenversagen mit Todesfolge.

Gold: *Wirkung auf den Körper:* bisher nicht bekannt. *Körperlich:* Es regt vermutlich die Drüsentätigkeit und die Regeneration der Geschlechtsorgane an, reguliert die Leitfähigkeit der Nerven. *Vergiftung:* führt zu allergischen Haut- und Schleimhautreaktionen, Nieren- und Leberschäden; Schädigung des Knochenmarks, Anämie. Es kommt zu Schwitzen, Verdauungsproblemen, rheumatischen Beschwerden und Schädigungen der Kapillargefäße.

Kobalt: Der menschliche Körper enthält etwa 1–10 mg Kobalt. *Tagesbedarf:* 2–5 µg. *Wirkung auf den Körper:* ist essenziell und an der Nukleinsäuresynthese beteiligt; baut Eisen als Zentralatom der Vitamine B12 ein; fördert die Reifung und die Lebensdauer der Blutzellen; aktiviert die Glukokinase; ist Bestandteil einiger Enzyme; fördert Jodaufnahme in der Schilddrüse. *Mangelerscheinungen:* führt zu Blutarmut, Allergien, Haut- und Lungenerkrankungen, Hyperämie, Hypotonie, Herzmuskelerkrankungen, Gewichtsverlust sowie zur Vergrößerung der Schilddrüse. Entzündungen an der Zunge, Veränderungen im Rückenmark. *Überdosierung:* führt zu Appetitlosigkeit und Übelkeit. *Vergiftung:* führt zur Schädigung des Hörnervs mit Tinnitus sowie zu Herz-, Leber- und Nierenschäden.

Kupfer: Der menschliche Körper enthält etwa 80–120 mg Kupfer. *Tagesbedarf:* 2–4 mg. *Wirkung auf den Körper:* ist essenziell; wichtig bei der Bildung roter und weißer Blutkörperchen sowie von Hormonen, Knochen; fördert die Eisenaufnahme im Dünndarm; dient als Katalysator bei der Bildung von Hämoglobin und Enzymen, hält die Blutgefäße elastisch; fördert Zellwachstum und Zellatmung; aktiviert den Stoffwechsel der Leber; unterstützt Pigmentierung und Elastizität von Haut und Bindegewebe; fördert Wachstum und Wundheilung. *Mangelerscheinungen:* führt allgemein zu schlechterer Heilung, Anämie, Atembeschwerden, Hormonstörungen, Energiemangel, Hauterkrankungen, Eisenmangel, Leistungsabfall von Muskeln/Gehirn; mindert die Fruchtbarkeit. *Vergiftung:* führt zu Kopfschmerz, Übelkeit, Erbrechen, Schwindel, Krämpfen, Husten, Heiserkeit, Depression, Autismus, Hyperaktivität, Störung der Gehirnfunktion, Schädigung innerer Organe und zu Zinkmangel.

Mangan: *Tagesbedarf:* 3–5 mg. *Wirkung auf den Körper:* ist essenziell; wichtig für den Stoffwechsel von Kohlenhydrat, Eiweiß, Cholesterin sowie den Vitaminen B1, E. Ein Enzymaktivator für Knochen, Knorpel und die Haut; begünstigt Wachstum, fördert die Fruchtbarkeit durch Stimulierung der Geschlechtshormone; regt das Knochenwachstum und die Entwicklung des Skeletts an; fördert den Fettstoffwechsel; senkt den Blutzuckerspiegel; hemmt die Aufnahme von Eisen und wird zur Bildung von Blutgerinnungsfaktoren benötigt. *Mangelerscheinungen:* führt zu Störungen im Zucker- und Eiweißstoffwechsel sowie zu Störungen in der Purinoxidation; führt zu Muskelschwund, Erschöpfung, Knochenbeschwerden, Allergien und Unfruchtbarkeit. *Vergiftung:* führt zu parkinsonähnlichen Symptomen (Zittern, Steifheit, motorische Störungen, Schlafsucht, Depressionen) und Schäden an inneren Organen (Zentralnervensystem, Nieren).

Molybdän: Der menschliche Körper enthält etwa 5–20 mg Molybdän. *Tagesbedarf:* 50–250 μg. *Wirkung auf den Körper:* ist Bestandteil verschiedener Enzyme für den Abbau schädlicher Stoffe, besonders Schwefel, und ein Schutz gegen freie Radikale; wirkt auf das Reizleitungssystem des Herzens sowie als Atmungskatalysator; aktiviert Flavinenzyme und begünstigt die Fluorideinlagerung im Zahnschmelz. *Mangelerscheinungen:* führt zu Karies, Empfindlichkeit gegenüber Smog und geschwefelten Lebensmitteln, Beeinträchtigung des Gehirns und der Potenz. *Überdosierung:* führt zu Durchfall und Wachstumshemmungen. *Vergiftung:* führt zu Kupfermangel sowie gichtähnlichen Symptomen: Schmerzen in Knie-, Fuß- und Handgelenk und Gelenkschwellungen.

Nickel: Der menschliche Körper enthält etwa 10 mg Nickel. *Tagesbedarf:* 100–900 μg. *Wirkung auf den Körper:* Bestandteil des Enzyms Urease zum Abbau von

Harnstoff; reguliert Hormone der Schilddrüse und Nebenniere, verstärkt die Insulinwirkung und dämpft die Adrenalinwirkung. Fördert die Aufnahme und Verwertung von Eisen; regt die Leberaktivität und dadurch die Entgiftung des Organismus an; aktiviert Enzyme und ist am Kohlenhydratstoffwechsel beteiligt; verbessert Wachstum und Wundheilung. *Überdosierung:* führt zu Magen- und Darmreizungen sowie lokaler Haut-, Augen- und Atemwegsreizungen. *Vergiftung:* führt zu gestörter Blutbildung bzw. Muskelfunktion und zu schwachem Immunsystem sowie zu Knochenerkrankungen, Schädigungen der Keimzellen; bei akuter Vergiftung treten Schwindel, Kopfschmerz, Erbrechen, Atemnot, Fieber, Organschäden bis zum Tod auf. Nickel gilt als krebserregend.

Quecksilber: *Wirkung auf den Körper:* ist bisher nicht bekannt. *Überdosierung:* führt zu Erschöpfung, Depression, Reizbarkeit, Nervosität, Kopf- und Bauchschmerzen sowie zu Gewichtsverlust. *Vergiftung*[73] führt zu Störungen der Bewegungskoordination, motorischen und mentalen Beeinträchtigungen und zerebralen Lähmungen. Magen- und Darmkoliken, lokale Schleimhautverätzungen, Hemmung der Enzymtätigkeit sowie Nierenversagen können auftreten. *Chronische Quecksilbervergiftung* führt anfänglich zu Entzündungen der Mundschleimhaut, leichter Erregbarkeit und feinem Zittern der Hände, schließlich zu Gedächtnisschwäche und Verblödung.

Als Folgen der Quecksilbervergiftung durch Amalgamplomben[74] werden zahlreiche Krankheitsbilder aufgeführt: Immunschwäche, Keimschädigungen, erhöhte Infektanfälligkeiten, Allergien, Energielosigkeit, chronische Hautkrankheiten, Muskelschmerzen, Knochenveränderungen, chronische Müdigkeit, depressive Verstimmung, Immunschwäche u.v.m. Typisch für die Quecksilbervergiftung ist eine schleichende Persönlichkeitsveränderung: Der Betroffene wird ängstlich und menschenscheu.

---

73 Eine Studie an toten Unfallopfern zeigte, dass alle Amalgamträger Quecksilberansammlungen im Gehirn hatten.

74 Die Symptome einer akuten Amalgamvergiftung sind leichter erkennbar. Treten nach einem Zahnarztbesuch, bei dem eine Amalgamplombe gelegt wurde, Übelkeit, Durchfall oder Kopfschmerzen auf, kann ein Zusammenhang mit der zahnärztlichen Behandlung hergestellt werden. Bei groben Zahnarztfehlern können sogar plötzliche Gesichtslähmungen in einer Wange auftreten.

75 Diese Aussage bezieht sich ausschließlich auf die Einnahme von Silber, nicht des kolloidalen Silbers. Reines, frisches kolloidales Silber (in den ersten Wochen nach der Herstellung) wird vom Körper vollständig ausgeschieden.

Silber[75]: *Wirkung auf den Körper:* erhöht den Zelldruck, lindert Entzündungen, regt Körperflüssigkeiten an, erhöht die Sauerstoffversorgung. Wirkt stark antiseptisch, bakterizid und fungizid durch Blockierung der Thiolenzyme; regt das vegetative Nervensystem an; fördert bei Frauen die Fruchtbarkeit; verbessert die Lichtverträglichkeit der Haut; fördert die Sehkraft und den Gleichgewichtssinn. *Vergiftung:* führt zu schwarzbläulicher Haut und zu Ablagerungen in allen Organen, zu Kraftlosigkeit, zur Anschwellung der Schleimhäute; zu rheumatischen Beschwerden an Muskeln, Bändern, Gelenken sowie zu Kopfschmerzen, Schwindel, Vergesslichkeit und Angst.

Strontium: Der menschliche Körper enthält etwa 100–200 mg Strontium und lagert dies anstelle von Calcium in Knochen und Zähnen ab. *Wirkung auf den Körper:* ist bisher nicht bekannt. *Vergiftung:* Es führt zu Schädigungen von Knochen und Knochenmark.

Titan: *Wirkung auf den Körper:* ist bisher nicht bekannt. *Körperlich:* unterstützt das Größenwachstum, stärkt die Regenerationsfähigkeit des Organismus und wirkt entzündungshemmend. *Mangelerscheinungen:* führt zu Beklemmungen, Muskel- und Haltungsschwäche. *Vergiftung:* kann zu starken Muskelkrämpfen führen.

Vanadium: Der menschliche Körper enthält etwa 20 mg Vanadium. *Tagesbedarf:* 100–300 µg. *Wirkung auf den Körper:* ist bisher nicht bekannt. *Körperlich:* fördert das Wachstum von Jungtieren; stimuliert (anstelle von Phosphor) die Enzyme des Stoffwechsels. *Überdosierung:* wirkt schleimhautreizend und kann Asthma, Übelkeit und Krämpfe sowie Depressionen auslösen; verstärkt die Insulinwirkung. *Vergiftung:* führt zu gestörten Reflexen, Herzrhythmusstörungen und degenerativen Prozessen.

Wismut: *Wirkung auf den Körper:* wirkt desinfizierend und zusammenziehend auf Wunden und fördert die Regeneration der Schleimhäute. *Vergiftung:* Verbindungen können zu defekten Schleimhäuten, Muskelzittern, Fieber und Krämpfen sowie Störungen von Schlaf, Sprache, Gedächtnis, Schreibfähigkeit und Konzentration führen. Weiter kann es zu Epilepsien und Halluzinationen führen; durch Nierenschädigung kann es zum Koma und Tod führen.

Zinn: *Tagesbedarf:* 1–3 mg. *Wirkung auf den Körper:* ist beim Menschen nicht nachgewiesen; führt bei Tieren zu verzögertem Wachstum, Appetitlosigkeit, Haarausfall; Bestandteil von Gastrin, das die Bildung von Magensäure anregt. *Mangelerscheinungen:* führt zu Appetitlosigkeit, Akne und zu Haarausfall. Vergiftung: führt zu Magenschmerzen, Erbrechen, Durchfall und Kopfschmerzen.

Zink: Der menschliche Körper enthält 2–4 g Zink. *Tagesbedarf:* 10–15 mg. *Wirkung auf den Körper:* ist bisher nicht bekannt. *Körperlich:* aktiviert verschiedene Hormone und über 200 Enzyme; verbessert die Insulinwirkung; unterstützt das Immunsystem; fördert die Ausschüttung der Wachstums- und Keimdrüsenhormone; regt die Funktion der männlichen Geschlechtsorgane an; verbessert die Wundheilung, beschleunigt den Stoffwechsel und stärkt die Zellen. *Mangelerscheinungen:* führt zu Veränderungen am Knochenbau, verzögert die Wundheilung; Atrophie der Samenbläschen; Verlust der Geschmacksempfindung und Appetitmangel; bei Kindern Störungen des Immunsystems, führt zu Haarausfall; bewirkt oft Unfruchtbarkeit bei Frauen. *Überdosierung:* führt äußerlich zu Verätzungen, innerlich zu stark schmerzenden Entzündungen der Verdauungsorgane. *Vergiftung:* führt zu Gedächtnisschwäche, Erbrechen, Nephritis und Nervenschmerzen.

Radionuklide

Ein chemisches Element ist die Sammelbezeichnung für alle Atomarten mit derselben Kernladungszahl (Ordnungszahl), aber unterschiedlichem Atomgewicht (Massenzahl). – Man nennt sie *Nuklide.* Instabile Atomarten, deren Kerne radioaktiv zerfallen, bezeichnet man als *Radionuklide,* zum Beispiel Co^{60} oder Co-60, das sogenannte Kobalt 60.

Jedes Radionuklid hat seine charakteristischen Zerfallseigenschaften wie Halbwertszeit, Zerfallsart und Zerfallsenergie. Atomarten mit gleicher Kernladungszahl, die damit demselben Element zugehören, heißen Isotope. So haben P^{31}, P^{32}, P^{33}, die Isotope des Phosphors, unterschiedliche Kernmassen, verhalten sich jedoch chemisch praktisch gleich. Beim Zerfall eines Radionuklids entsteht eine Strahlung: Alpha-, Beta- und/oder Gammastrahlung. Die Geschwindigkeit dieses Zerfalls steht als Halbwertszeit fest: Nach einer Halbwertszeit ist die Hälfte aller anfangs vorhandenen Atome noch nicht zerfallen, nach zwei Halbwertszeiten nur noch ein Viertel usw. Die Halbwertszeit ist bei jedem Radionuklid anders und kann von wenigen Minuten bis einige zehntausend

Jahre betragen. Man unterscheidet natürliche und künstliche Radionuklide. Alle Radionuklide sind auch künstlich erzeugbar.

Natürliche Radionuklide kommen in der Biosphäre oder in der Erde vor. Diese haben entsprechend lange Halbwertszeiten. Der andere Teil wird durch die Wirkung hochenergetischer kosmischer Strahlung (Höhenstrahlung) mit der Atmosphäre gebildet. Das radioaktive Kohlenstoffisotop C^{14} (Halbwertszeit ca. 5730 Jahre) ist der bekannteste Vertreter dieser Gattung.

Künstliche Radionuklide entstehen zum Beispiel durch Neutronenbestrahlung im Kernreaktor. Diese künstlichen Radionuklide kommen aufgrund ihrer geringen Halbwertszeiten in der Natur nicht in merklichen Mengen vor. Es sind Produkte, die normal nur als Abfallprodukte in der Kernforschung in Reaktoren entstehen. Die wichtigsten künstlichen Radionuklide als Spaltprodukt aus Kernreaktoren sind: Caesium$^{134+137}$, Jod$^{129+131}$, Plutonium$^{238+239+241}$, Promethium$^{145+146+147}$, Ruthenium$^{103+106}$, Strontium^{89+90} sowie Technetium$^{97+98+99}$. Diese radioaktiven Nuklide sind das Problem, das sich negativ auf den Menschen auswirkt.

Aus einschlägigem Schrifttum geht hervor, dass japanische Ärzte schon 1945 bei Strahlenverletzungen der Atombombenabwürfe in Hiroshima und Nagasaki Zeolithe zur Ausleitung von Radionukliden eingesetzt haben.[76]

Bei mehreren Atomreaktorunfällen, wie beispielsweise am 29. September 1957 im russischen Tscheljabinsk[77], am 26. März 1979 im pennsylvanischen Three Mile Island[78] bei Harrisburg, am 26. April 1986 im ukrainischen Tschernobyl und am 11. März 2011 im japanischen Fukushima, wurden verschiedene Radionuklide freigesetzt und dabei auch zeitnah pulverisierte Zeolithe als Erstmaßnahme zur Dekontamination eingesetzt.

76 Prof. Hecht: Natur-Klinoptilolith-Zeolith gegen Atomreaktorstrahlung.
77 In der kerntechnischen Anlage Majak ereignete sich am 29. September 1957 ein Nuklearunfall, bei dem größere Mengen an radioaktivem Material als bei der Havarie des Reaktors von Tschernobyl freigesetzt wurden. Dieser Vorfall wurde erst 1989 von der sowjetischen Regierung zugegeben. Ein Teil des Gebiets ist bis heute Sperrzone.
78 Im Kernkraftwerk Three Mile Island führte das Versagen von Maschinenteilen und Messsignalen sowie Bedienungsfehler der Mannschaft zum Ausfall der Reaktorkühlung, mit partieller Kernschmelze (50 % des Kerns) und Freisetzung von 90 TBq an radioaktiven Gasen. Dieser Unfall ist der schwerste in einem kommerziellen Reaktor in den USA.

Tschernobyl

Infolge dieses Unfalls im Kernkraftwerk Tschernobyl gelangten nicht nur Schwermetalle wie Uran[238+235] und Plutonium[238+239] des Reaktorkerns in die Umgebung. Auch weitere Radionuklide, vor allem Jod[131], Strontium[90] und Caesium[134+137], erreichten als radioaktive Wolke West- und Nordeuropa. Durch Regen wurden die radioaktiven Substanzen, hauptsächlich Caesium[134], mit einer Halbwertszeit von dreißig Jahren, aus der Luft gewaschen und in den Boden eingebracht. Dadurch wurden Lebensmittel direkt (Freilandgemüse) oder indirekt (Kühe) radioaktiv kontaminiert.

Die größte Gefahr nach dem Unfall war, abgesehen von der bereits ausgetretenen Radioaktivität, das aus der Reaktorruine austretende Wasser. Es musste verhindert werden, dass radioaktives Material ausgewaschen wird und ins Grundwasser oder in die Flüsse gelangt. Dazu wurde rund um das Kraftwerk eine undurchlässige Wand in den Boden eingelassen. Das angestaute Wasser aus dem Inneren wurde kontrolliert abgepumpt und gereinigt, bevor es in den nahe liegenden Fluss Prypiat geleitet wurde. In der Reinigungsanlage wurde das Drainagewasser durch 2 m hohe Filtersäulen, gefüllt mit 2–3 mm großen Klinoptilolithkörnern, geleitet. Dabei wurde die anfängliche Radioaktivität von 10^{-6}–10^{-7} Ci/dm^3 um durchschnittlich 70–80 Prozent verringert. Im Detail entspricht dies 95 Prozent Caesium[137], 80 Prozent Strontium[90], 50–60 Prozent Radionukliden von Schwermetallen und 15–20 Prozent Ruthenium[103]. Das Filtermaterial besaß eine Radioaktivität von 10^{-5} Ci/kg[79] und wurde vergraben.

Alles an den Lösch- und Aufräumarbeiten beteiligte Material musste ebenfalls regelmäßig dekontaminiert werden. Dazu wurden jedoch nicht Klinoptilolith, sondern Tonmineralien (Palygorskit und Montmorillonit) verwendet. Die Gerätschaften wurden entweder mit der Suspension abgespritzt, oder mit Paste eingerieben und nach ½ bis 1 Stunde mit Wasser abgespritzt. Kleider wurden für einige Minuten in einer ähnlichen Suspension gewaschen, die Radioaktivität war danach um Faktor 12–26 (= 8–4 Prozent) verringert, bei Autos und

---

79 Ci = Curie ist die veraltete Einheit der Aktivität eines radioaktiven Stoffs; sie wurde übergangsweise noch bis 1985 gebraucht, dann durch die SI-Einheit Becquerel ersetzt. 1 Curie wurde ursprünglich als die Aktivität von 1 g Radium-226 definiert und später auf den annähernd gleichen Wert 3,7·1010 Becquerel (= 37 GBq) festgelegt.

Atomkraftwerk Tschernobyl, Ukraine.

Baumaschinen um Faktor 10–50 (= 10–2 Prozent) und bei Gebäuden, Betonplatten, Ziegelsteinen und Bedachungen um bis zu Faktor 130 (ca. 0,75 Prozent).

In den verseuchten Gebieten musste die Landwirtschaft auf die erschwerten Umstände eingestellt werden. Dabei wurden schätzungsweise 500 000 Tonnen hauptsächlich Klinoptilolith aus der Ukraine, Russland und Georgien in die kontaminierten Gebiete transportiert.

Eingesetzt wurden die Zeolithe wie folgt:

– Der Boden im Reaktorgebiet wurde abgetragen und gewaschen, die Waschlösung anschließend durch eine Filteranlage gereinigt.

– Um den Reaktor wurden Barrieren aus Zeolith gebaut, um bei Hochwasser die Verseuchung des Flusses zu verhindern.

– Gemüse wurde in Gewächshäusern angebaut, in denen die Erde mit zeolithreichem Tuff angereichert war, wodurch sich die Konzentration von Caesium^{137} und Strontium^{90} in den Pflanzen um 50–70 Prozent verringerte.

– Dem Viehfutter wurde 1–3 Gramm Klinoptilolith pro Kilogramm Körpergewicht beigemischt. Die Konzentration von Radionukliden verringerte sich dadurch im Fleisch um 50–70 Prozent, in der Milch um 80–85 Prozent.

– Zeolithe in der menschlichen Nahrung verstärkten den Abbau von Caesium^{137} im menschlichen Körper um Faktor 3–5. Die Mineralien selbst sind vollkommen unverdaulich und werden nach der Aufnahme von Caesium und Strontium wieder ausgeschieden.

Anwendungen in den USA

Bereits lange vor dem Reaktorunfall in Tschernobyl wurde Klinoptilolith zur Reinigung radioaktiver Abwässer verwendet. Insbesondere in den USA – einer der größten Produzenten solch problematischer Abfälle – war dies eine weit verbreitete Technik. Im Idaho National Engineering Laboratory wurde Abwasser aus einem mit Caesium[137] und Strontium[90] verseuchten Treibstofflager gereinigt: Der Reinigungsgrad betrug 99,5 Prozent. Auch im Savannah River Plant wurden 99 Prozent des Caesiums[137] aus Abwässern entfernt.

Yucca Mountain in Nevada, USA, 160 Kilometer nordwestlich von Las Vegas, besteht hauptsächlich aus vulkanischen Tuffen und Laven. Einige Sedimentschichten enthalten bis zu 50 Prozent Klinoptilolith und geringe Mengen Mordenit. Die Lage erlaubt, einen Stollen 300 Meter unter der Oberfläche, aber dennoch 150 Meter über dem Grundwasserspiegel zu errichten. Aufgrund dieser Voraussetzungen wurde Yucca Mountain seit den 1970er Jahren als Endlager für hoch radioaktive Abfälle untersucht. Im Juli 2002 bestätigte der Senat den Bau des ersten geologischen Endlagers für verbrauchte Brennstäbe aus radioaktivem Abfall in den USA.

Fukushima

Am 11.03.2011 kam es nach der Zerstörung eines Kernkraftwerks durch einen Tsunami in Fukushima/Japan zu einem schweren Reaktorunfall, bei dem radioaktive Nuklide austraten und das Wasser verseuchten. Das gesamte Ausmaß der Katastrophe ist immer noch nicht abzuschätzen.

Die ausgetretenen Nuklide waren vor allem Cobalt[60], Jod[125+129+131], Caesium[137], Strontium[90], Uran[238] und Plutonium[242]. Caesium als chemisches Analog des Kaliums verdrängt dieses aus allen Stoffwechselprozessen. Strontium bewirkt das Gleiche mit Calcium, was zu schweren Knochenveränderungen führt.

Am 07.04.2011 berichtete die österreichische Mineralogin Anna Bieniok[80] (Universität Salzburg), die Ausbreitung von radioaktiven Substanzen im Zuge des Reaktorunfalls und der Kernschmelze im japanischen Kernkraftwerk Fukushima hätten durch die Verwendung von Zeolithen (Klinoptilolith) zu 90 Prozent verhindert werden können.

»Der japanische Atomkraft-Betreiber Tepco hat es versäumt, radioaktiv verseuchtes Wasser des havarierten AKW in Fukushima rechtzeitig zu dekontaminieren. Erst zu Wochenbeginn haben Rettungskräfte über 11 000 Tonnen schwach radioaktiv verseuchtes Wasser ins Meer geleitet. Auffangbecken sollten somit für stärker belastetes Wasser frei gemacht werden, deren Freisetzung ins Meer eine größere ökologische Katastrophe hervorrufen würde. Experten kritisieren, dass dabei Standard-Reinigungsmethoden wie etwa der Einsatz von Zeolithen versäumt wurden. Möglich ist jedoch auch, dass man den Einsatz von Zeolithen probiert hat, ihn jedoch aufgrund von Missgeschicken verschweigen möchte.

Die Beimengung von Zeolithen wäre in Japan bisher zumindest dort nötig gewesen, wo durch Kanäle verseuchtes Wasser ausgetreten ist bzw. ins Meer abgeleitet wurde. Zeolith-Filterpatronen hätten bis zu 90 Prozent der abgeleiteten Verstrahlung verhindert. Japan verhandelt hingegen erst jetzt mit Russland über eine mögliche Mission des in Wladiwostok liegenden Schiffes Landysh, das eine auf Zeolithen basierende Waschanlage für radioaktiv verseuchte Flüssigkeiten besitzt.«[81]

Neun Tage darauf, am 16.04.2011 berichtete die Tagesschau unter der Überschrift *Mit einem Mineral gegen radioaktiv verseuchtes Wasser:* »Die Arbeiter im zerstörten Atomkraftwerk Fukushima kämpfen weiter gegen verseuchtes Wasser. Mithilfe des Minerals Zeolith versuchen sie, ins Meer geflossenes radioaktives Material herauszufiltern. Im Schacht eines Meerwasserrohrs des Reaktors 2 ist das dort angesammelte hochgradig verseuchte Wasser um 1,5 Zentimeter gestiegen, wie die japanische Nachrichtenagentur Jiji Press berichtete.

Die Arbeiter in der Atomruine deponierten drei je 100 Kilogramm schwere Säcke mit Zeolith nahe der Ansaugrohre für den Reaktor 1 im Meer. Sieben weitere Säcke seien vorbereitet worden. Der Betreiber Tepco will zunächst prüfen, wie effektiv diese Methode ist. Es werde erwogen, Zeolith dann auch in den Turbinengebäuden der Reaktoren einzusetzen, wo sich verseuchtes Wasser angesammelt hat. Zudem versuchen die Arbeiter, die Verseuchung des Meeres mit Stahlplatten einzudämmen.«[82]

80 Pressetext Austria.
81 Aus: www.mv-spion.de/themen/news/Versaeumnisse-in-Fukushima/6183.
82 www.tagesschau.de/ausland/japan866.html.

In den letzten fünfzig Jahren erschienen in Fachzeitschriften mehrere Hundert Artikel zum Thema: Dekontamination von radioaktiv verseuchtem Material mittels Klinoptilolith. Ins Bewusstsein der Öffentlichkeit ist diese Erkenntnis jedoch noch nicht eingedrungen. Es liegen genügend Veröffentlichungen vor, die diesen Tatbestand ausführlich beschreiben, zum Beispiel: 1960 von Kiselev. 1978 von Ames, Mercer, F.A.Mumpton. 1983 von Kolylov und Kuzin. 1989 von O.V. Arapov, J. Hrusovsky, J.J. Kracilinikov, P. Mizik, M. Tokosova und V.G. Vladimirov. 1991 von Baraboy und V.G. Pincuk. 1992 von Korotaev, Mosklev, Vasilenko und J.Yu. 1997 von Popov, E. Valcke und Vitorivic. 1998 von A.P. Tsherbo, E.M. Volkova und A.L. Zeldin. 2000 von Bgatova, Novoselov und Yashina. 2003 von M. Hadzija, K. Pavelic und O.A. Veretenina und 2010 von A.R. Alexandrov, P. Misaelides, V.A. Nikashina und P.G. Novogorodtzev.

Im technischen Bereich ist die Methode der radioaktiven Entgiftung inzwischen Standard, wenn auch öffentlich nur selten darüber berichtet wird. Aufgrund der Erfahrungen der letzten 25 Jahre kann die Wirksamkeit einer radioaktiven Entgiftung mithilfe von Klinoptilolith auch beim Menschen als gesichert angesehen werden. Darin besteht ein interessanter Ansatz in der therapeutischen Anwendung des Klinoptiloliths.

Alternative Testmethoden zur Wirkung von Klinoptilolith

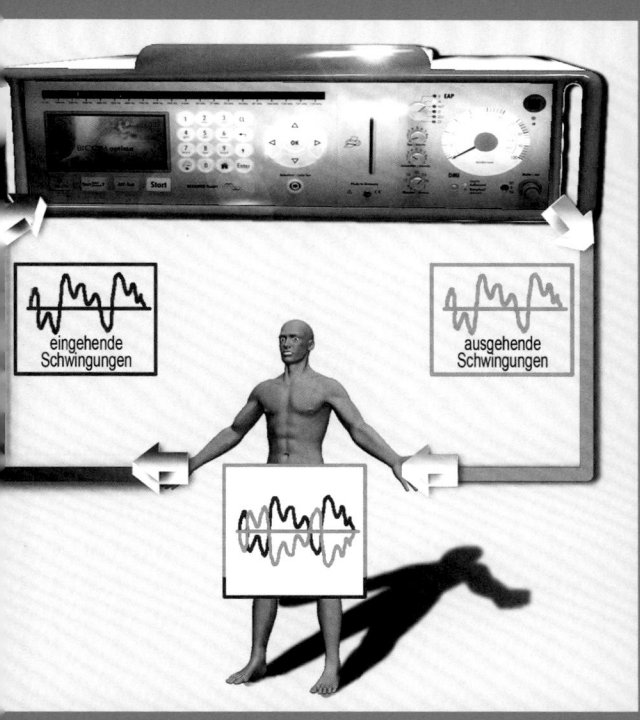

Alternative Diagnoseverfahren

Die meisten Patienten, die eine Naturheilpraxis aufsuchen, haben durch eine jahrelange ärztliche Vorbehandlung verschiedene Untersuchungen hinter sich. Viele bringen eine Menge von Laborergebnissen mit, einige auch Szintigramme, Röntgen- oder CT-Aufnahmen. Oft zeigt sich jedoch, dass durch diese Untersuchungen eine Fehldiagnose gestellt wurde. Daher ist es meines Erachtens notwendig, eigenständige Testmethoden anzuwenden, die den Methoden der Naturheilpraxis angepasst sind.

Frequenztherapie und Dunkelfeldmikroskopie

Es gibt verschiedenste alternative Methoden bzw. diagnostische Verfahren, um die Wirkung einer Anwendung zu testen. Da der Wirkungsnachweis von Klinoptilolith nicht im pharmazeutischen Interesse liegt, muss auf eine alternative Testung zurückgegriffen werden. Gerade Methoden wie beispielsweise die Bioresonanzmessung, die Dunkelfeldmikroskopie, die Blutkristallisationmethode, die Radionik, die Messung mit der Lecher-Antenne oder die Haaranalyse bieten gute Ansätze, Wirkungen zu verstehen oder zu überprüfen.

Bei der *Bioresonanzmessung* geht man davon aus, dass jedes Lebewesen, ja auch jeder Gegenstand Informationen in Form von Frequenzen abstrahlt. In der Bioresonanztherapie (BRT) wird diese Erkenntnis zu Diagnose- und Therapiezwecken angewandt. Das heißt, ein Bioresonanzgerät greift die Informationen des Patienten über spezielle Elektroden ab, analysiert sie und gibt sie über eine weitere Elektrode wieder dem Patienten modifiziert zurück.

Analysieren heißt, dass das Gerät das Gesamtschwingungsspektrum des Körpers aufnimmt und die gesunden von den krankhaften Informationen getrennt werden. Bei der Trennung wird die gesunde Schwingung durch Potenzierung verstärkt. Die krankhaften Schwingungen werden spiegelbildlich invertiert. So wird die krankhafte Information durch eine Negativierung der originalen Information auf null gebracht, das heißt sie wird gelöscht. Auf diese Weise kann man Blockaden im Körper beseitigen und die eigenen Regulationsmechanismen stärken, sodass die Selbstheilungskräfte frei fließen und wirken können.

Es können nicht nur körpereigene Schwingungen invertiert werden, sondern zum Beispiel auch Allergene usw. Gibt man beispielsweise einen Stoff, auf den man allergisch reagiert, in ein Gefäß, das an das BRT-Gerät angeschlossen ist, kann man die spiegelbildlichen Informationen dem Patienten durch Elektroden direkt zuführen – und nicht nur das: Die Information kann dann noch auf ein homöopathisches Allergieheilmittel oder auf arzneilose Globuli imprägniert werden, die der Patient für eine Weile einnimmt. Diese Individualisierung des Heilmittels ist eine Therapie nach Maß. So kann die Empfindlichkeit auf Stoffe nach und nach beseitigt werden. Grundsätzlich kann man in dieser Art viele Stoffe aus dem Körper entfernen: seien es Gifte oder Erreger.

Die *Dunkelfeldmikroskopie* ist eine Methode zur Untersuchung von Objekten, die durch ihre geringe Größe weit unter der Wahrnehmungsgrenze des menschlichen Auges liegen. Es handelt sich um eine spezielle Variante der Mikroskopie, durch die mithilfe speziell ausgestatteter Mikroskope ohne vorherige Färbung untersucht werden kann. Die Nutzung der Dunkelfeldmikroskopie in der Alternativmedizin als Diagnoseverfahren zur Blutuntersuchung nach Günther Enderlein beruht auf den Annahmen zur Morphologie von Mikroorganismen.

Prof. Karl Hecht schreibt in seinem Buch *Klinoptilolith-Zeolith – Siliziummineralien und Gesundheit:* »Die Wirkung ist deutlich in der Dunkelfeld-Blut-Mikroskopie zu sehen. Nach 8 Minuten Kontakt mit diesem Mineral ist das Blut so stark mit Sauerstoffatomen aktiviert, dass sich die Verklumpung der Blutkörperchen auflöst.«[83]

Radionik, die Lecher-Antenne und Boviseinheiten

In der *Radionik* geht man von der Existenz feinstofflicher Energiefelder um den Menschen aus, welche als sogenannte Aura oder Energiekörper bezeichnet werden. Diese Felder können beispielsweise durch eine Kirlianfotografie sichtbar gemacht oder mit der *Lecher-Antenne* (über die Boviswerte) gemessen werden.

Demzufolge entsteht Krankheit aufgrund von Störungen in den Energiefeldern, und sie kann nachgewiesen werden, bevor körperlich erkennbare Symptome auftreten. Da sich die Schwingungsmuster kranker Organismen von

---

83 www.esowatch.com outet deswegen Prof. Hecht als Anhänger des »umstrittenen Dunkelfeld-Testverfahrens nach Günther Enderlein«. Die Autoren von EsoWatch agieren ausschließlich unter Pseudonymen, die Betreiber sind unbekannt. Das anonyme Auftreten wird mit Erfahrungen von identifizierbaren Kritikern der Esoterikszene gerechtfertigt. Neue Autoren werden erst auf Anfrage und nach der Überprüfung ihrer rational-skeptischen Einstellung zugelassen. – Das gilt heute als neutrale wissenschaftliche Arbeitsweise.

denen gesunder Organismen unterscheiden, kann gemessen werden, wann und wo die Energiefelder eines Menschen gestört sind.

Der sogenannte Boviswert[84] ist eine Messeinheit, mit der man die Lebensenergie von Substanzen, von Organismen und Örtlichkeiten misst. Die Boviseinheit diente ursprünglich dazu, nichtmaterielle Energieformen, besser gesagt die »biologische Qualität« einer Sache zu bestimmen. Über den Boviswert kann auch die Qualität eines Medikaments, etwa des Klinoptiloliths, gemessen werden.

Haaranalyse und DMPS-Test

Die *Haaranalyse*[85] der forensischen Toxikologie eignet sich zum Nachweis einer chronischen Belastung (1–15 Monate zurückliegend) und zur Behandlungskontrolle während der Ausleitung von Metallen aus dem Körper.

Als analytische Verfahren kommen verschiedene Methoden der Spurenanalytik in Frage. Schwermetalle werden mittels der Massenspektrometrie mit induktiv gekoppeltem Plasma (ICP-MS) oder der ICP-OES, seltener mit der Neutronenaktivierungsanalyse analysiert. Mittels Laserablation und anschließender ICP-MS kann eine Elementanalyse auf nur einem Haar abschnittsweise durchgeführt werden.

Die Haaranalyse ist eine Möglichkeit, eine Metallbelastung zu erkennen und den Therapieverlauf zu beobachten. Sie weist jedoch einige Tücken auf und kann nicht einfach so verwendet werden, wie es die Theorie vorsieht. Aber sie ist eine Art, das Untersuchungsspektrum zu erweitern.

Ebenso wird der sogenannte *DMPS-Test* benutzt, um Patienten auf Schwermetallbelastungen zu testen, zum Beispiel auf eine anreichernde Ablagerung im Körper, die von Zahnmetallen stammen könnte (etwa Amalgam und Metalle in Kronen, Brücken und Implantaten). Dazu wird einmalig intravenös DMPS (Dimercaptopropansulfonsäure) gespritzt. Der Urin vor Gabe und nach Gabe wird auf Schwermetalle untersucht. Diese Anwendung ist mit den gleichen Risiken verbunden wie die Anwendung zur Entgiftung, allerdings kann auch vorher gebundenes Schwermetall nun umverteilt werden.[86] Mit diesem Test kann auf Antimon, Arsen, Blei, Cadmium, Chrom, Gold, Kobalt, Kupfer, Molyb-

---

84 Nach dem Physiker A. Bovis.
85 Siehe hierzu: wikipedia.org/wiki/Haaranalytik.
86 www.wikipedia.org/wiki/DMPS.

dän, Nickel, Palladium, Quecksilber, Selen, Thallium, Vanadium, Wismut, Zink und Zinn getestet werden.

Kinesiologischer Muskeltest

Eine weitere alternative Testmethode ist der *kinesiologische Muskeltest*. Mit ihm können Ungleichgewichte von Substanzen und Emotionen sowie der angezeigte therapeutische Ansatz eruiert werden, ähnlich einem Biofeedback-Verfahren.

Die Kinesiologie geht davon aus, dass ein provozierter Muskel auf Stress (in Form einer Substanz oder Emotion) mit einem unbewussten Nachgeben reagiert. Diese kurze Erstreaktion des Muskels wird vom autonomen Nervensystem gesteuert und ist nicht willentlich kontrollier- oder manipulierbar.

Ein oder mehrere Muskeln werden dabei als sogenannte Indikatormuskeln (meist Deltamuskeln) eingesetzt. Der Getestete wird mit der zu testenden Substanz oder Emotion konfrontiert und der Muskeltest unmittelbar darauf durchgeführt. Über den Armmuskeltest übt der Kinesiologe für einen Moment einen bestimmten Druck auf den ausgestreckten Arm des Getesteten aus. Der Arm bleibt im kinesiologischen Sinne entweder »stark« oder gibt für einen Moment nach. Die jeweilige Muskelreaktion gilt als »Antwort« auf die vorher festgelegte Fragestellung. Es sind nur binäre Fragestellungen möglich, also »ja/nein«, »schädlich/unschädlich«, »wahr/falsch«. Die unterschiedliche Muskelanspannung auf Seiten der getesteten Person fällt in der Regel so deutlich aus, dass sie vom Klienten selbst bemerkt wird.

Mit dem kinesiologischen Muskeltest kann zum Beispiel die Anwendungsmöglichkeit, die Dosierung, aber auch die Unverträglichkeit von Klinoptilolith auf den einzelnen Anwender getestet werden. Er ist vor allem dann angezeigt, wenn eine neue Problemstellung auftaucht, die von den normalen Erfahrungswerten abweicht.

Wissenschaftskritik und industrielle Politik

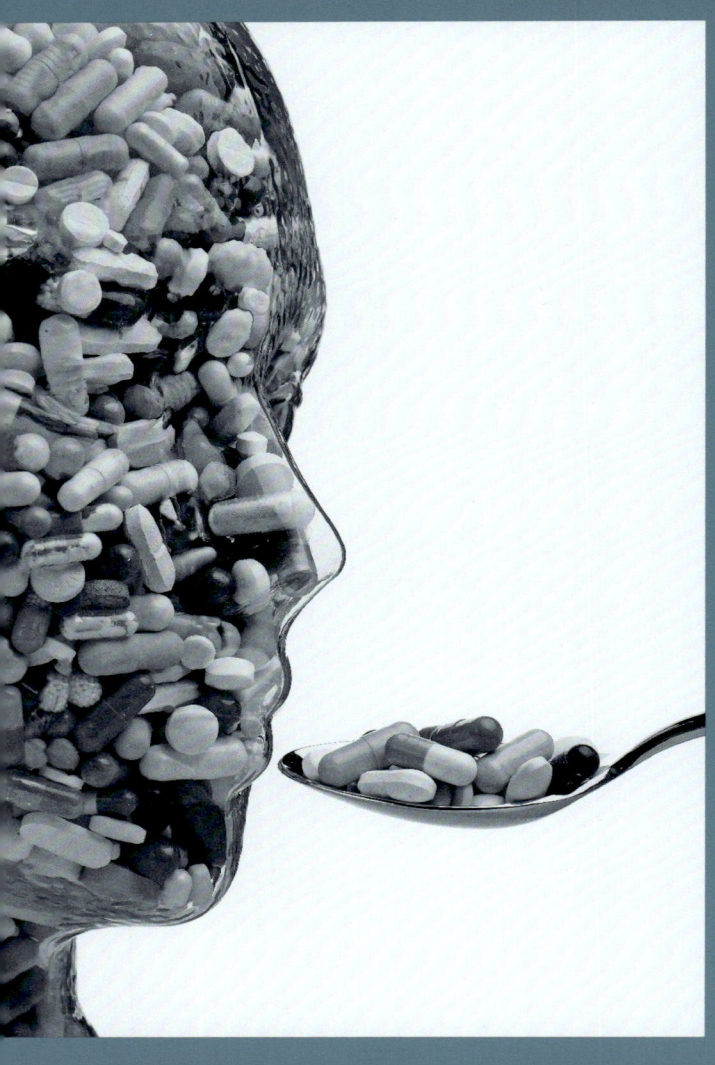

Wissenschaftskritik

Wer glaubt, das moderne wissenschaftliche Weltbild
sei frei von fundamentalen Irrtümern, irrt gewaltig.

Die Wissenschaft ist für unsere heutige Gesellschaft das Maß aller Dinge geworden. »Wissenschaftlich bewiesen« bedeutet angeblich, dass es gesichert ist – eine Auffassung, die sich in den letzten fünfzig Jahren durchgesetzt hat und heute leider von der Mehrheit unserer Gesellschaft geglaubt wird.

Medizin dagegen war nie eine Wissenschaft, und doch glauben Mediziner heute, mit »wissenschaftlichen« Methoden die Medizin einer Wissenschaft gleichsetzen zu können. Methoden und Erfahrungen, die »wissenschaftlich« nicht gesichert sind, werden heute von der universitären Medizin abgelehnt, vehement bekämpft und diffamiert – und von den gesetzlichen Krankenkassen nicht honoriert.

Medikamente werden nach diesen Kriterien nur noch zugelassen, wenn diese »wissenschaftlich« getestet wurden, wie etwa Contergan, Coxigon, Lipobay, Vioxx, Zomax usw. Interessanterweise mussten in den letzten fünfzig Jahren fast hundert »wissenschaftlich getestete« Medikamente wegen zu massiver Nebenwirkungen, die zu Genveränderungen und zum Tode führten, nach einiger Zeit wieder vom Markt genommen werden – nachdem zuvor mit diesen Medikamenten ein immens hoher Gewinn erzielt wurde. Wissenschaftlichkeit wird heute scheinbar an der Höhe des zu erwartenden Gewinns definiert.

Das betrifft die zugelassenen Medikamente, die durch ihre Nebenwirkung alleine in den Ländern der Europäischen Union jährlich 200 000, in Deutschland jährlich etwa 30 000 bis 50 000 Tote fordern.[87] Diese Zahl wird sozusagen als zulässiger Kollateralschaden[88] akzeptiert.

---

87 Überträgt man die Daten einer Studie aus Norwegen auf Deutschland, so sterben jedes Jahr mehr als 50 000 Menschen an unerwünschten Arzneimittelwirkungen. Die prospektive norwegische Studie an einer dortigen Klinik ergab, dass mehr als 18 Prozent der dort innerhalb von zwei Jahren aufgetretenen Todesfälle durch unerwünschte Arzneimittelwirkungen bedingt waren und dass ohne Autopsie gerade mal 8 von 133 durch unerwünschte Arzneimittelwirkungen bedingte Todesfälle auch als solche erkannt wurden.
88 Wikipedia: *Kollateralschaden* wurde zum Unwort des Jahres 1999 gewählt. Zur Begründung nannte die Jury gleich zwei Argumentationsstränge: Zum einen habe die Übernahme der Medien dieses »nur halb übersetzte« Wort aus der Nato-Berichterstattung über Interventionen der Nato in Ex-Jugoslawien (Kosovo-Krieg) durch die schwere Verständlichkeit eine imponierende Wirkung, die vom wahren Inhalt des Begriffes ablenke; zum zweiten verharmlose die Verwendung dieses Wortes (gerade wenn man es wörtlich übersetze) »militärische Verbrechen« als unwichtige Nebensache.

Genaue Zahlen sind unbekannt, da die Pharmafirmen diese Zahlen als Firmengeheimnis nicht veröffentlichen müssen. Klinische Statistiken dazu gibt es nicht.

Universitäre Wissenschaft und pharmazeutische Industrie sind inzwischen eine unheilige Allianz eingegangen, die durch »klinische Studien« von industriefinanzierten »Experten« gesichert wird. Alle medizinische Forschung an den Universitäten und den dazugehörenden Krankenhäusern werden heute von der Industrie finanziert und im Interesse der Pharmaindustrie durchgeführt.[89] Danach unterliegen diese Ergebnisse der Geheimhaltung als »vertrauliche Dokumente«. Sie werden dadurch weder überprüfbar – noch angreifbar. Diese »unabhängigen Studien« werden dann mit einem riesigen Werbeaufwand in Arztpraxen, aber auch in den öffentlichen Medien verbreitet.[90]

Wissenschaftliche Pharmaforschung ist die von Pharmaunternehmen und Universitäten betriebene, gezielte Suche nach »neuen« Wirkstoffen, Wirkstoffkombinationen, neuen galenischen Formen, neuen Anwendungsgebieten für bestehende Arzneimittel und die Entwicklung neuer Arzneimittel. Dabei müssen Kandidaten für neue Arzneimittel in vorgeschriebenen vorklinischen und klinischen Studien auf ihre Qualität, Unbedenklichkeit und Wirksamkeit getestet werden, bevor sie von den Arzneimittelbehörden für die Vermarktung zugelassen werden.

Pharmaunternehmen können die Forschung, die wissenschaftlichen Publikationen und die ärztliche Weiterbildung über ihre Produkte in ihrem Sinn beeinflussen oder haben dies bereits gemacht. Dabei werden Forscher, insbesondere Meinungsführer unterstützt, welche die klinischen Studien durchführen und die klinischen Richtlinien erstellen. Die Unterstützung erfolgt nicht in jedem Fall ausschließlich mit Geld. Sie kann auch bei der Mithilfe von wissenschaftlichen Publikationen erfolgen. Die Forscher können dabei in Interessenskonflikte (Befangenheit) zwischen dem allgemeinen Wohle und dem persönlichen (finanziellen) Interesse kommen. Um die Transparenz zu erhöhen,

---

89 Ich habe an einem Heidelberger Krankenhaus einige Studien mitbekommen, unter Wissenschaft (im humboldtschen Sinne) verstehe ich etwas ganz anderes: Wenn die erwarteten Untersuchungsergebnisse nicht geliefert wurden, entschied man sich kurzerhand, die Inhalte der Studien auch nicht zu veröffentlichen.
90 Eine kanadische Studie aus dem Jahr 2007 ergab, dass US-Pharmaunternehmen mehr Geld für Werbung ausgeben als für Forschung – im Jahr 2004 wurden 39,3 Milliarden Euro in Werbemaßnahmen, 21,5 Milliarden Euro in Forschung und Entwicklung investiert.

müssten in biomedizinischen wissenschaftlichen Publikationen Interessens-konflikte angegeben werden.[91]

»In Deutschland gilt der Grundsatz: Forschung über die Anwendung von Arzneimitteln ist allein Sache der Pharmahersteller. Für unabhängige Studien gibt es kein Forschungsgeld. Deshalb bleiben wichtige Fragen etwa zur Dosierung oder zur Dauer der Einnahme von Medikamenten ungeklärt. Hauptsache, Umsatz und Profit der Pharmafirmen stimmen. Leidtragende sind die Patienten.

Eine ungeheuerliche Nachricht: Vielen Patienten könnten schwere Nebenwirkungen mancher Therapien erspart bleiben, wenn die Dosierung oder die Dauer der Behandlung verringert würden. Das legen jedenfalls nach KONTRASTE-Recherchen Studien aus dem Ausland nahe. Doch warum, haben wir uns gefragt, gibt es solche Studien nicht bei uns?«[92]

Ärzte verschreiben regelmäßig gefährliche Pillen

Hunderttausende Patienten schlucken laut einer Studie in Deutschland fragwürdige Medikamente.[93] So würden Demenzkranke zu häufig mit Pillen ruhig gestellt, und Frauen erhielten neuartige Antibabypillen, obwohl ältere geringere Risiken mit sich brächten. Die Fehlversorgung mit Arzneimitteln sei »eine Belastung für Patientinnen und Patienten«.

Bei den von Millionen Frauen eingenommenen Antibabypillen bringen neue Präparate deutlich höhere Risiken als ältere Mittel: Bei älteren Präparaten der zweiten Generation komme es – berechnet auf hunderttausend Frauen und die Einnahme über ein Jahr – zu fünfzehn bis zwanzig Fällen gefährlicher Thrombosen. Bei vielen neueren Präparaten sind es dagegen dreißig bis vierzig Fälle, weil die Zusammensetzung der Hormone verändert wurde.

Dass trotzdem die neuen Mittel Topseller sind, erklärt sich mit gezieltem Marketing. Für Pillen der zweiten Generation sind die Patente abgelaufen. Die

---

91 Siehe Kubinyi H. (2003): *Drug research: myths, hype and reality,* in: Nature Rev. Drug Disc., Bd. 2,
S. 665–669, PMID 12904816.
92 Magazin Kontraste: Gefahr für Patienten – Keine unabhängigen Pharmastudien in Deutschland,
28. Mai 2009; 21:45 Uhr.
93 Für einen Arzneimittelreport der Barmer GEK hatte Arzneimittelexperte Gerd Glaeske die Patientendaten
der rund neun Millionen Versicherten der Kasse und deren Arzneimittelausgaben von rund vier Milliarden
Euro ausgewertet.

noch patentgeschützten und deshalb lukrativeren Verhütungspillen der dritten und vierten Generation werden dagegen gezielt beworben.

Scharf kritisiert wurde die zu häufige Verordnung sogenannter Neuroleptika zur Ruhigstellung altersverwirrter Menschen in Pflegeheimen. Diese Mittel, die eigentlich der Behandlung von Psychosen dienen, würden »mehr und mehr in Bereichen eingesetzt, wo sie nicht indiziert sind«. Etwa jeder dritte Demenzkranke bekomme Neuroleptika, obwohl damit das Risiko eines vorzeitigen Todes um einen Faktor 1,6 bis 1,7 steige. Zudem sei die Wirksamkeit zum Teil nicht belegt – und die Folgen einer Langzeiteinnahme zurzeit noch nicht klar.

Klinoptilolith ist wissenschaftlich im Sinne der profitorientierten Universitätsmedizin nicht getestet. Der Erfolg der Methode würde eine florierende Industrie mit vielen Arbeitsplätzen vernichten. Die meisten der überteuerten und oft nutzlosen »wissenschaftlichen« Arzneimittel würden bei der regelmäßigen Einnahme von Klinoptilolith überflüssig werden; ein Schaden der Pharmaindustrie im dreistelligen Milliardenbereich wäre die Folge, was politisch nicht erwünscht ist und daher nicht zugelassen werden darf. Aus diesem Grund muss auch immer wieder vor dem angeblich überteuerten Steinpulver gewarnt werden, denn der Gesamtumsatz des medizinisch angewandten Klinoptiloliths entspricht viel weniger als einer Tagesproduktion der deutschen Pharmaindustrie. Also wäre für die Pharmaindustrie mit einem Einbruch von über 20 000 000 000 Euro pro Jahr zu rechnen. Eine vollkommen undenkbare Option.

Weiter muss darauf hingewiesen werden, dass von Klinoptilolith bisher noch keine Todesfälle als Nebenwirkung bekannt sind. Die 60 000 Todesfälle durch Nebenwirkungen von sogenannt wissenschaftlich geprüften Arzneimitteln allein in Deutschland zeigen, wie gefährlich Klinoptilolith in den Augen der »wissenschaftlich orientierten Klinikmedizin« in Wirklichkeit ist.

Oder wie Albert Einstein es formulierte (zit. in Brush, S. 1167): »Es kann heuristisch nützlich sein, sich an das zu erinnern, was man beobachtet hat. Aber prinzipiell ist es ganz falsch, wenn man versucht, eine Theorie allein auf beobachtbaren Qualitäten zu begründen. In Wirklichkeit geschieht nämlich das Gegenteil. Es ist die Theorie, die festlegt, was wir beobachten können.«

Echte Wissenschaft sollte das Streben nach Erkenntnis, nicht das Streben nach Profit sein.

Charakter
oder Wesensbild

Feinstoffliche Wirkung von Klinoptilolith

Die feinstoffliche oder energetische Wirkung von Klinoptilolith unterscheidet sich grundsätzlich von seiner grobstofflichen Wirkung. Letztere umfasst das Mineral im chemischen, physikalischen und physiologischen Sinne, was bedeutet, dass die Wirkung über Formeln beschreibbar ist und die Ergebnisse mithilfe von Messgeräten aufgezeichnet werden können.

Die feinstoffliche Wirkung betrifft das energetische Feld des Menschen, seine Aura, seinen energetischen Meridianverlauf, seine Psyche und Seele. Wie weit die Elektrosensibilität und Feinfühligkeit eines Menschen durch eine feinstoffliche Reaktion beeinflusst werden, ist noch nicht klar. Diese Wirkung ist wissenschaftlich nicht beschreibbar.

Um die feinstoffliche Wirkung des Klinoptiloliths einschätzen zu können, wird oft das »hermetische Prinzip« angewandt, das heißt, der sogenannte Analogschluss. Dabei werden Beobachtungen aus verschiedenen Gebieten miteinander verglichen und Ähnlichkeiten in eine Relation zueinander gesetzt.

Geopathologische Felder, wie etwa das Hartmann- oder Currynetz, oder energetische Verläufe unterirdischer Wasseradern werde ich hier nicht berücksichtigen. Sie werden von verschiedenen Mineralien, so auch dem Klinoptilolith, beeinflusst. Die Messung der sogenannten Erdstrahlen sind selten wiederholbar und meines Erachtens sehr individuell in ihrer Aussage.

Was eine energetische Wirkung exakt ist, kann nicht genau beschrieben werden. Es ist vor allem eine Wirkung auf psychische oder seelische Bereiche, die sich meist der wissenschaftlichen Untersuchung entziehen.

Klinoptilolith nach der mineralogischen Steinheilkunde

Für die Bewertung von Klinoptilolith – einem Blätterzeolith in der Analogie der mineralogischen Steinheilkunde – wird die Analogie der Entstehung, der chemischen Zusammensetzung, des Kristallsystems und der Farbe verwendet. Dazu kommen die Testergebnisse, die nach einer Testphase durch das Forschungsprojekt SHK mit ihren Testpersonen vorliegen und nach den Methoden der mineralogischen Steinheilkunde interpretiert werden.

Klinoptilolith

Entstehung: primär aus terrestrisch abgelagerten vulkanischen Aschen und Tuffen, das sekundär durch Grundwasser verändert wurde. *Formel:* $(Na_2,K_2,Ca,Mg)_4Al_8Si_{40}O_{96}\cdot24\ H_2O$, ein wasserhaltiges Gerüst(Tekto-)silikat. *Kristallsystem:* monoklin. *Erscheinungsbild:* dichte, porige Aggregate. *Mohshärte:* 3,5. *Dichte:* 2,2–2,5. *Transparenz:* undurchsichtig. *Farbe:* beige (Immunsystem und Lymphe), leicht gelblich bis blassgrün (Leberbezug). *Porosität:* 32–40 % (Giftaufnahme).[94]

Wirkung: wie ein Filter, der Energieüberschüsse aufnimmt und harmonisiert (grünlich) oder reflektiert und Sinneseindrücke und Wahrnehmungen filtert (Gerüstsilikat), um Prioritäten zu setzen und Kraft zu konzentrieren (monoklin) mit dominierender geistiger Kraft (derb), mit unmittelbarer Wirkung (grünlich) auf den physischen Körper (Transparenz, Aluminium), aber wenig geerdeter Bodenständigkeit (Dichte) mit Geborgenheit und Anteilnahme (Härte).

Testungsergebnisse des Forschungsprojekts SHK

Die Forschungsgruppe des SHK-Vereins Stuttgart testet seit 1996 regelmäßig Steine dadurch, dass die Mitglieder die Steine, in Säckchen eingenäht, über sechs Wochen am Körper tragen. Vorkommnisse in dieser Zeit werden in standardisierten Fragebogen dokumentiert und später statistisch ausgewertet. Die SHK-Testung entspricht daher eher einer homöopathischen Arzneimittelprüfung (AMP), da sie am weitgehend *gesunden Menschen* getestet wird. Diese SHK-Testungen werden regelmäßig als Auswertung für eine Sammelmappe veröffentlicht. Pro Jahr werden auf diese Art etwa vier Testungen durchgeführt; bei manchen Testungen werden auch mehrere Steine im Vergleich getestet. Bisher liegen etwa achtzig Testergebnisse als Veröffentlichung vor.

Klinoptilolith wurde im 3. Quartal des Jahres 2009 von der Forschungsgruppe SHK getestet. Als Teststeine wurde Klinoptilolith aus Kroatien und der Türkei vergleichend verwendet. Die Daten dazu werden noch ausgewertet und konnten deshalb noch nicht mit aufgenommen werden. Aber schon jetzt steht fest: Klinoptilolith unterstützt die Verarbeitung schwieriger Gefühle.

---

94 Kühni/von Holst, *Enzyklopädie der Steinheilkunde*, 3. Aufl., 2009.

Bei vielen Testern bestätigte sich die analoge Ableitung aus der mineralogischen Steinheilkunde. In der Blindprüfung traten Zustände auf, die in etwa den theoretischen Vorhersagen entsprachen.

In der Steinheilkunde wird Klinoptilolith heute als Trommelstein in der Tasche getragen oder auf die Haut aufgelegt, auch als gebohrter Stein an einem Band um den Hals oder über dem Solarplexus-Chakra getragen.

Allgemein: Klinoptilolith bessert die Stimmungslage, wirkt antidepressiv, kann bei Schlaflosigkeit helfen und bessert langfristig die psychische Festigkeit.

Testungsergebnisse des Forschungsprojekts Lavandinum

Die Forschungsgruppe von Lavandinum testet seit 2002 regelmäßig Steine dadurch, dass in der Naturheilpraxis bei ausgesuchten Patienten mit vergleichbaren Krankheitszuständen Steine als zusätzliche oder alleinige Mittel eingesetzt werden. Auf diese Weise können pro Jahr etwa vier Steine an einer unregelmäßig großen Gruppe (zwischen sechs und dreihundert Personen) getestet werden. Die Testphasen dauern unterschiedlich lange, teilweise sind es mehrere Jahre. Dadurch unterscheidet sich das Ergebnis der Forschungsgruppe Lavandinum grundsätzlich von den Testergebnissen der Forschungsgruppe SHK, da erstere Testungen mit *Kranken* durchführt.

Klinoptilolith wurde in den Jahren 2008 bis 2011 an über dreihundert Personen mit unterschiedlichen Erkrankungen getestet. Das Pulver des gemahlenen Steins wurde über eine längere Zeit mit 3 g pro Tag eingenommen. Systematisch wurde diese Testung noch nicht ausgewertet; die gewonnenen Erfahrungen aber fließen zunehmend in die Praxis ein.

Allgemein: Klinoptilolith mindert die Infektanfälligkeit, beschleunigt die Wundheilung, bessert die Stimmungslage, reguliert bei Diabetes die Blutzuckerschwankungen, reguliert die Verdauung, mildert die Unverträglichkeit der Chemotherapie bei Krebsbehandlungen, bessert Schmerzzustände der Gelenke und verändert die Knochendichte bei Osteoporose.

Das homöopathische Arzneimittelbild
von Klinoptilolith

Das homöopathische Arzneimittelbild wird dadurch erstellt, dass ein Mittel in einer potenzierten Dosis gesunden Menschen verabreicht wird. Die dabei auftretenden Symptome oder psychischen Veränderungen werden dokumentiert, um sie dann in ein Repertorium aufnehmen zu können. Die unter der Prüfung am Gesunden auftretenden Symptome können dann bei gleichen Symptomen eines Kranken durch dieses potenzierte Mittel gebessert werden.

Klinoptilolith wurde bisher nur in kleinen Gruppen nach dem homöopathischen Prinzip der Arzneimittelprüfung getestet. Meist wurde dabei die D4 oder C4 verwendet.

Am 02.01.2011 wurde eine Verreibung zur C4 durchgeführt. Diese Verreibung wurde zwar ausgewertet, aber noch nicht veröffentlicht.

Ab dem 01.05.2011 wurde Klinoptilolith aus dieser Verreibung an vier Prüfern als homöopathische Arzneimittelprüfung über einen Zeitraum von vier Wochen getestet. Diese Testung ist bisher noch nicht ganz ausgewertet, legt aber den Einsatz von Klinoptilolith bei Schmerzzuständen im Knochenbereich des Beckens, bei depressiver Verstimmung und bei Leberbeschwerden nahe.

Das homöopathische Arzneimittelbild von Silicea

Silizium als Kieselsäure = *Silicea* (wasserhaltige polymerisierte Kieselsäure) ist gut getestet. Es wurde von Hahnemann mit 1193 Symptomen und von Allen durch 42 Prüfer mit 1903 Symptomen geprüft. Hahnemann veröffentlichte 1825 die erste Prüfung.

Die Prüfung des Klinoptiloliths ergab bisher nur wenige »homöopathische« Symptome, aber alle bislang beobachteten Symptome sind Bestandteile der Testsymptome Hahnemanns oder Allens.

Zusammenfassend kann man sagen:
Für das Bindegewebe scheint Kieselsäure den gleichen maßgebenden Wert zu besitzen wie Eisen für die Blutkörperchen, Phosphor für die Nerven und Kalk für die Knochen. Auch für das retikulo-endotheliale System als einem Teil des Bindegewebes scheint der Kieselsäure die gleiche Bedeutung zuzukommen.

Die homöopathische resonante Verreibung

In der klassischen Homöopathie werden (seit 1795) die Ausgangsstoffe durch eine zunehmende Verdünnung aufbereitet. Zunächst erfolgt eine Verreibung der Ursubstanz mit Milchzucker in 100er-Schritten im Mörser. Anschließend wird das verriebene Pulver mit Wasser-Alkohol verschüttelt. Nach jedem Verreibungs- oder Verschüttelungsvorgang wird das Gefäß ausgeleert und erneut Milchzucker oder Wasser-Alkohol hinzugefügt (Einglasmethode). Dadurch wird die Grundsubstanz um eine weitere Potenz verdünnt, man spricht daher von einer Potenzierung.

Hahnemann (1755–1838) verrieb die Ursubstanzen bis zur C3 und verschüttelte dann weiter bis zur gewünschten höheren Potenz. Die homöopathische Arzneimittelprüfung führte er dann mit dem einnahmefertigen Medikament durch.

Becker und Dörre machten die Erfahrung, dass in der resonanten C4-Verreibung – wobei der Vorgang der Verreibung mit Mörser und Pistill meditativ durchgeführt wird – bereits der Verreibende Symptome einer Arzneimittelprüfung durchmacht. Gedanken, traumhafte Eindrücke, Emotionen, körperliche Empfindungen oder Missstimmungen, die dabei auftreten und sehr intensiv sein können, werden protokolliert und nachfolgend miteinander verglichen.

Die reine Verreibung pro Stufe dauert 1 Stunde und hat unterschiedliche Schwerpunkte. In der C1-Stufe tauchen vor allem Bezüge zum Körper auf, in der C2-Stufe kommen vermehrt Emotionen hoch. In der C3-Stufe liegt der Schwerpunkt auf der Verstandesebene, mit Gedanken, Assoziationen und Erkenntnissen.

Die C4-Stufe umfasst alle anderen Stufen. Meist erschließt sich erst hier der »tiefere Sinn« des Arzneimittels, und eine Wesensbegegnung mit dem Mittel wird möglich. Der Leidensdruck, der auf den unteren Stufen erfahren wurde, löst sich in der C4-Stufe in der Regel auf. So ist eine innere Reinigung und ein Lernprozess erfahrbar, ebenso ein tiefer Einblick in das Wirkungsprinzip des Heilmittelbilds.

Klinoptilolith wurde 2011 als homöopathische C4-Verreibung in einer Gruppe von zwölf Personen verrieben. Die erste Zusammenfassung der Verreibung ergab, dass die psychischen Prozesse, die Klinoptilolith unterstützt, deutlich hervorgestochen sind.

Frequenzmessungen an Klinoptilolith nach Pelz

2005 veröffentlichte Friedrich Pelz in seinem Buch *Edelsteinfrequenz-Therapie* erstmals Messungen mit dem Bioresonanzgerät der Firma Rayonex. Dabei wurden Frequenzen Organwirkungen und Erkrankungszuständen zugeordnet, die dann mit gemessenen Frequenzen an Kranken verglichen wurden. Die Ergebnisse von Friedrich Pelz wurden mit dem Biotensor überprüft.

Viele Personen testen ihre Steine oder deren Einsatz inzwischen mit dem Biotensor – ist seine Handhabung doch leicht zu erlernen.

Leider ist der Artikel über Klinoptilolith im Buch mit vielen Fehlern behaftet, da keine weitere Recherche von Herrn Pelz durchgeführt wurde. Diese Fehler konnten durch Herrn Pelz nicht mehr korrigiert werden – er ist inzwischen verstorben.

Vor allem die Frequenzen des Klinoptiloliths unterliegen inzwischen einer regelmäßigen Kontrolle, da dieser Bereich am leichtesten überprüfbar ist. Die meisten Frequenzen konnten inzwischen bestätigt werden.

Frequenzen: 0,5; 2,0; 2,5; 5,0; 6,0; 6,5; 8,0; 9,5; 15,0; 15,5; 18,0; 23,5; 25,5; 26,0; 26,5; 27,0; 27,5; 29,0; 30,5; 31,5; 35,5; 37,0; 37,5; 40,0; 40,5; 42,0; 42,5; 43,5; 44,0; 44,5; 47,5; 48,0; 48,5; 49,0; 50,0; 51,5; 53,0; 53,5; 54,0; 57,0; 58,0; 59,5; 61,0; 63,0; 64,0; 67,0; 68,0; 69,0; 69,5; 70,5; 72,0; 72,5; 73,0; 76,5; 77,0; 79,0; 81,0; 85,5; 87,5; 88,0; 90,5; 92,5; 94,5; 97,0; 97,5; 99,0 und 99,5.

Pelz macht die Aussage, dass im Originalstein Klinoptilolith alle aufgeführten Frequenzen enthalten sind. Im tribomechanisch aktivierten Klinoptilolith hingegen können laut Pelz nur noch 38 Frequenzen gemessen werden. Deshalb, so schlussfolgert er, wird in der Edelsteinfrequenz-Therapie nur der ganze, nicht zerstörte Klinoptilolith als Kettenstein eingesetzt. Dies wurde durch die Messungen von Steffi Treusch, Stuttgart, bestätigt.

Pelz gibt in seinen tabellarischen Listen folgende Bereiche an, die er durch Frequenzmessungen bestätigen konnte: Blutgefäßsystem, Blutbild, Verdauungssystem, Nierenfunktion, Krebserkrankungen, rheumatische Erkrankungen, Pilzerkrankungen, Diabetes mellitus, endokrine Drüsen, Wunden und Verbrennungen, Parodontose, Hautkrankheiten, Hautqualität, neuropsychiatrische Wirkung, Steigerung körperlicher Leistungsfähigkeit.

Weitere Messungen mit dem Bioresonanzgerät der Firma Rayonex sollten in Zukunft diese Daten bestätigen. Versuchsreihen, um diese Testungen zu sichern, haben bereits begonnen.

Das Oberon-Diagnosesystem

Im Institut für angewandte Psychophysik in Moskau wurde eine Methode zur spektralen Analyse von Potenzialwirbelfeldern von biologischen Systemen entwickelt: Oberon genannt. Oberon ist ein physikalisches Messgerät, das elektromagnetische Veränderungen über den Spin von Elektronen im menschlichen Körper messen und beeinflussen kann.

Durch Vergleich dieser Informationen mit dem von gesundem und krankem Gewebe können mithilfe einer enormen Datenbank die wahrscheinlichsten diagnostischen und therapeutischen Hinweise gegeben werden. In der Datenbank des Oberon werden die Frequenzen von gesunden und pathologischen Lebensprozessen des Körpers gleichzeitig mit den Frequenzen von allopathischen, phytotherapeutischen und homöopathischen Heilmitteln auf Übereinstimmung abgeglichen.

Es gibt inzwischen viele Therapeuten in Deutschland, die das Oberon-Diagnosesystem verwenden.

Laut Prof. Hecht ergaben Tests mittels eines Oberon-Diagnosesystems jedoch keine Hinweise darauf, dass Mikrozeolith besondere Heilschwingungen aufweist, die seine zweifellos umfassenden positiven gesundheitlichen Wirkungen erklären würden.[95]

Meine Forschungen dazu haben ein vollständig anderes Ergebnis gezeigt. Die Oberon-Methode ist durchaus in der Lage, den Einsatz von Klinoptilolith bei verschiedenen Erkrankungen zu sichern. Ich lasse Oberon-Tests mit Patienten durchführen, um diese Methode sicher in der Klinoptilolith-Anwendung zu machen.

---

95 Siehe Hecht: *Naturmineralien, Regulation,* Gesundheit, 2. Aufl., 2008.

Anhang

Geschichte der Zeolith-Anwendungen

1926 wurde die »tribomechanische Aktivierung und Zerkleinerung« in Deutschland entwickelt.

1930 wurde Silizium als essenziell erkannt.

1935 schrieb Prof. A. Hauser, Massachusetts, in Siliziumwissenschaft über die pharmazeutische Anwendung des Siliziums bei Hautverletzungen.

1971 beschrieb W. Wannagat, Braunschweig, die Wirkung von *Siliziumpräparaten* als Adjuvans der Chemotherapie bei Krebskranken.

1976 wurde die erste internationale Konferenz zu den Vorkommen, Eigenschaften und Anwendungsmöglichkeiten natürlicher Zeolithe von Fred A. Mumpton und L. B. Sand in Tucson, Arizona, ins Leben gerufen.

1978 veröffentlichte der Geologe Fred A. Mumpton eine Arbeit über die Absorption von Radionukliden mittels Klinoptilolith.

1979 wurde Klinoptilolith zur Dekontamination im Kernkraftwerk Harrisburg eingesetzt.

1985 erfassten Gottardi und Galli Klinoptilolith in dem bisher umfangreichsten Werk über natürliche Zeolithe, das schon 46 Zeolithspezien enthielt.

1986 verbesserte der Kroate Tihomir Lelas das Verfahren der tribomechanischen Verreibung und ließ es patentieren.

1986 wurden nach dem Tschernobyl-Desaster 500 000 Tonnen Zeolithe, vor allem Klinoptilolith im Sarkophag, verwendet.

1995 wies Patzer für die Hämodialyseanwendung eine rasche Aufnahme von Ammonium durch Klinoptilolith nach. Die Säule aus Klinoptilolith-Pellets behielt die Ammoniumaustauschkapazität über sechs Austausch- bzw. Regenerationszyklen.

1996 wurde in Japan Zeolith in den *Specifications and Standards for Foods, Food Additives etc., Under The Food Sanitation Law* als »Food Additiv« zugelassen und wird dort für verschiedene Tierarten eingesetzt.

1997 wurden bereits 3,6 Millionen Tonnen Klinoptilolith weltweit produziert, wobei die Hauptanwendungsgebiete Katzenstreu, Tierfutter, Düngemittel und Absorber sind.

1997 beobachteten Valcke und Vitorivic unabhängig voneinander den dekontaminierenden Effekt von Caesium[137] mittels Klinoptilolith.

2003 wies Zarkovic in vivo die antioxidative Eigenschaft bei der Verabreichung von Klinoptilolith bei W256-Karzinomen nach.

2003 berichtete Dr. O. A. Veretenina über die Bleientgiftung an einer Gruppe von Bergarbeitern mit Klinoptilolith.

2005 veröffentlichte Prim. Dr. Wolfgang Thoma, ärztlicher Leiter der Privatklinik Villach, einen Bericht über fünf Jahre Klinoptilolithbehandlung von 500 Patienten mit unterschiedlichen Krankheitsbildern.

2005 veröffentlichte F. Pelz Frequenzmessungen in seinem Buch *Edelsteinfrequenz-Therapie zu Klinoptilolith.*

2009 Aufnahme des Klinoptiloliths in die *Enzyklopädie der Steinheilkunde.*

2011 Nach der Beschädigung des KKW in Fukushima wird Klinoptilolith zur Adsorption von ausgetretenen Radionukliden in Wasser eingesetzt.

Mineralogische Entstehung (erweiterte Fassung)

In der allgemeinen Literatur zu Klinoptilolith wird dieser Zeolith immer als Vulkan-Mineral bezeichnet, was auch auf alle im Handel befindlichen Klinoptilolith-Produkte zutrifft. Aber: Klinoptilolith hat mineralogisch eine weitaus vielschichtigere Entstehung. Insgesamt liegen zwölf verschiedene Möglichkeiten der Entstehung vor, die bisher eindeutig untersucht sind in der mineralogischen Literatur. In der mineralogischen Steinheilkunde macht es einen Unterschied, wie das Mineral entstand.

Solange die im Handel erhältlichen Klinoptilolith-Produkte jedoch auf ähnliche Weise entstanden sind, wirken sie auch ähnlich.

Klinoptilolith in terrestrisch abgelagerten vulkanischen Aschen und Tuffen

Explosive vulkanische Ereignisse produzieren große Mengen glasiger Asche und Tuffe. Die über Land abgelagerten Gesteine werden im Laufe der Zeit durch Witterungseinflüsse verändert. Niederschlagswässer und Grundwasser durchdringen die vulkanischen Ablagerungen. Eindringendes Oberflächenwasser sickert durch die Tuffe und reichert sich mit Natrium, Kalium und Silizium an. Bei einem pH-Wert von 9,5 lösen die Sickerwässer die Glasbestandteile in den vulkanischen Aschen mit rhyolithischen oder andesitischen Komponenten auf und schaffen Hohlräume für die Auskristallisation von Zeolithen, wenn die Mächtigkeit der Schichten mehr als 500 Meter beträgt. Im oberen Bereich entsteht Klinoptilolith.

Zeolithe in vulkanischen Seesedimenten

Vulkanische Aschen können auch in Seen sedimentieren, teils durch Windverfrachtung, teils durch Gewässereintrag. In einem salz- und alkalihaltigen See, der sich in einer trockenen bis halbtrockenen Region befindet, können sich innerhalb von 1000 bis 10 000 Jahren Zeolithe bilden.

Austrocknungsprozesse lassen in den Seen den Wasserspiegel und auch den Salzgehalt schwanken. Mit sinkendem Salzgehalt steigen die zur Zeolithbildung erforderlichen pH-Werte im Wasser. Ab einem pH-Wert von 8,5 bildet sich Klinoptilolith.

Klinoptilolith in Lavaergüssen

Gute Kristalle von Zeolithen entstehen in heißen vulkanischen Ergüssen, wenn diese aus dem flüssigen, geschmolzenen Zustand unter Wasserkontakt abkühlen. Beim Kontakt mit Wasser – es kann Fluss- oder Seewasser oder auch nur ein feuchter Untergrund sein – wird die Basis des Ergusses sehr stark abgekühlt und erstarrt als vulkanisches Glas. Gasblasen werden zu Hohlräumen praktisch eingefroren. Aufgerissene Klüfte und Spalten in der Basis der Lavaergüsse bilden Wege für aufsteigende heiße Flüssigkeiten.

Das vulkanische Glas und der Olivin in der Basis der Ergüsse wird stärker zersetzt als das Gestein in höheren Partien des gleichen Lavastroms und bildet die Ausgangsquelle für alle Elemente, die zur Zeolithbildung benötigt werden. Die Na-, K-, Ca-, Mg- und Si-Ionen gehen in die Lösung, die in die Hohlräume im mittleren Teil des Lavaflusses aufsteigt.

Bei einem 25 Meter starken Lavafluss kann die Temperatur des geschmolzenen Ausgangsgesteins mit rund 1200 °C angenommen werden. Nach zwei Jahren beträgt die Temperatur an der Basis noch etwa 300 °C, nach fünf Jahren immer noch 120 °C. Ist während der Abkühlungsphase Wasser mit im Spiel, erfolgt der Temperaturrückgang wesentlich schneller. Chlorit- und Tonminerale säumen die Blasenräume im Gestein, gefolgt von Hoch- und Niedertemperatur-Zeolithen. Die Temperatur im Gestein fällt bis auf 40 °C.

Zeolithzonen im Lavafluss hängen mit Ablauf der Abkühlung, dem Zu- und Abfluss von Niederschlagswasser, der Dichte des Gesteins und dem Vorhandensein von Wegen für die mineralreichen Lösungen ab. Nach Ausfällung von Chlorit- und Tonmineralen sind die heißen Lösungen nun reich an den Elementen, die Zeolithe aufbauen können. Mit sinkender Temperatur kristallisieren sie aus.

Verbreitet sind dabei folgende Zeolithe: Chabasit, Heulandit, Klinoptilolith, Levyn, Mesolith, Mordenit, Offretit, Phillipsit, Skolezit, Stilbit und Thomsonit.

Klinoptilolith in hydrothermal geprägten Basalten

Die meisten Vorkommen der Zeolithe in Basalten gehören zu einem regionalen hydrothermalen Typ. Die in ihnen enthaltenen Zeolithzonen sind größtenteils gesteinsabhängig. Auch hier bilden überwiegend eindringende Oberflächenwässer – erhitzt durch noch nicht abgeklungene vulkanische Tätigkeit in der Tiefe – die Lösung, aus der die Zeolithe entstehen. Aus den Basalten müssen nur noch die Ionen zum Einbau in das Kristallgitter ausgewaschen werden.

In Olivinbasalten bildet sich in der Skolezit-Mesolithzone der Klinoptilolith. Siliziumreichere tholeitische Basalte enthalten in der tiefsten Zone Klinoptilolith.

Die Zeolithvorkommen im indischen Bundesstaat Maharashtra sind ebenfalls in Zeolithzonen gegliedert. Der weitaus größte Teil des Gebiets ab Poona bis hinüber nach Aurangabad wird von der Heulanditzone eingenommen, in der sich auch Klinoptilolith befindet. Silikatarmer Basalt ist leichter zersetzbar und bildet Klinoptilolith in einer relativ kurzen Zeitspanne aus, tholeitische Basalte scheinen sich langsamer zu zersetzen.

Klinoptilolith in terrestrischen heißen Quellen

Im Bereich junger vulkanischer Zonen wird Oberflächenwasser in heißen Quellen und Geysieren zum Kochen gebracht. – Ein idealer Ort zur Bildung von ausgezeichneten Zeolithen in nicht allzu großer Tiefe um die Thermalquellen. Das durch Klüfte, Spalten und Risse in die Tiefe sickernde Oberflächenwasser reichert sich auf seinem Weg durch das aufgeheizte Gestein sehr stark mit Mineralstoffen an. Diese werden im Rahmen der Mineral- und Zeolithbildung auf den Klüften und in Hohlräumen des Gesteins wieder ausgeschieden. Es bilden sich Zeolithbeläge auf Klüften und Rissen.

In Niedertemperatur-Geothermalquellen (unter 150 °C) kristallisieren Zeolithe in mehreren Zonen aus: Bei 60 bis 90 °C bildet sich Klinoptilolith.

In Hochtemperatur-Geothermalquellen (über 200 °C) gibt es nur eine geringmächtige Zeolithzone mit Klinoptilolith. Das Kristallwachstum kann dabei sehr schnell erfolgen und schöne Kristalle bilden.

Klinoptilolith in Xenolithen

Werden Stücke von Fremdgesteinen in flüssigen Magmen eingeschlossen, reagieren diese mit dem Magma. Es entstehen bereits dort zahlreiche Mineralarten. Später können sie sich bei der hydrothermalen Zeolithbildung nochmals als wertvolle Stofflieferanten erweisen.

Die Sandstein-Xenolithe in den Basalten des Zeilbergs bei Maroldsweisach in Nordbayern sowie des Gaulsberges bei Ortenberg im Vogelsberg, beide in Deutschland, haben Klinoptilolith geliefert.

Klinoptilolith auf hydrothermalen Erzgängen

Klinoptilolith ist auch in den späten Bildungsphasen hydrothermaler Erzgänge präsent. Beispiel in Deutschland sind die Silbererzgänge von St. Andreasberg im Harz.

Klinoptilolith aus hydrothermalen Erzgängen ist therapeutisch wenig geeignet.

Klinoptilolith in Pegmatiten

Pegmatitische Magmen enthalten Wasser; sie können auch auf Klüften aus der Magmakammer in die überlagernden Schichten eindringen und Pegmatitgänge bilden. Auch hier kristallisieren zunächst wasserfreie Minerale aus, gefolgt von wasserhaltigen Mineralen und schließlich den Zeolithen.

Das in der Magmakammer vorhandene Wasser reichert sich generell mit Silikaten und bei einigen Pegmatiten auch mit seltenen Elementen (Cs, Rb, Nb, Ta, Li, B usw.) an. In der Endphase der Pegmatitbildung kristallisiert der wasserreiche, aber elementarme Klinoptilolith bei Temperaturen unter 250 °C aus.

Klinoptilolith aus Pegmatiten kann jedoch noch viele unerwünschte Mineralstoffe enthalten und ist deshalb therapeutisch wenig geeignet.

Klinoptilolith in Kontaktmetamorphosen

Die heiße Temperatur in einer Magmakammer erhitzt auch das umgebende Gestein. Es bilden sich Mineralzonen um das heiße Magma. Nahe am Magma unter den höchsten Temperaturen (rund 600 °C) sind Minerale mit dem geringsten oder keinem Wassergehalt, weiter entfernt bei niedrigeren Temperaturen sind Minerale mit hohem Wassergehalt und Zeolithe. Dabei bilden sich meist drei Zeolithzonen aus; bei Temperaturen unter 150 °C ist eine Stilbit-Heulandit-Mordenitzone, mit Klinoptilolith.

In Bulgarien fanden sich folgende Zeolithzonen um Granitintrusionen in Trachyten, Andesiten und Rhyolithen (von oben nach unten mit steigender Temperatur): eine Zone mit Mordenit, Ferrierit und Quarz; eine Zone mit Chabasit, Stilbit, Heulandit, Klinoptilolith, Gmelinit, Harmotom und bereits Laumontit; eine Zone mit Mesolith, Skolezit, Natrolith, Thomsonit, Laumontit und Analcim; danach eine zeolithfreie Zone und der Magmaherd. Faserzeolithe mit niedrigem Wassergehalt kristallisieren hier nahe der Magmakammer in größerer Tiefe aus, Blätterzeolithe wie Stilbit, Klinoptilolith und Heulandit mit hohem Wassergehalt entstehen weiter entfernt von der Hitzequelle.

Klinoptilolith in metamorphen Sedimenten

Versinken dicke Schichten von Sedimenten, vulkanischen Aschen oder anderen Gesteinen unter immer weiteren Ablagerungen, werden sie mit steigender Tiefe immer größerer Hitze und steigendem Druck ausgesetzt. Das vulkanische Glas und die Minerale in den ursprünglichen Gesteinen wandeln sich in Minerale um, die unter den veränderten Temperatur- und Druckbedingungen stabiler sind.

In den oberen Schichten bildet sich bei steigenden Temperaturen eine Zeolithfazies aus, in der sich Zeolithe halten oder aus Mineralstoffen aus den umgebenden Gesteinen neu bilden können. Von oben nach unten zeigen sich Klinoptilolith und Mordenit, Analcim und Heulandit, Wairakit sowie Laumontit.

In der Natur konnte beobachtet werden, dass die Mineralfaziesbildung erst sehr viel später (Jahrmillionen) nach der Ablagerung der Gesteine einsetzte. Zwischenzeitlich hatten Verwerfungen die Schichten zerrüttet. Unterschiedlicher Sedimentauftrag hatte die Gesteine in unterschiedliche Tiefen absinken lassen.

Klinoptilolith auf alpinen Klüften

Die alpinen Zerrklüfte sind eine direkte Folge der Plattentektonik, als sich vor rund 20 Millionen Jahren die afrikanische und die europäische Kontinentalplatte im Gebiet des heutigen Österreichs und der Schweiz ineinander schoben. Durch die hohen Drücke kam es zur Metamorphose in den Gesteinen.

In Gesteinen unterschiedlicher Zusammensetzung rissen Klüfte auf, die mit Bergwasser gefüllt wurden. Gesteinsbildende Minerale gingen dabei in Lösung. Die Auskristallisation erfolgte im Zusammenhang mit der Abkühlung und Hebung des Alpenkörpers. Auf alpinen Klüften in Österreich und der Schweiz konnte bislang Klinoptilolith nachgewiesen werden.

Klinoptilolith in Tiefsee-Sedimenten

Tiefsee-Zeolithe entstehen meist aus fossilreichen, mit Radiolarien angereicherten Sedimenten und dem Meerwasser. Der Kontakt des salzhaltigen Meerwassers mit den siliziumreichen Fossilien erhöht den pH-Wert des Wassers. Bei sehr geringen Wassertemperaturen entsteht innerhalb von 150 000 bis 10 000 000 Jahren zunächst Phillipsit. Im Laufe weiterer Jahrmillionen entsteht aus Phillipsit und weiterem siliziumreichem Fossilmaterial im Zusammenspiel mit dem Meerwasser in tieferen Sedimentschichten Klinoptilolith. Der Tiefsee-Klinoptilolith ist in den Weltmeeren weit verbreitet. Er kommt jedoch überwiegend im Atlantik vor.

Fremdmineralien als Bestandteil des Klinoptiloliths

Klinoptilolith als vulkanisches Massenprodukt liegt meist zu 82–97 Prozent als reiner Klinoptilolith vor und ist natürlich mit Heulandit, Montmorillonit (2–5 Prozent), Cristobalit (0–2 Prozent), Muskovit (0–3 Prozent) und Feldspäten (3–5 Prozent) verunreinigt. Die grüne Färbung des Klinoptiloliths wird von Seladonit erzeugt, einem häufig vorkommenden Mineral der Mineralklasse der Schichtsilikate.

Es kristallisiert im monoklinen Kristallsystem mit der chemischen Zusammensetzung $K(Mg,Fe^{2+})(Fe^{3+},Al)\,[(OH)_2\,|\,Si_4O_{10}]$ und entwickelt überwiegend erdige bis massige Mineralaggregate, selten aber auch winzige, glimmerartige, schuppige Kristalle von hellgrüner bis blaugrüner Farbe und weißer Strichfarbe. Oft findet sich der Seladonit innig verwachsen mit Klinoptilolith, Heulandit oder Stilbit und sorgt bei diesen normalerweise farblosen Mineralen für eine gleichmäßige, meergrüne Färbung. Der farbgebende Anteil ist das Eisen.

Weltweite Fundstellen vergleichbarer Tonminerale

Weltweit werden mit Klinoptilolith therapeutisch vergleichbare Tonminerale gefunden: Aus verschiedenen Kulturen – teils schon seit dem Altertum – sind bereits über 700 medizinliefernde Tonerden bekannt. Die wichtigsten dieser Fundstellen sind (Anzahl in Klammern):

Beidellit: Fundstellen (31): Australien, Bolivien, Deutschland, Mexiko, Russland, Ukraine und USA.

Illit: Fundstellen (212): Australien, Brasilien, Chile, China, Deutschland, Finnland, Frankreich, Griechenland, Großbritannien, Indien, Indonesien, Iran, Irland, Israel, Italien, Kanada, Kasachstan, Kenia, Kosovo, Luxemburg, Madagaskar, Marokko, Neuseeland, Niederlande, Norwegen, Österreich, Papua-Neuguinea, Rumänien, Russland, Schweiz, Slowakei, Spanien, Tschechien, Türkei, Ukraine, Ungarn und USA.

Montmorillonit: Fundstellen (340): Argentinien, Armenien, Australien, Brasilien, Chile, China, Demokratische Republik Kongo, Deutschland (90 Fundstellen), Fidschi, Finnland, Frankreich, Griechenland, Grönland, Großbritannien, Indien, Iran, Irland, Israel, Italien, Japan, Kanada, Kasachstan, Madagaskar, Marokko, Mexiko, Mongolei, Namibia, Neuseeland, Nordkorea, Norwegen, Österreich, Polen, Portugal, Rumänien, Russland, Schweden, Schweiz, Serbien, Slowakei, Spanien, Tschechien, Turkmenistan, Türkei, Ukraine, Ungarn, USA und Weißrussland.

Palygorskit (Attapulgit): Fundstellen (88): Australien, Bulgarien, Chile, Deutschland, Frankreich, Grönland, Großbritannien, Irak, Italien, Japan, Kanada, Kasachstan, Marokko, Namibia, Norwegen, Österreich, Peru, Polen, Russland, Saudi-Arabien, Schweden, Schweiz, Slowakei, Slowenien, Spanien, Tschechien, Ungarn und USA.

Smektit: Fundstellen (43): Chile, China, Deutschland, Estland, Fidschi, Frankreich, Griechenland, Großbritannien, Italien, Kanada, Neuseeland, Oman, Österreich, Polen, Rumänien, Schweiz, Slowakei, Spanien, Türkei, Ukraine, Ungarn und USA.

Blei als problematisches Fremdmineral

Die üblicherweise in Zeolithen vorkommenden Kationen, meist Na, K oder Ca, können mithilfe eines mehrstufigen Verfahrens gegen Blei, Kupfer, Quecksilber oder Silber ausgetauscht werden. Damit sind auch diese Schwermetalle mit Klinoptilolith aus dem Körper ausscheidbar. Aber: Diese Schwermetalle werden auch langsam und kontinuierlich aus Klinoptilolith wieder freigesetzt.

Natürlich in Klinoptilolith eingebundenes Blei (auch Arsen, Chrom oder Nickel) kann sich somit genauso lösen. Deshalb muss das zum Einnehmen verwendete Klinoptilolith frei sein, zumindest frei von schädlichen Schwermetallen, diese dürfen nur maximal 2 ppm Blei enthalten.[96] Dieser Anforderung entspricht leider nicht jeder natürliche Zeolith. So enthält vor allem amerikanisches Klinoptilolith oft Blei und andere Metalle in angereicherter Menge.[97]

Metallwirkungen des Siliziums

Der menschliche Körper enthält etwa 20 mg Silizium pro Kilogramm Körpergewicht. Das entspricht etwa 20 ppm. Dieser Wert nimmt mit dem Alter ab.

Silizium: *Körpergehalt:* 1,5 g. *Tagesbedarf:* 20–30 mg[98]. *Körperwirkung:* ist bisher nicht bekannt. *Körperlich:* Silizium ist am Aufbau von Eiweiß im Bindegewebe, etwa Blutgefäße, Haut, Knorpel, beteiligt (wichtig für die Elastizität[99], Festigkeit und Mineralstoffeinlagerung). Es begünstigt die Fresszellenaktivität und die Immunprägung, aktiviert den Zellstoffwechsel und die Zellteilung, regt den Calcium- und Magnesiumstoffwechsel an und wird für Knochenbildung benötigt. Es hemmt den Alterungsprozess im Gewebe, stärkt das Bindegewebe, verhindert Narbenbildung und hat einen Einfluss auf die Entzündungshemmung[100]. *Mangelerscheinungen:* es führt zu Bindegewebsschwäche, beschleunigt den Alterungsprozess, führt zur Abnutzung des Gelenkknorpels, Faltenbil-

---

96 Das von mir eingesetzte Klinoptilolith, KlinOrgon, enthält unter 1 ppm Blei, das damit unter der Nachweisgrenze liegt, also bleifrei ist.

97 Siehe Seite 137f.

98 Aus Tierversuchen abgeleitete wünschenswerte Zufuhr liegt bei 30 mg/d.

99 Bei Kälbern führte die Gabe von Orthosilikat zur Vermehrung von Kollagen in Haut und Knorpel.

100 Prof. Dr. Edith Muriel Carlisle zeigte 1972, dass Silizium an wichtigen, stoffwechselwirksamen wie auch strukturellen Vorgängen im Stoffwechsel von Menschen und höheren Tieren beteiligt ist.

dung der Haut und Haarausfall, führt durch Störungen des Calcium-Magnesium-Haushalts zu Wachstumsstörungen des Knochengerüsts, auch zu weichen Nägeln und brüchigen Haaren.

Prof. Hecht schreibt: »Eine Hauptrolle für den menschlichen Körper spielt das Mineral Silizium, welches im Organismus das wichtigste Steuerungsmineral ist. Beim Menschen ist Silizium in seiner höchsten Konzentration in der Nabelschnur vorhanden. Das Organsystem eines Babys weist ebenfalls noch eine sehr hohe Siliziumkonzentration auf. Je älter der Mensch wird, desto schwächer wird die Siliziumkonzentration im Organismus bis hin zum Mangel. Über 80 Prozent der Weltbevölkerung leidet an Siliziummangel, speziell ältere Menschen.«

Viele der Aussagen sind für mich jedoch nicht nachvollziehbar, der Siliziummangel rein spekulativ.

Bis heute gibt es in der gesamten Literatur zur Physiologie der Körperprozesse keine Kenntnisse über die Wirkung von Silizium im Körper. Ältere Ergebnisse der Siliziumforschung waren problematisch durch die Tatsache, dass immer »in vitro« studiert wurde und dazu Glasphiolen benutzt wurden. Glas besteht hauptsächlich aus Silizium, sodass die Forschungsergebnisse immer entstellt wurden. Diese Problematik überwand Prof. Carlisle erstmals, indem sie auf Laboranlagen überging, die keinerlei Glas enthielten, das heißt siliziumfrei waren.

Aluminium: Da sich Aluminium in den Alumosilikaten wie Silizium verhält, muss Aluminium mitbeachtet werden. Aber: Über die Wirkung von Aluminium im Körper ist noch weniger als von Silizium bekannt. Viele Aluminiumwirkungen sind rein spekulativ, oft auf fehlerhaften Werten basierend, dies betrifft auch dessen negative Wirkung.

Der menschliche Körper enthält 50–150 mg Aluminium. *Tagesbedarf:* 2,45 mg. *Ausscheidung:* 10–40 mg. *Vergiftung:* Es kann bei einer bestehenden Niereninsuffizienz, beispielsweise bei Hämolysepatienten, eine Enzephalopathie und Demenz zur Folge haben.[101]

---

101 Binder, *Lexikon der chemischen Elemente,* 1999.

Mengenelemente des Körpers

Mengenelemente sind chemische Elemente, die im menschlichen Körper in großen Mengen zu dessen hauptsächlichem Aufbau enthalten sind. Dazu zählt man jedoch nicht Kohlenstoff, Sauerstoff, Stickstoff, Wasserstoff, Calcium (1–1,5 kg), Natrium und Kalium, aus denen der gesamte Körper zu über 95 Prozent besteht. Nichtmetallische Elemente, wie Fluor, Jod, Phosphor und Schwefel, die keine Bestandteile des Klinoptiloliths sind – und von denen bisher nicht bekannt ist, in welchem Zusammenhang sie mit Silizium stehen –, werden ausgeklammert.

Eisen: *Körpergehalt:* 4,2 g Eisen. *Tagesbedarf:* 10 mg. *Körperliche Wirkung:* ist essenziell; wichtig für die Hämoglobinbildung und den Sauerstofftransport im Blut, das Immunsystem und das Wachstum. Wichtig für den Fettstoff- und Glucosestoffwechsel, sorgt für einen guten Energieumsatz und körperliche Vitalität. *Mangelerscheinungen:* führt zu Atembeschwerden, Blässe, Schwäche, Müdigkeit, Appetitlosigkeit, Infektanfälligkeit, wunder Zunge, Nervosität, Reizbarkeit, Kopfschmerzen, brüchigen Nägeln und Haaren. *Überdosierung:* führt zur Eisenablagerung im Augapfelgewebe mit Netzhautdegeneration und Sehstörungen, zu Herzbeschwerden, Abmagerung und Schwindel. *Vergiftung:* führt zu Lebererkrankungen, evtl. bis zur Zirrhose.

Lithium: *Tagesbedarf:* 1–3 mg. *Körperliche Wirkung:* wirkt auf Neurotransmitter und vermindert die Reizbarkeit sensibler und motorischer Nerven, beeinflusst den Hormonhaushalt und verdrängt Natrium; wirkt blutdrucksenkend und senkt den Cholesterinspiegel. *Mangelerscheinungen:* führt zu Unruhe und Depression. *Im Tierversuch:* vermindert Wachstum und Fortpflanzung, erhöht die Sterblichkeit. *Überdosierung:* führt aufsteigend zu Übelkeit, Zittern und Sehstörungen. *Vergiftung:* führt zu Magenbeschwerden, vermehrter Harnausscheidung, Durchfall, Erbrechen, Appetitmangel, schlechtem Gedächtnis, Benommenheit, Muskelzucken, Händezittern, Herzbeschwerden und führt durch Nierenschäden zu Koma und durch Herzstillstand zum Tod.

Magnesium: *Körpergehalt:* 20–35 g. *Tagesbedarf:* 300–400 mg, während der Schwangerschaft plus 30 Prozent. *Körperliche Wirkung:* ist essenziell; wichtig für den Stoffwechsel, Säure-Basen-Haushalt, Energiehaushalt sowie das Zentralnervensystem. Es vermindert Ablagerungen in den Blutgefäßen, aktiviert über 300 Enzyme sowie Elektrolyte; reguliert die Membrandurchlässigkeit; dämpft die Erregbarkeit der Nerven und Muskeln; wirkt krampflösend und muskelentspannend. Es hemmt die Blutgerinnung sowie alle Sekretionsvorgänge, steigert die Durchblutung, dichtet die Gefäßwände ab, erweitert die Herzkranzgefäße und verbessert die Leistung des Herzmuskels. Es fördert Festigkeit und Härte der Knochen, ist beteiligt am Kohlenhydrat-, Fett- und Eiweißstoffwechsel und an ATP(Adenosintriphosphat)-katalysierten Enzymreaktionen; beugt Gewebe- und Gefäßverkalkung vor und lässt die Stressverträglichkeit zunehmen. *Mangelerscheinungen:* führt zu tetanieähnlichen Krämpfen oder Gefäßkrämpfen, Kopfschmerzen, Schwindel; zur Erregbarkeit, Nervosität, Zittern und schnellem Puls, Muskel- und Herzschwäche, Herzrhythmusstörungen, Arteriosklerose bis zum Herzinfarkt. *Überdosierung:* vermindert die Erregbarkeit von Nerven und Muskeln. *Vergiftung:* führt zu Durchfall, Nerven-, Muskel- und Gelenkschmerzen, Fieber und Juckreiz. Es führt durch Lähmung des Zentralnervensystems zum Tod.

Selen: *Körpergehalt:* 12–15 mg. *Tagesbedarf:* 0,05–0,1 mg. *Körperliche Wirkung:* ist Bestandteil von Enzymen, wichtig für Pankreas und Leber sowie zur Blutgerinnungshemmung; schützt Proteine vor Oxidation. *Mangelerscheinungen:* erhöht die Leberenzyme; führt zu Nagelveränderungen, dünnen und blassen Haaren, zu Schilddrüsenunterfunktion, degenerativem Verschleiß und Alterung, Immunmangelsyndrom sowie Grauem und Grünem Star. *Selenmangel* gilt als erbgutschädigend. *Vergiftung:* führt zur Selenose: mit Magen-Darm-Störungen, gestörtem Nagel- und Haarwachstum, knoblauchartigem Atemgeruch und durch Gewebezerfall zum Tod.

Umweltgifte und gesundheitliches Risiko

In Deutschland sind derzeit (2010) 65 000 Chemikalien im Handel mit jährlich steigender Tendenz. 15 000 davon gelten als direkt gesundheitsschädlich, 2000 sind nicht erforscht, aber nur bei 400 gibt es Grenzwerte, die jedoch oft dann verändert werden, wenn es der Industrie schadet. Was mit den restlichen 48 000 Chemikalien ist, weiß niemand.

Zu diesen Umweltgiften zählen inzwischen auch die über das Abwasser entsorgten Medikamente. Mehrere Hundert Tonnen Medikamente landen jährlich im Abwasser und gelangen teilweise über die Flüsse wieder zurück in das Trinkwasser und somit in den Menschen. Das in Flusswasser aufzufindende Schmerzmittel schädigt Fische und weitere Lebewesen im Wasser.

Umweltgifte sind für unsere Gesellschaft inzwischen ein großes gesundheitliches Risiko geworden. Klinoptilolith kann diese Giftstoffe bereits im Verdauungstrakt in sein Kristallgitter einbinden, noch bevor diese Stoffe von dort in den Blutkreislauf gelangen und die Leber belasten. Die inneren Organe können dadurch entlastet werden und ihre Aufgabe besser erfüllen. Damit kann Klinoptilolith chronischen Erkrankungen vorbeugen sowie bereits bestehende chronische Erkrankungen bessern.

Dieses Verhalten des Klinoptiloliths wird (vor allem von Prof. Hecht) zur Begründung der reinen physio-physikalischen Wirkung des Klinoptiloliths herangezogen.

Umweltgifte lösen typische Krankheitssymptome aus

Verschiedene Symptome sind typisch für die Belastung durch Umweltgifte und werden von Ärzten leider oft anderen Erkrankungen zugeordnet. Das ist einfacher und passt leichter in ihr Weltbild, zumal diese typischen Symptome leicht eine »überschneidende« Symptomtherapie zulässt. Das kann die Ursache sein, dass manche Patienten bis zu 15 verschiedene Medikamente täglich zu sich nehmen.

Typische, aber unspezifische Symptome, ausgelöst durch eine Umweltbelastung, sind: Allergien, Antriebslosigkeit, Appetitlosigkeit, Depression, Gedächtnisstörungen, Gewichtsverlust, Hormonstörungen, Hörstörungen, Infektanfälligkeit, Juckreiz, Leberschädigung, Pilzerkrankungen, Schmerzzustände, Schlafstörungen, Schwindel und Zittern.

In der Anamnese der Patienten wird nie (oder extrem selten) nach chemischen Umweltbelastungen gefragt, zumal mit einem Hinweis auf eine Umweltbelastung die meisten Ärzte vollständig überfordert sind. Da diese Belastungen durch die nachfolgende medikamentöse Behandlung nicht verändert werden, wird faktisch durch die zusätzliche Medikation mit einer weiteren Leberbelastung der Erkrankungszustand nur verschlimmert. Die neuen, zusätzlichen Medikamente führen zu weiteren zusätzlichen Symptomen, die wieder durch ein weiteres Medikament behandelt werden ...

Klinoptilolith und auch verschiedene synthetische Zeolithe nehmen die meisten, vielleicht sogar alle, dieser giftigen Schwermetalle in ihr Kristallgitter auf (Molekularsiebwirkung).

Umweltbelastungen

Zu den Umweltbelastungen mit krankmachenden Stoffen gehören vor allem die Schwermetalle, Giftstoffe aus Arbeitsmitteln, Industrie, Landwirtschaft, Lösungs- und Reinigungsmitteln sowie Allergie auslösende Industriestoffe, übermäßige Medikation und Impfstoffe.

Problematische Schwermetalle (Speichergifte) und Katalysatormetalle: vor allem die Metalle Antimon, Arsen, Blei, Cadmium, Chrom, Gallium, Germanium, Gold, Indium, Iridium, Kobalt, Kupfer, Mangan, Molybdän, Nickel, Niobium, Osmium, Palladium, Platin, Polonium, Quecksilber, Radium, Silber, Tantal, Thallium, Uran, Vanadium, Wismut, Wolfram, Zink, Zinn und die *Leichtmetalle* Aluminium und Titan.

Quecksilber sammelt sich vor allem durch Abrieb von amalgamhaltigen Zahnfüllungen im Körper an. Es kann eine schwerwiegende Schädigung des Immun- und Nervensystems verursachen, mit Depression, Autismus und Nervenirritationen.

Mit Gift belastete Arbeitsmittel: vor allem Abgase, Desinfektionsmittel, Farbstoffe, FCKW, Flammschutzmittel, Haarfärbemittel, Holzschutzmittel, Imprägniermittel, Industriekleber, Konservierungsmittel, Lacke, Lösungsmittel, Pressspanmöbel, Toner und Weichmacher.

Giftstoffe in der Landwirtschaft: vor allem Düngemittel, Holzschutzmittel, Insektizide, Pestizide, Pilzwachstumshemmer, Unkrautvernichter und Wachstumshormone. Dazu Antibiotika, Psychopharmaka, Schmerzmittel und Wachstumsstoffe, ohne die eine moderne Tiermast mit Massentierhaltung nicht mehr möglich ist.

Industriegifte: vor allem Asbest, Farbverdünner, Katalysatoren, Kleber, Reste der Müllverbrennung.

Organische Giftstoffe und Chemikalien: Benzol, Bisphenol, Carboxin, DDT, Di-2-Ethylhexylphtalat, Dichlorfluanid, Dioxin, FCKW, Formaldehyd, Fumecyclox, HexaChlorBenzol, Lindan, MCPA, PCB's, PentaChlorPhenol, Phenol, Phenylisocaynat, Polycarbonat, Pyrethroide, Styrol, TCEP, TMDD usw.

Lösungs- und Reinigungsmittel können eine schwerwiegende Schädigung des Immun- und Nervensystems verursachen. Gerade der übertriebene Reinlichkeitswahn mit Dusch- und Waschmitteln, Desinfektions- und Reinigungsmitteln, optischen Aufhellern und Weichspülern für Haushalt, Wäsche und Toilette führt zu einer immer stärkeren Umweltbelastung und Allergisierung der Bevölkerung. Über 500 000 Tonnen Reinigungsmittel landen in Deutschland pro Jahr im Abwasser.

Autoimmunerkrankungen

Bei Autoimmunkrankheiten kommt es zu einer gestörten Toleranz des Immunsystems gegenüber Stoffen des eigenen Körpers, was zur Bildung von Antikörpern führt. Diese überschüssigen Antikörper können schon im Darm durch Klinoptilolith gebunden und somit neutralisiert werden.

Die häufigsten Autoimmunkrankheiten sind Schuppenflechte, Rheumatoide Arthritis, autoimmune Schilddrüsenerkrankungen sowie Colitis ulcerosa und Morbus Crohn. Viele werden kaum verstanden und sind deshalb nicht kausal behandelbar. Sie bleiben trotz schulmedizinischer Behandlung oft lebenslang bestehen und werden meist entzündungshemmend oder immunsuppressiv behandelt, um die Beschwerden zu lindern oder die Zerstörung der betroffenen Organe hinauszuzögern. Meist erfolgt eine Behandlung mit Cortison, das akut am besten verträglich scheint, langfristig jedoch durch das Risiko eines Cushing-Syndroms belastet ist. Eine Heilung ist bisher nur durch radikale Zerstörung des Immunsystems mit anschließender Stammzelltransplantation möglich. Dieses Verfahren ist aber so gefährlich, dass es nur in Ausnahmefällen angewandt wird.

Genetische, Umwelt- und andere Faktoren (Stress, Infektionen, Schwangerschaft) beeinflussen das Erkrankungsrisiko.

Autoimmunerkrankungen treten häufiger in Industrienationen auf. Eine mögliche Erklärung liefert die Hygiene-Hypothese. Durch zu wenig Auseinandersetzung mit Bakterien in der Umwelt könnte die Entstehung von Immunerkrankungen gefördert werden. Eine weitere Facette dieser These beschäftigt sich mit der Zusammensetzung der Darmbakterien und deren Auswirkung auf das Immunsystem.[102]

Das Mikrobiom

Als Mikrobiom wird inzwischen im weiteren Sinne die Gesamtheit aller den Menschen oder andere Lebewesen besiedelnden Mikroorganismen bezeichnet. Primär werden damit die Darmbakterien (Darmflora) in Verbindung gebracht, aber auch alle Mikroorganismen, die auf der Haut oder anderen Körperteilen (Mundhöhle, Nasenhöhle, Schleimhäute, Genitalorgane etc.) leben.

Der Darm von Neugeborenen ist weitgehend unbewohnt. Im Verlauf der ersten Lebensjahre siedeln sich dort Billionen von Kleinstlebewesen an und stärken damit die Widerstandskraft gegen Krankheitserreger. Im Körper eines erwachsenen Menschen leben zehnmal mehr Mikroben als Zellen, aus denen der Körper selbst besteht. Allein im Dickdarm befinden sich mehrere hundert verschiedene Stämme, darunter Milchsäure- und Colibakterien, aber auch Streptokokken, die im Darm nützlich sind. Mikrobielle Vielfalt gilt typischerweise als vorteilhaft, noch ist unbekannt, welche Mikroben beim Start ins Leben für die Entwicklung wichtig sind. Zur Wirkung von Klinoptilolith auf die Darmflora siehe Kapitel »Klinoptilolith als Steuerelement der Symbioselenkung«, Seite 40.

Mikrobiom bei Schlaganfall und Pneumonie

Der Zusammenhang zwischen Darm und Immunsystem ist einleuchtend, das Mikrobiom hat jedoch auch Verbindungen bis ins Gehirn. Das Mikrobiom könnte nach Forschungen der Charité Berlin möglicherweise zukünftig genutzt werden, um einem Schlaganfall vorzubeugen oder die Prognose nach einem Insult zu verbessern.

102 Siehe Seite 40ff.

Viele Schlaganfallpatienten entwickeln zusätzlich auch eine Pneumonie. Dass sich nach einem Schlaganfall das Immunsystem durch die Zusammensetzung der Mikrobiota und die Darmdurchlässigkeit ändert, ist bekannt. Da ein Schlaganfall das autonome Nervensystem beeinflusst, wird auch das enterale Nervengeflecht moduliert. Durch eine Symbioselenkung kann bei Schlaganfallpatienten das Mikrobiom wieder in Balance gebracht werden.

In einer Promotionsarbeit an der Charité wurde im Mausmodel der Zusammenhang zwischen Schlaganfällen und dem Mikrobiom untersucht. Die Vermutung liegt nahe, dass sich die positiven Ergebnisse teilweise auf den Menschen übertragen lassen.

Psychische Wirkung des Mikrobioms

Auch bei psychischen Erkrankungen ist das Mikrobiom beteiligt. So unterscheidet sich etwa bei Autisten die Art bestimmter Bakterien von jener bei Gesunden.

Tierversuche wurden inzwischen von verschiedenen Forschungsgruppen gemacht. Transplantierter Stuhl von depressiven Patienten in unter Sterilbedingungen aufgewachsenen Ratten veränderte radikal das Verhaltensmuster der Tiere. Sie wurden ängstlich und zeigten depressives Verhalten. Zusätzlich wurde eine Veränderung im Tryptophanstoffwechsel festgestellt.

In einer anderen Studie wurde ein Zusammenhang des Mikrobioms mit Autismus und Schizophrenie hergestellt. Eine Arbeitsgruppe fand ebenfalls Fakten für eine Veränderung des Tryptophanstoffwechsels durch eine Dysbalance des Mikrobioms.

Autismus, Demenz, Diabetes – die Vernetzung zum enteralen Mikrobiom erscheint grenzenlos. Das US National Institute of Health (NIH) hat das Human Microbiome Project (HMP) ins Leben gerufen, um 200 000 Mikrobiomproben zu charakterisieren und in die Datenbank einzuspeisen.
Experten sehen in der Mikrobiomforschung ein neues Zeitalter in der Prävention, Diagnostik und Therapie anbrechen. Forscher des »Tübiom-Projektes« sammeln derzeit 10 000 Stuhlproben, um Grundlagenforschung zu betreiben.

Ich setze bei der Behandlung von Depressionen seit über 10 Jahren die Symbioselenkung ein, bei der ich auch Klinoptilolith mitverwende. Die positiven Erfahrungen dabei, auch beim Ausschleichen und Absetzen der Antidepressiva, steigern die Erfolgsrate der antidepressiven Therapie erheblich.

Demenz und das Mikrobiom

Grundsätzlich unterscheidet man zwischen primären und sekundären Formen der Demenz. Letztere sind Folgeerscheinungen anderer, außerhalb des
Gehirns angesiedelter Ursachen wie Stoffwechselerkrankungen, Vitaminman-
gelzustände oder chronischen Vergiftungen durch Alkohol oder Medikamente.
Am Anfang der Krankheit sind häufig Kurzzeitgedächtnis und Merkfähigkeit
gestört. Im Verlauf verschwinden auch bereits eingeprägte Inhalte des Lang-
zeitgedächtnisses. Die Betroffenen verlieren so mehr und mehr die während
ihres Lebens erworbenen Fähigkeiten und Fertigkeiten. Dazu kommt es zu
einer zunehmenden Beeinträchtigung der Sprache, des Auffassungs- und des
Denkvermögens sowie der Orientierung. Somit werden Wahrnehmung, Verhalten und Erleben verändert. Der schleichende Beginn ist die Ursache dafür, dass
Einschränkungen und auffällige Verhaltensweisen der Betroffenen oft erst im
Rückblick als erste Symptome einer Demenz erkannt werden.

Die Untersuchungen zur Auswirkung der Darmbakterien auf die menschliche Psyche, aber auch auf verschiedene neurologische Prozesse, können das
Verständnis von neurologischen Erkrankungen vertiefen. Sie können aber
auch erklären, warum Klinoptilolith Auswirkungen auf die Zusammensetzung
der Darmbakterien hat.

Schon 2002 berichtete Prof. Dr. sc. Vesna Lelas (Zagreb), dass Klinoptilolith
eine positive Wirkung bei verschiedenen neuropsychiatrischen Erkrankungen
zeigt. Darunter zählte sie auch Demenzerkrankungen, vermutlich durch Verminderung des oxidativen Stresses. Beobachtungen der letzten Jahre ergaben,
dass sich die Wahrnehmungsstörungen durch Klinoptilolith verbessern. Die
Entgiftung als Erklärung für diese Wirkung anzuführen, wie es im Internet
oft getan wird, halte ich für zu spekulativ. Die Firma Megamin beispielsweise
führt nur »Wirkt unterstützend bei der Behandlung von (...) Alzheimer und Parkinson« auf.

Die Alzheimererkrankung, mit einem Anteil von 60 bis 65 Prozent die
häufigste Demenzform, dürfte jedoch am schlechtesten auf Gaben von Klinoptilolith ansprechen.

Allergien und Allergene

Als Allergie wird eine überschießende Abwehrreaktion des Immunsystems auf bestimmte normalerweise harmlose Umweltstoffe bezeichnet. Die allergische Reaktion richtet sich gegen von außen (über die Atmung, den Magendarmtrakt, die Haut, Schleimhaut oder Blutgefäße) kommende Stoffe. Neben den Allergien gibt es weitere Unverträglichkeitsreaktionen wie die Pseudoallergie oder die Intoleranz, die mit einem ähnlichen Krankheitsbild wie eine Allergie einhergehen können. Da eine Allergie, eine Pseudoallergie oder eine Intoleranz ähnliche Symptome verursachen können, werden diese Begriffe im allgemeinen Sprachgebrauch oft falsch verwendet.

Heute sind einige Tausend Allergie auslösende Stoffe (Allergene) bekannt, die in unterschiedlicher Weise eine Körperreaktion auslösen. Klinoptilolith greift in diesen Mechanismus der Allergie ein und hilft, die Symptome zu lindern.

Die Hauptauslöser von Allergien: Blütenpollen, Desinfektions- und Reinigungsmittel, Duftstoffe, Farbstoffe, Federn, Glutamat, Haarfärbemittel, Hausstaubmilben, Holzschutzmittel, Insektengifte, Kosmetika und Körperpflegemittel, Lösungsmittel, Medikamente, Schädlingsbekämpfungsmittel, Schimmelpilze, Schmuckmetalle, Stäube, Teppichböden, Tierhaare und Tierhautschuppen, Umweltgifte, Unkrautvernichtungsmittel, Waschmittel, Weich-Plastiken und Weichspüler.

Die erhöhte Bereitschaft des Organismus zu Allergien ist meist von Geburt an vorhanden; ob sie aber zum Tragen kommt, ist abhängig davon, wie stark andere Belastungen ins Gewicht fallen, beispielsweise die Unverträglichkeit gegen Gluten (Klebereiweiß in allen Süßgräsern) oder gegen Milch (Muttermilch oder/und Kuhmilch usw.). Versteckte Allergien können die Ursache von Symptomen sein, die bei Kindern mit den Namen ADS (Aufmerksamkeits-Defizit-Syndrom) bzw. ADHS (Aufmerksamkeits-Defizit-Hyperaktivitäts-Syndrom) belegt werden.

Eine Erklärung für die Zunahme allergischer Erkrankungen in den letzten Jahrzehnten gibt es – wie auch für die Autoimmunerkrankungen – nicht, wohl aber einige Thesen:

190

Der Anstieg allergischer Erkrankungen in westlichen Industrieländern wird auf die sogenannte »Dreck- und Urwaldhypothese« zurückgeführt, einer mangelnden Aktivierung des Immunsystems durch übertriebene Hygienemaßnahmen vor allem in der Kindheit und frühen Jugend. Es wird vermutet, dass der Kontakt mit bestimmten Bakterien insbesondere in den ersten Lebensmonaten wichtig ist, um das Immunsystem in die richtige Richtung zu lenken.

Der Rückgang parasitärer Erkrankungen könnte zu einer Umlenkung des Immunsystems auf andere Strukturen führen. Hierfür spricht das schwächere Aufkommen von Allergien in Ländern mit geringeren Hygienestandards.

Bestimmte Allergene können sich auch an Dieselrußpartikel und Feinstaub anheften und so beim Einatmen in tiefere Lungenabschnitte gelangen. Es ist möglich, dass diese Rußpartikel als Träger der Allergene auch eine unterstützende Wirkung haben und somit eine Sensibilisierung fördern.

Aufgrund einer erhöhten Allergenexposition können vermehrt Sensibilisierungen stattfinden. Die Ursachen dafür könnten die Zunahme des Pollenflugs infolge einer Stressreaktion von Bäumen auf die Erderwärmung oder Schadstoffbelastung oder der vermehrte Konsum exotischer Lebensmittel sein.

Veränderungen in der Darmflora könnten das Immunsystem beeinflussen und im Zusammenhang mit dem vermehrten Auftreten von Allergien stehen. Diese Veränderungen können durch den Einsatz von Antibiotika und durch moderne Ernährungsgewohnheiten ausgelöst werden.

Weitere Faktoren, die die Entstehung allergischer Erkrankungen begünstigen, können Rauchen, Autoabgase, Stress, kleinere Familien, veränderte Ernährung, aber auch ein veränderter individueller Lebensstil sein, wie beispielsweise die kürzere Stillzeit junger Mütter.

Die Ursachen von Allergien können in genetische und nicht genetische Faktoren unterteilt werden. Eindeutig belegt ist ein erhöhtes Allergierisiko für Kinder, bei denen ein oder beide Elternteile Allergiker sind.

Körperlicher oder psychosozialer Stress ist nicht Ursache einer Allergie, aber er beeinflusst das Immunsystem. Körperlicher und psychosozialer Stress kann deshalb eine bestehende Allergie verstärken oder aber bei einer bestehenden Sensibilisierung Auslöser für die allergische Erkrankung sein.

Ich teile eher die Auffassung, dass Unverträglichkeiten und Allergien eine langfristige Reaktion auf ein gestörtes Darmmilieu sind. Wird dieses wieder regeneriert, verlieren sich die Unverträglichkeiten, und Allergien bessern sich, viele verschwinden danach ganz.

Medikamentenwirkungen und deren Interaktion

Schätzungen der Umweltmediziner in der BRD gehen davon aus, dass durch Nebenwirkungen und Unverträglichkeit mehrerer[103] eingenommener zugelassener Medikamente jährlich etwa 30 000 Patienten behandelt werden müssen sowie in der EU jährlich fast 200 000 Menschen an Arzneimittel-Nebenwirkungen sterben.[104]

Deutsche Ärzte verschreiben zu viele Medikamente für ihre Patienten. Es ist nicht selten, dass Patienten bis zu 17 Medikamente verschrieben bekommen, obwohl mehr als 4 Medikamente in ihrer Interaktion nicht mehr überschaubar sind.

Chemisch aufgebaute Arzneimittel sind stark wirksam, jedoch ausnahmslos mit Nebenwirkungen behaftet. 90 Prozent aller Deutschen über 50 Jahre nehmen täglich dreimal Medikamente ein. 20 Prozent der Schulkinder nehmen inzwischen Medikamente, vor allem Psychopharmaka.

Arzneimittel greifen gezielt in körperliche Prozesse ein, meist indem körpereigene Enzyme blockiert werden. Dieses Abtöten von Enzymen wirkt sich momentan positiv auf das Befinden aus, hilft aber in keiner Weise, das ursächliche Krankheitsgeschehen zu beheben. Das körpereigene Regulationssystem des Menschen gerät dadurch aus den Fugen, der Selbstheilungsprozess wird unterbunden, der Weg für Folgekrankheiten ist angebahnt.

180 Arzneiinhaltsstoffe können inzwischen im Trinkwasser der Städte und in deutschen Flüssen nachgewiesen werden.[105]

Rund 10 000 Menschen sind in Deutschland als MCS-krank[106] registriert. Über 100 000 Menschen sind durch Holzgifte gesundheitlich geschädigt worden, wobei Krankenkassen und Berufsgenossenschaften nur die wenigsten Fälle überhaupt anerkennen.

---

103 Cocktaileffekt.
104 wikipedia.org/wiki/Nebenwirkungen.
105 »Unser tägliches Gift«, Fernsehsendung, arte, 15.03.2011.
106 MCS = Multiple Chemical Sensitivity; multiple Chemikaliensensitivität oder multiple Chemikalienunverträglichkeit ist eine chronische Krankheit mit zum Teil starken Unverträglichkeiten von vielfältigen flüchtigen Chemikalien, wie zum Beispiel Duftstoffen, Zigarettenrauch, Lösemitteln oder Abgasen, auch in jeweils niedriger Konzentration.
107 Noxe = jede Art von gefährdender und potenziell schädlicher Substanz und schädigendem Einfluss.

Medikamente: Der massenhafte und oft unnötige Einsatz von Antidepressiva, Antirheumatika, Beruhigungsmitteln, Cytostatika, Herzmitteln, Hormonen, Cordicoide, Neuroleptika, Schmerzmitteln, Schlafmitteln und Psychopharmaka führt im menschlichen Körper zu unnötigen Belastungen.

Antibiotika sind in unserer Gesellschaft zu einem riesigen Problem geworden. Ihr massenweiser und oft sinnwidriger Einsatz führt zu L-Formen der bakteriellen Erreger, die vom Immunsystem nicht mehr erkannt werden. Dadurch kommt es zu immer mehr multiresistenten Formen, die auf kein Antibiotika mehr ansprechen. Patienten mit einer Resistenz gegen 15 verschiedene Antibiotika sind keine Seltenheit mehr. Jedes Jahr sterben alleine in Krankenhäusern in Deutschland über 9000 Patienten an MRSA-Keimen (= multiresistenter Stapylococcus aureus). Der systematische Einsatz von Klinoptilolith würde diese Zahl massiv senken.

Schadstoffe entfernen und meiden
Bei Schadstoffbelastungen besteht die Therapie zu 80 Prozent aus der Entfernung/Meidung dieser gefährdenden Substanzen bzw. Einflüsse. Zur Rückgewinnung von Lebensqualität ist eine hohe Selbstverantwortung gefordert. Nicht die Noxe[107] »Angst« macht krank, sondern die Langzeitbelastung und Kombinationswirkung von Schadstoffen. Über Jahre werden die Schadstoffe im Körper abgespeichert, bis sich eine »unspezifische« Symptomatik ausbildet. Schadstoffe können im Körper die Blut-Hirn-Schranke durchdringen und wirken dort oft neurotoxisch auf das Nervensystem. Nur eine Schadstoffausleitung kann überhaupt einen Erfolg bringen.

Impfungen und Impffolgen

Das Thema der Impfung spielte in den letzten Jahren für mich keine große Rolle. Ich habe dazu, wie zu jedem anderen medizinischen Thema, Informationen gesammelt und versucht, mich weitgehend aus den Diskussionen über den Sinn oder Unsinn von Impfungen herauszuhalten. Meine persönliche Meinung war: Ich halte sie nicht für notwendig, denn es gibt genügend Möglichkeiten, auftretende Erkrankungen, die durch Bakterien oder Viren ausgelöst werden, auch ohne Impfungen anzugehen.

Das ist mit der Grund, warum ich selbst nur eine Impfung habe und mein gesamtes bewusstes Leben lang alles unternommen habe, dass das auch so bleibt. Auch haben meine Kinder keine Impfungen bekommen, es war für mich unproblematisch, das für meine Familie zu entscheiden.

Bei anderen Personen jedoch hielt ich mich mit Aussagen und Ratschlägen weitgehend zurück. Ich gab immer zu bedenken: Was ist, wenn eine der Erkrankungen auftritt, gegen die es eine Impfung gibt? Wer soll dann die Therapie festlegen und deren Verlauf kontrollieren? Was ist, wenn die Erkrankung bleibende Schäden hinterlässt?

Ich stellte jedoch nie zur Diskussion, dass ich im Laufe der letzten 40 Jahre Dutzende von Patienten mit Impfschäden kennengelernt habe und auch nicht, wie schwer es ist, mit diesen Schäden umzugehen.

Ich habe mich im Laufe dieser 40 Jahre nicht nur intensiv mit den Infektionserkrankungen und der Toxikologie von Adjuvantien beschäftigt, sondern auch mit dem Thema der Entgiftung dieser Stoffe. Viele Beiträge zu diesem Thema sind jedoch hochspekulativ und weit hergeholt. Aus praktischer Sicht sind für mich die meisten Ansätze nicht akzeptabel.

Gerade die Forschung zur medizinischen Anwendung von Klinoptilolith ergab in den letzten Jahren neue erfolgreiche Ansätze. Diese kamen eher aus der Praxis als der Theorie, wenn auch nachträglich oft eine theoretische Begründung dazu gegeben werden konnte. Nur darf dabei nicht der Fehler gemacht werden, dass eine »passende« Theorie erst im Nachhinein entwickelt und entsprechend angepasst wird.

Prinzipiell liegt im Körper immer ein Kampf vor, wenn Viren, Bakterien oder Einzeller in ihn eindringen. Das Immunsystem versucht dagegen anzukämpfen, und je intakter es ist, desto schneller wird der Körper mit den Eindringlingen fertig. Ein Großteil des Immunsystems besteht daraus, dass die um ihren Lebensraum kämpfenden Darmbakterien Stoffe herstellen, um andere Bakterien zu bekämpfen. Solange dieses symbiontische Leben im Gleichgewicht ist, ist auch das Immunsystem in Ordnung. Problematisch ist, dass dieses Immunsystem hauptsächlich Bakterien oder Einzeller angeht, erst in weit untergeordneter Weise auch Viren. Virale Erkrankungen sind viel schwieriger anzugehen als bakterielle. Bakterien werden schulmedizinisch mit Antibiotika, alternativmedizinisch mit antibiotikaähnlich wirkenden Stoffen, so etwa kolloidalem Silber oder verschiedenen Pflanzenextrakten angegangen. Durch Viren ausgelöste Erkrankungen sind schwieriger zu behandeln.

Pragmatisch gesehen ist das schulmedizinische Vorgehen mit einer prophylaktischen Impfung somit der einfachere Weg, virale Erkrankungen zu vermeiden, beziehungsweise dann auch zu behandeln. Wenn also Impfstoffe unproblematisch wären, wäre das dann auch der einfachere Weg, virale Erkrankungen in Griff zu bekommen. Leider zeigt die Praxis, dass dieses Vorgehen oft so nicht funktioniert. Die antivirostatische Behandlung ist vielfach unbefriedigend und sehr aufwendig.

Ein weiteres Problem stellen die Nebenwirkungen und Schäden dar, die immer wieder aufgrund von Impfungen auftreten. Entgegen den offiziellen Statistiken sehe ich viele dieser Fälle, die von Hausärzten nicht wahrgenommen werden. Sie werden nicht gemeldet und gehen somit in keine Statistik ein. Die Symptome der Nebenwirkungen werden dann wie alle anderen Symptome von Krankheiten auch symptomatisch behandelt und verschwinden dadurch nach einiger Zeit. Problematischer dagegen ist das Auftreten von Schädigungen, die nicht nach einiger Zeit verschwinden, sondern lange Zeit (vielleicht sogar ein Leben lang) bleiben und damit die Lebensqualität der Patienten einschränken. Hier kann oft schlecht eingegriffen werden.

Mögliche Schädigungen durch die in Impfstoffen enthaltenen Impfadjuvantien (Hilfsstoffe: Fremdeiweiße und chemische Substanzen wie Thiomersal, Formaldehyd, Aluminium usw.) sind ein weiteres Gebiet für Klinoptilolith. Diese Stoffe können zum Beispiel Neurodermitis oder Entwicklungsverzögerung verursachen. Da die wissenschaftliche Medizin die Existenz von Impfschäden abstreitet, können Impfschäden medizinisch auch nicht behandelt, wohl aber erzeugt werden.

Problem: Die Werbung für Gebärmutterhalskrebsimpfung bei jungen Mädchen in Deutschland, deren Kritik erstmals im Oktober 2007 auftrat, wurde erst 2010 weitgehend zurückgefahren. Warum wohl?

Prinzipiell sollte nach jeder Impfung eine Entgiftung mit Klinoptilolith eingeleitet werden, bevorzugt sogar mit einer Klinoptilolith-gestützten Symbioselenkung. Damit erreicht man nicht nur die durch Klinoptilolith angeregte Leberentgiftung, sondern auch eine Regulierung der gestörten Darmsymbionten.

Wie genau Impfstoffe störend in die Darmsymbionten eingreifen, ist noch unklar. Dennoch ist dieser Vorgang oft zu beobachten, und viele anamnestische Aufnahmen chronischer, besonders autoimmuner Erkrankungen lassen einen Zusammenhang vermuten.

Kinderkrankheiten als Entwicklungsfaktor

Früher war oft zu beobachten, dass Kinder, die ihre Kinderkrankheiten durchgemacht hatten, auch einen körperlichen und/oder geistigen Entwicklungsprozess durchliefen.

Da ich eine klassische homöopathische Ausbildung habe, spielt für mich beim Repertorisieren der Entwicklungsprozess bei vielen dieser Erkrankungen eine größere Rolle als die körperlichen Symptome. Dieser Prozess wird meines Erachtens durch die modernen Massenimpfungen ausgehebelt, die Entwicklungsprozesse unterdrückt und verzögert.

Die Kinderkrankheiten greifen jedoch auch massiv in das Mikrobiom der Darmsymbiose ein. Vielleicht kann in Zukunft der Einfluss auf die Entwicklung über die Darmbakterien gesichert werden. Gerade deswegen muss die notwendige Symbioselenkung immer mit dem Einsatz von Klinoptilolith unterstützt werden.

Verarbeitung des Klinoptiloliths

Klinoptilolith ist sinnvollerweise innerlich nur in extrem fein zermahltem Zustand zu verwenden. Grob gemahlen, kann es vom Körper nicht aufgenommen werden. Wird Klinoptilolith feinst vermahlen (im Mikrometerbereich), vergrößert sich seine Oberfläche enorm – man spricht dann von Mikrozeolith.

Im Wesentlichen werden heute zwei industrielle Zerkleinerungsarten verwendet, um die komplexe sowie robuste Kristallstruktur der Zeolithe aufzubrechen und die Oberfläche zu vergrößern: die tribomechanische Aktivierung und die Gegenstrommühlen-Zerkleinerung.

Die *tribomechanische Aktivierung und Zerkleinerung* wurde in den 1920er Jahren in Deutschland entwickelt. Tihomir Lelas aus Zagreb/Kroatien verbesserte im Jahre 1986 daran einige Details und ließ die veränderte Technik, die zu einer längeren Lebensdauer der Mühle und einer besseren Zerkleinerung des Mahlgutes führte, unter dem Kürzel TMAZ® patentieren.

Bei der Zerkleinerung des Klinoptiloliths durch eine *Gegenstrahlmühle* werden Zeolithkristalle durch Gasstrom teilweise auf Schallgeschwindigkeit beschleunigt und treffen aufeinander. Bei diesem Zusammenprall zerkleinern sich die Kristalle gegenseitig. Durch dieses Verfahren werden die Kristalle so weit zerkleinert, dass die Kristallstruktur aufbricht und so die Oberflächen-struktur vergrößert wird. Herstellungsbedingt sind die Partikel dadurch noch kleiner als bei der TMAZ-Methode. Angeblich werden auch mehr negative Elektronen an der Oberfläche erzeugt, als es die tribomechanische Zerkleinerung vermag. Dies ermöglicht vermutlich einen besseren Ionenaustausch.

Fazit: Nach derzeitigem Erfahrungsstand dürften die vielseitigen Wirkungen des Klinoptiloliths maßgeblich von folgenden Faktoren abhängen:
– der *Intensität der Zerkleinerung* auf Mikro-Partikelgröße,
– der *Qualität des Rohmaterials,*
– der *elektrischen Ladung* zwecks Ionenaustausch.

Durch die Zermahlung im Mikrometerbereich entfaltet Klinoptilolith erst seine vielseitigen Hohlraumstruktur-Eigenschaften.

Aber: Die Zermahlung des Klinoptiloliths darf nicht soweit gehen, dass dessen Zeolithstruktur zerbrochen wird. Der feinste Vermahlungsgrad kann so weit gehen, dass die Gerüststruktur des Zeoliths aufgebrochen wird und das Silikat (exakt das Alumosilikat) als sichtbare Tetraeder (unter einer entsprechenden Vergrößerung) vorliegen.

Der auf amerikanischen Internetseiten propagierte flüssige Klinoptilolith hat nichts mehr mit Klinoptilolith zu tun, denn es handelt sich dabei um ein chemisch verändertes Derivat, das nach einer Salzsäurebehandlung entsteht. Dadurch hat der »flüssige Klino« auch nicht mehr die physikalischen und chemischen Eigenschaften des Ursprungsmaterials.

Klinische Studien

Klinoptilolith wurde in verschiedenen Forschungsarbeiten aus Aserbaidschan, China, Iran, Georgien, Japan, Kroatien, Russland, Slowakei, Slowenien und der Ukraine als effektives Heilmittel für chronisch Erkrankte charakterisiert.

Es liegen inzwischen Hunderte von klinischen Untersuchungen über den Einsatz von Klinoptilolith bei sehr verschiedenen Erkrankungen[108], aber auch zur Reinigung von radioaktivem Wasser und Dekontamination von Gewebe vor.

---

108 Hecht schreibt 2008, dass »gegenwärtig in 44 großen Kliniken und Instituten Russlands ›Litovit‹, das russische Klinoptilolith-Zeolithpräparat, erprobt bzw. angewendet wird« (Veretenia et al 2003).

Dazu gehören unter anderem die Arbeiten von: Prof. Dr. Thomas Armbruster, Mineraloge (Bern); Dr. V. A. Baraboy (Kiev); Dr. N. P. Bgatova, Biologin; Prof. Dr. E. M. Blagitko; Dr. Claudia Gunzer, Apothekerin (Villach); Dr. med. Ivković, Nephrologe (Zagreb); Dr. ND, DC, Ph. D. Jörgen B. Jensen, Ernährungswissenschaftler (New York); Dr. E. N. Khalikov (Baku); Dr. Christian Knapitsch, Rehaarzt (Klagenfurt); Dr. A. M. Kuzin; Prof. Dr. Kresimir Pavelić (Zagreb); Dr. med. vet. Wolfgang Plautz, Tiermediziner; Prof. Baldur Preiml, Sportmediziner; Dr. med. univ. Thomas Scheiring, Sportmediziner; Prim. Dr. Wolfgang Thoma, Internist und Rheumatologe (Villach); Prof. Dr. SC Stanko Ursić, Biochemiker (Zagreb); Dr. O. A. Veretenina (Novosibirsk); Prof. V. G. Vladimirov; Dr. E. M. Voldova, Immunologe; Dr. rer. nat. Erwin Walraph, Immunologe (Neubrandenburg); Dr. A. V. Yakimov, Verterinärmediziner (Dasan); OA Dr. Elisabeth Zechner, Internistin (Villach).

Dr. Rodriguez Fuentes untersuchte die Wirksamkeit von Klinoptilolith bei akuten Durchfallerkrankungen, ausgelöst durch Lebensmittelvergiftungen, in einer Studie mit 434 Patienten. Neben einer schnelleren Genesung tolerierten die meisten Patienten die Behandlung gut. Kein Teilnehmer fiel aufgrund von Nebenwirkungen aus der Studie. Es wurde nachgewiesen, dass keine Interaktionen mit den Antibiotika Tetrazyklin und Chloramphenicol bestehen. In vitro hat sich eine geringe Adsorption von Aspirin, Theophyllin, Propanolol und Phenobarbital gezeigt.

Prof. Dr. Karl Hecht stellte in einer Untersuchung an 62 Personen mit der täglichen Einnahme von Klinoptilolith (Einnahmedauer: von bis zu einem Jahr) keine gravierenden Nebenwirkungen fest; keine der Personen unterbrach die Einnahme oder brach sie ab.

In *Naturmineralien, Regulation, Gesundheit* (Seite 302) schreibt er: »Reihenuntersuchungen an Schülern in einer kinderärztlichen Praxis der Stadt Tshelyabinsk (Russland, Sibirien) ergaben, dass bei 16 Prozent der Untersuchten erhöhte, zum Teil hohe Werte von Cadmium, Kupfer, Chrom, Nickel und Blei festgestellt wurden. Eine vierwöchige Applikation von Klinoptilolith (›Litovit‹), täglich 3–5 g, bewirkte die Ausleitung der Schadstoffe. Das wurde durch zwei aufeinander folgende Kontrolluntersuchungen nach der vierwöchigen Applikation nachgewiesen.«

Dr. O. A. Veretenina berichtete 2003 über die Ausleitung von bleibelasteten Bergarbeitern: »Einer Gruppe von Bergarbeitern wurde fünf Wochen lang täglich 5 g Klinoptilolith verabreicht, die anderen blieben unbehandelt. Die

behandelten Bergarbeiter waren nach fünfwöchiger Behandlung mit Klinoptilolith (›Litovit‹) sauber.«

Im Jahre 2005 erschien eine Psoriasis-Pilotstudie von Dr. Slavko Ivković.
An der Studie nahmen 40 Patienten über drei Monate teil. Bei 95 Prozent der
Studienteilnehmer konnte eine wesentliche Verbesserung des Krankheitsbil-
des der Psoriasis (Schuppenflechte) während der Einnahme von Klinoptilolith
beobachtet werden.

2007 erschien eine vorläufige Zusammenfassung einer Studie von Prof.
Ferrente zur Amyotrophen Lateralsklerose (ALS), 2008 eine ALS-Studie mit
5 Patienten von Dr. E. Walraph, Boston University.

Irrtümer, die im Internet verbreitet werden

Behauptung: Zeolithe sind bereits in der Antike gemahlen und zur inneren
Heilung und Reinigung des Körpers angewendet worden.
Antwort: Eine unbelegte Behauptung, wobei vermutlich Tonerde (terra siccilata)
mit Zeolith fälschlicherweise gleichgesetzt wird.

Behauptung: Als Klinoptilolith findet man auch Produkte auf dem Markt, die
bis zu 25 Prozent Cristobalit und andere Nebenanteile gebunden haben. Dies
könnte unter Umständen kanzerogene Auswirkungen haben, welche dann
noch besonders durch sogenannte Vermahlungsverfahren verstärkt würden.
Antwort: Eine vollkommen aus der Luft gegriffene Behauptung.

Behauptung: Klinoptilolith vermindert bei einer Strahlentherapie die Bestrahlung. Studien bestätigen, dass radioaktive Caesiumisotope durch Zeolithe zu
90 Prozent gebunden werden.
Antwort: In der Strahlentherapie wird kein Caesium eingesetzt. Die Behauptung ist vollkommen falsch.

Behauptung: Bentonit (und somit auch Klinoptilolith) kann angeblich nach
Dr. Jensen zur Absorption von im Knochengewebe gespeicherten Strahlungs-
rückständen, beispielsweise Röntgenstrahlen, Strahlen aus TV-Geräten und
Computern, verwendet werden.

Antwort: Das ist absolut falsch! Strahlen aus TV und Computer sind elektromagnetische Strahlen, durch Absorption können nur strahlende Metalle wie Strontium, Caesium usw. ausgeschieden werden.

Behauptung: Klinoptilolith enthält von allen Mineralien am meisten Anteile von Sauerstoffatomen.
Antwort: Klinoptilolith hat mit 55 Prozent Sauerstoffanteil einen relativ hohen Anteil; Bertramit zum Beispiel liegt jedoch mit über 60 Prozent weit höher. Aber der Sauerstoff ist als Alumosilikat und als Kristallwasser gebunden. Aus beiden ist der Sauerstoff nicht verwertbar. Sauerstoff aus Klinoptilolith zu lösen, ist nicht möglich.

Behauptung: Klinoptilolith besteht nach Prof. Hecht aus über 34 Mineralien, teilweise in Spuren. In dieser Form wird es von einem höher entwickelten Organismus wie dem menschlichen auch benötigt.
Antwort: Diese Angabe ist missverständlich. Vermutlich ist damit die Gesamtzahl der möglichen Spurenelemente gemeint. Denn je nach Herkunft enthält Klinoptilolith nur zwischen 4 und 9 Mineralien. Mir liegt keine Untersuchung vor, die mehr als 16 Spurenelemente in Promillebruchteilen enthielte. Wichtig jedoch ist, dass der Klinoptilolith mineralogisch rein ist und keine zusätzlichen Schwermetalle (wie Blei) enthält.[109]

Durch die Spurenelemente (Eisen, Kupfer, Natrium, Magnesium, Kalium und Calcium) kann Klinoptilolith, ähnlich wie vergleichbare Tonerden (zusätzlich Kobalt, Lithium, Molybdän), auch im Gartenbau als Düngemittel eingesetzt werden.

Behauptung: Im Zeolith (Klinoptilolith) befinden sich alle Elemente des Periodischen Systems (biogama.info/2011/02/26/entschlacken-mit-klinoptilolith-zeolith/).
Antwort: siehe vorherige Antwort. Diese Aussage ist absolut verantwortungslos, denn kein Stoff auf der Erde kann alle Elemente erhalten, zumal davon 21 radioaktiv und etwa weitere 20 hochgiftig sind. Dazu kommen noch 6 Edelgase, die ohne physiologische Wirkung sind.

---

109 Klinoptilolith sollte öfter auf Blei geprüft werden. Das von mir verwendete KlinOrgon ist garantiert bleifrei, das heißt, der Bleigehalt liegt unter der Nachweisgrenze.

Diese Auffassung geht auf die Hypothese von Shalmina und Novoselov aus (2002) zurück, dass im lebendigen Organismus die meisten Elemente des Periodensystems vorhanden sind: Manche sind entweder so gering vorhanden, dass sie nicht nachweisbar sind, oder es fehlt an geeigneten Methoden für ihre Bestimmung (nach Prof. Hecht, Naturmineralien, Regulation, Gesundheit).

Behauptung: Klinoptilolith wird nicht verstoffwechselt. Es durchwandert den Magen-Darm-Trakt und wird über den Darmausgang mitsamt den gebundenen Giftstoffen vollständig ausgeschieden.
Antwort: Bisher gibt es keine Möglichkeit, diese Aussage weder positiv noch negativ zu beweisen. Die Aufnahme und der Weg des Siliziums durch den Körper sind vollkommen ungeklärt. Über die Physiologie des Siliziums ist fast alles spekulativ. Kein Lehrbuch der Physiologie beinhaltet etwas über Silizium, außer dass in Tierversuchen nachgewiesen wurde, dass es lebensnotwendig ist.
Lange wurden bei Silizium-Untersuchungen siliziumhaltige Laborgefäße verwendet, wodurch alle Untersuchungen vor 1990 mit Vorsicht zu betrachten sind.

Frage: Den Rat, während der Schwangerschaft auf Klinoptilolith zu verzichten – da man nicht sicher wisse, ob der Körper nicht Schwermetalldepots öffnet –, findet man oft. Kann Klinoptilolith während der Schwangerschaft oder der Stillzeit eingenommen werden?
Antwort: Ja, problemlos. Klinoptilolith filtert Schadstoffe aus dem Verdauungstrakt heraus, noch bevor sie in den Stoffwechsel von Mutter und Kind gelangen. Dadurch wird das ungeborene Leben zusätzlich geschützt. Dies gilt auch für die Zeit des Stillens.[110]

Frage: Sollen Organtransplantierte, deren Immunsystem ständig unterdrückt werden muss, auf die Einnahme von Klinoptilolith verzichten?
Antwort: Dazu gibt es keinen Anlass. Klinoptilolith greift nicht in diesen Mechanismus ein.

---

110 In der Tiermast wird die Klinoptilolith-Dosierung im Futter während der Trächtigkeit und Stillzeit mit Erfolg erhöht.

Behauptung: Klinoptilolith soll in dunklen (violetten) Lichtschutzgläsern aufbewahrt werden.

Antwort: Als Mineral reagiert Klinoptilolith nicht auf Licht. Zeolithe sind stabil bis 150 °C; eine violette Glasverpackung ist weder notwendig noch sinnvoll.

Behauptung: Klinoptilolith gilt als eines der bewährten, uralten Heil-, Verjüngungs- und Schönheitsmittel der Menschheit. Es wurde unter anderem von Hippokrates, Avicenna und Paracelsus in der Heilkunde erfolgreich verwendet (siehe www.j-lorber.de/gesund/ernaehrung/mikro-zeolith.htm).

Antwort: Diese Behauptung will suggerieren, dass Klinoptilolith von historischen medizinischen Koryphäen verwendet wurde. Sie ist mit Sicherheit historisch falsch. Sie verwendeten verschiedene Heilerden, aber kein Klinoptilolith.

Behauptung: Klinoptilolith oder andere Zeolithe werden in ganz Asien seit Jahrhunderten in der Volksmedizin verwendet.

Antwort: Ich beschäftige mich seit etwa dreißig Jahren mit der Medizingeschichte der Heilsteine und kenne sechzehn asiatische Länder aus persönlicher Ansicht. Trotz vieler Nachfragen konnte ich zumindest für den islamischen Raum sowie Indien bis Indonesien keine einzige Information dazu bekommen. Die Anwendung von Tongesteinen jedoch wird praktiziert.

Frage: Im Internet steht öfters die Aussage, dass beim Vorhandensein einer Amalgamplombe Klinoptilolith nicht eingenommen werden sollte.

Antwort: Diese Behauptung hat keinen reellen Hintergrund. Das eingenommene Mineralpulver kann das Quecksilber nicht aus den Plomben lösen und damit auch nicht den Körper mit dem gelösten Quecksilber überschwemmen.

Frage: Gibt es Erfahrung mit Klinoptilolith und Gewichtsabnahme?

Antwort: Eine Gewichtsabnahme oder -zunahme kommt bei der Einnahme von Klinoptilolith relativ selten vor. Wenn, dann steht das weniger mit dem Klinoptilolith als mit dem Therapieverlauf in Zusammenhang.

In den ersten Jahren der Arbeit mit Klinoptilolith waren wir diesbezüglich noch unsicher, beobachteten jedoch mehr Gewichtsabnahmen als -zunahmen. Die Regulation stellt sich jedoch schnell ein, und es sollten keine falschen Hoffnungen geweckt werden, dass mit Klinoptilolith abgenommen werden kann.

Verwendete Literatur

Albu/Neuberg: *Physiologie und Pathologie des Mineralstoffwechsels,* Berlin 1906

Binder, H. H.: *Lexikon der chemischen Elemente,* Stuttgart 1999

Büchner, R.: *Allgemeine Pathologie,* 4. Aufl., München 1962

Calomme, M.R./Vanden Berghe, D. A.: *Supplementation of calves with stabilized orthosilicic acid: Effect on the Si, Ca, Mg, and P concentrations in serum and the collagen concentration in skin and cartilage.* In: *Biological Trace Element Research.* 56, Nr. 2, 1997, S. 153–165

Döbelin, N./Armbruster, T.: *Stepwise dehydration of Sr-exchanged heulandites: a single-crystal X-ray study.* In: *American Mineralogist,* Vol. 88, 2003, S. 527–533

Ehrenberger, M./Ehrenberger, D.: *Natürlich entgiften mit Wasser und Vulkangestein,* Mogersdorf 2004

Elizondo, N.V./Ballesteros, E./Kharisov, B.I.: *Cleaning of liquid radioactive wastes using natural zeolites.* In: *Applied Radiation and Isotopes* 52, 2000, S. 27–30

Hahnemann, C.F.S.: *Reine Arzneimittellehre,* Leipzig 1822–1827

Hahnemann, C.F.S.: *Die chronischen Krankheiten,* Dresden, Leipzig 1835–1839

Harleman, C./Jacks, G./Rybeck, B.: *The use of clinoptilolite-based filter in emergency situations.* In: *Desalination 252,* 2010, S. 212–218

Heine, H.: *Lehrbuch der biologischen Medizin,* Stuttgart 1991

Gonnermann, Dr. M.: *Beiträge zur Kenntnis der Biochemie der Kieselsäure,* 1917

Hecht, Prof. Dr. K./Hecht-Savoley E.: *Naturmineralien, Regulation, Gesundheit,* 2. Aufl., Schibri-Verlag, Berlin, Milow 2008

Hecht, Prof. Dr. K./Hecht-Savoley, E.: *Klinoptilolith-Zeolith, Siliziummineralien und Gesundheit,* 2. Aufl., Baunach 2008

Kaufmann, K.: *Silicium. Heilung durch Ursubstanz,* Bad Homburg 1998

Kühni, W./von Holst, W.: *Enzyklopädie der Steinheilkunde,* 3. Aufl., Baden/München 2009

Kühni, W./von Holst, W.: *Taschenlexikon der Heilsteine,* 5. Aufl., Aarau/München 2010

Kühni, W./von Holst, W.: *Gesund durch Heilsteine und Öle,* Baden/München 2005

Kühni, W./von Holst, W.: *Kolloidales Silber als Medizin,* 7. Aufl., Aarau/München 2010

Kühni, W./von Holst, W.: *Naturheilverfahren bei Borreliose,* 2. Aufl., Aarau/München 2011

Lelas, T./Lelas V.: *Projekt TMAZ-Megamin. Zusammenfassung der Forschungsergebnisse 1997–2002.* Informationsmaterial nur für Wissenschaftler, Ärzte, Heilpraktiker und Therapeuten, Zagreb 2002

Moattar, F./Hayeripour, S.: *Application of Chitin and Zeolite adsorbents for treatment of low level radioactive liquid wastes.* In: *International Journal of Environmental Science and Technology,* Vol. 1, No. 1, 2004, S. 45–50

Mumpton, F. A.: *First Reported Occurrence of Zeolites in Sedimentary Rocks of Mexico.* American Mineralogist 58, 1973, S. 287–290

Mutschler, E./Geisslinger, G./Kroemer, H.K./Peter, R./Schäfer-Korting, M.: *Mutschler Arzneimittelwirkungen. Lehrbuch der Pharmakologie und Toxikologie,* 9. Aufl., Stuttgart 2008

Nesterenko, V. P.: *Use of ion-exchange composites based on natural zeolites for cleaning water solutions with purpose to create environmental safe technologies.* Proceedings of European Congress of Chemical Engineering (ECCE-6) 2007

Osmanlioglu, A. E.: *Treatment of radioactive liquid waste by sorption on natural Zeolite in Turkey.* In: *Journal of Hazardous Materials,* 1;137(1) 2006, S. 332–335

Pavelić, K./Hadžija, M.: *Medical Applications of Zeolites.* In: Auerbach, S. M./Carrado, K. A./Dutta, P. K. (eds): *Handbook of Zeolite Science and Technology.* New York, Basel 2003

Schulz, H.: *Die quantitative Ausscheidung der Kieselsäure durch den menschlichen Harn,* 1912

Stötzer, Harry/Stötzer, Hasso: *Erkrankungen durch Arzneimittel,* Stuttgart/Jena 1998

Simpson, T. L./Volcani, B. E.: *Silicon and siliceous structures in biological systems.* New York 1981

Vollmer, G./Franz, M.: *Chemische Produkte im Alltag,* Stuttgart 1985

Weber, E.: *Taschenbuch der unerwünschten Arzneimittelwirkungen,* Stuttgart 1988

Weiterführende Literatur

Alberti, A.: *The crystal structure of two clinoptilolites.* Tschermaks Mineral. Petrogr. Mitt. 22, 1975, S. 25–37

Akizuki, M./Kudoh, Y./Nakamura, S.: *Growth texture and symmetry of heulandite-Ca from Poona, India.* Can. Mineral. 37, 1999, S. 1307–1312

Anke/Brückner/Gütler/Grün: *Arbeitstagung Mengen- und Spurenelemente,* Leipzig 1986

Armbruster, T. : *Dehydration mechanism of clinoptilolite and heulandite: Single-crystal X-ray study of Na-poor, Ca-, K-, Mg-rich clinoptilolite at 100 K.* Am. Mineral. 78, 1993, S. 260–264

Armbruster, T./Gunter, M. E.: *Crystal structures of natural zeolites.* Rev. Mineralog. Geochem. 45, 2001, S. 1–67

Bartens, W.: *Die Krankmacher,* München 2005

Bish, D.L.: *Effects of composition on the dehydration behavior of clinoptilolite and heulandite.* In Occurrence, Properties and Utilization of Natural Zeolites. D. Kallo and H.S. Sherry (eds). Akademiai Kiado, Budapest, 1988, S.565–576

Carlisle, Prof. E. M.: *Silicon in Animal Tissues and Fluids,* New York 1986

De Pablo-Galán, L./Chávez-Garcia, M./Cruz-Sánchez, M.: *Sedimentary zeolites in the Sierra Madre Del Sur and Sierra Madre Occidental, Mexico.* Revista Mexicanna de Ciencias Geológicas 13, 1996, S. 188–200

Deer, A./Howie, R./Wise, W.S./Zussman, J.: *Rock Forming Minerals. vol. 4B. Framework Silicates: Silica Minerals, Feldspathoids and the Zeolites.* The Geological Society London, 2004

Desowitz, R. S.: *Der Körper wehrt sich,* Reinbeck 1988

Friege, H./Claus, F./D'Haese, M.: *Chemie im Kinderzimmer,* Reinbeck 1986

Gündogdu, M.N./Yalcin, H./Temel, A./Clauer, N.: *Geological, mineralogical and geochemical characteristics of zeolite deposits associated with borates in the Bigadic, Emet and Kirka Neogene lacustrine basins, western Turkey.* Mineral Deposita 31, 1996, S.492–513

Gunter, M.E./Armbruster, T./Kohler, T./Knowles, C.R.: *Crystal structure and topical properties of Na- and Pb-exchanged heulandite-group zeolites.* Am. Mineral. 79, 1994, S. 675–682

Heine, H.: *Aufbau und Funktion der Grundsubstanz.* In: Pischinger, A. (Hrsg.): *Das System der Grundregulation,* Heidelberg 1989, S. 13–87

Karstädter, U.: *entgiften statt vergiften,* TAS Distribution Ltd., London/GB 2007

Kaufmann, K.: *Silizium – Heilung durch Ursubstanz,* Bad Hamburg 1997

Kokubo, T./Kim, H.-M./Kawashita, M.: *Novel bioactive materials with different mechanical properties.* Biomaterials 24(13) 2003, S. 2161–2175

Löffler: *Physiologische Chemie,* 4. Aufl., Berlin 1988

Matthes, S.: *Mineralogie. Eine Einführung in die spezielle Mineralogie, Petrologie und Lagerstättenkunde,* Berlin 1996

Medwedew, G.: *Verbrannte Seelen.* Die Katastrophe von Tschernobyl, München 1991

Mortimer, C.E.: Chemie. *Das Basiswissen der Chemie,* Stuttgart 2003

Mowrey, Dr. D.B.: *Vegetable Sources of Silicon,* 1991

Obradović, J.: *Occurrences and genesis of sedimentary zeolites in Serbia.* In: Kalló, D. and Sherry, H.S. (eds). Occurrence, Properties and Utilization of Natural Zeolites. Akadémiai Kiadó 1988, Budapest, S. 59–70

Papaioannou, D./Katsoulos, P.D./Panousis, N./Karatzias, H.: *The role of natural and synthetic zeolites as feed additives on the prevention and/or the treatment of certain farm animal diseases: A review.* Microporous Mesoporous Mat. 84, 2005, S. 161–170

Pischinger, A.: *Das System der Grundregulation,* 8. Aufl., Heidelberg 1990

Rose, W.D.: *Krebsgifte,* München 1987

Schindele, R.: *Schindeles Mineralien,* 20. Aufl., Steyr 2005

Tomlinson, A.A.G: *Modern Zeolites. Structure and Function in Detergents and Petrochemicals,* Zürich 2001

Voronkov, M.G./Zelchan G.L./Lukevitz: *Silizium und Leben,* Berlin 1975

Yang, P. Armbruster, T.: *Na-, K-, Rb-, and Cs-exchange in heulandite single crystals: X-ray structure refinements at 100 K. J. Solid State Chem.* 123, 1996, S. 140–149

Aufsätze

Becket, A.H./Anderson P.J.: *Silizium und Leben,* Berlin, Journal Pharm. Pharmacol. 12, S. 228

Carlisle, E.M.: *Silicon an essential element for the chick,* Science 178, 1972, S. 619–621

Carlisle, E.M: *Silicon: a possible factor in bone calcification,* Science 167, 1970, S. 179–280

Carlisle, E.M.: *Silicon as an essential element,* Fed. Proc. 33, 1974, S. 1758–1766

Čolić, M./Pavelić, K.: *Molecular mechanisms of anticancer activity of natural dietetic products,* Journal of Molecular Medicine 78(6), 2000, S. 333–336

Dogliotti, G./Malavazos, A. E./Giacometti, S., et al. : *Natural zeolites chabazite/phillipsite/analcime increase blood levels of antioxidant enzymes,* Journal of Clinical Biochemistry and Nutrition 50(3), 2012, S. 195–198

Fassa, P.: *Discover an Effective, Easy, and Inexpensive Heavy Metal Detox Agent,* Natural Society, https://naturalsociety.com/zeolite-best-easiest-cheapest-heavy-metal-detox/09, August 2013

Flowers, L./Lonky, S./Deitsch, E.: *Clinical evidence supporting the use of an activated clinoptilolite suspension as an agent to increase urinary excretion of toxic heavy metals.* Nutrition and Dietary Supplements 2009; 1, S. 11–18

Li, L.Y./Tazaki, K./Lai, R., et al.: *Treatment of acid rock drainage by clinoptilolite. Adsorptivity and structural stability for different pH environments,* Applied Clay Science 39, 2008, S. 1–9

Mallmann, P.: *Wie viel Toxizität ist akzeptabel für wie viel Benefit?* Med. Review 10, 2002, S. 13–15

Pavelić, K. Hadžija, M. et al.: *Natural zeolite clinoptilolite: new adjuvant in anticancer therapy,* Journal of Molecular Medicine, 2001, S. 708–720

Pavelić, K./Katić, M./Sverko, V., et al.: *Immunostimulatory effect of natural clinoptilolite as a possible mechanism of its antimetastatic ability,* Journal of Cancer Research and Clinical Oncology 128(1), 2002, S. 37–44

Scholl, O. K.: *Über die Kieselsäure und ihre physiologische Wirkung in der Geriatrie,* Medizinische Wochenschrift, München, 101/5, S. 2321–2325

Industrieminerale (Diamant, Edelsteine, Glimmer, Asbest, Graphit, Zeolithe). C 296, Freiberger Forschungshefte. VEB Deutscher Verlag für Grundstoffindustrie, Leipzig 1975

Prof. Hecht: *Natur-Klinoptilolith-Zeolith gegen Atomreaktorstrahlung,* www.heck-bio-pharma.com, Berlin 2011

Internet

www.arnold-chemie.de
www.ecobiopharma.com (italienisch)
www.handbookofmineralogy.org (englisch)
www.heck-bio-pharm.com
www.iza-structure.org (englisch)
www.mediana-institut.com
www.mindat.org
www.mineralienatlas.de
www.panaceo.at
www.de.pluspedia.org
www.zeocem.de
www.zeocrystal.com
www.zeolithproducer.com
www.zeolithwelt.de

Facebook

KlinO als Medizin (Januar 2020: 9651 Mitglieder)
Kolloidales Silber als Medizin (Januar 2020: 36468 Mitglieder)

Adressen und Bezugsquellen

Mitteilungen erreichen den Autor unter der folgenden Adresse:

In Deutschland:
Lavandinum
Werner Kühni
An der Streu 29
D-97640 Stockheim
Telefon +49 (0)9776-705157
lavandinum@gmx.de

In der Schweiz:
Fijimex
Hans Feiersinger
Holzstr. 60
CH-5036 Oberentfelden
Telefon 062 723 91 55
info@fijimex.ch

Hochwertiges, bleifreies Klinoptilolith der Marke Lavandinum können Sie bei diesen Adressen beziehen oder über den Online-Shop: www.lavandinum.eu.

Heilstein-Museum
Das Heilstein-Museum ist eine Sammlung zur Geschichte der Steinheilkunde, des kolloidalen Silbers und des Klinoptiloliths. In 105 Vitrinen werden die Steinheilkunde der letzten 5000 Jahre sowie die Grundlage der mineralogischen Steinheilkunde und deren Anwendung aufgezeigt. Präsenzbibliothek mit 8000 Büchern zur Geologie, Geschichte, Medizingeschichte, Mineralogie und Steinheilkunde. Datenbank (noch nicht öffentlich zugänglich) mit Daten zu 5600 pflanzlichen, 80 tierischen und 1200 mineralischen Arzneidrogen.

Heilstein-Museum
An der Streu 29
D-97640 Stockheim
Telefon +49 (0)9776-705157
www.heilsteinmuseum.de

Geöffnet: Mai bis September
Montag–Freitag, 11.00–16.00 Uhr,
und nach telefonischer
Voranmeldung

Danksagung

Die Idee zu diesem Buch entstand in den letzten Jahren, da ich und meine Frau bei Beratungen zu Klinoptilolith häufig nach einer verständlichen Literatur zu dem Vulkan-Mineral gefragt wurden.

In den letzten Jahren haben wir zahlreiche Patienten in der Anwendung von Klinoptilolithpulver beraten und auch viele Erfolgsberichte zurückbekommen. Daraus aber ein gutes, verständliches Buch zu machen, forderte die Anstrengung von sehr vielen Personen.

Dafür danke ich besonders Barbara Langenbeck von der Forschungsgruppe des Steinheilkunde Vereins, die mir half, Klinoptilolith in die Testreihe der SHK einzubringen, Walter von Holst vom Steinkreis Stuttgart und seiner Partnerin Andrea, die die homöopathische Verreibung durchführten.

Ebenso danke ich Ute Keil und Stefanie Treusch für die erste Korrekturlesung des Textes, Stefanie Treusch außerdem auch für ihre Beratung bei der Erstellung der Grafiken, die teilweise auch von Sven Bürgel umgesetzt wurden.

Über den Autor

Werner Kühni, 1949 in Heidelberg geboren, Heilpraktiker und Psychotherapeut. Ausbildung in Homöopathie, in Mind-Control und Hypnose, intensive Beschäftigung mit der Aromatherapie. Heilsteinberatung und mineralogische Bestimmung. Buchautor und Ausstellungsmacher. Vortrags- und Kurstätigkeit.

Stichwortverzeichnis

Dieses Buch ist eine aktualisierte, überarbeitete und neu gestaltete Ausgabe
des seit 2012 unter demselben Titel im AT Verlag in fünf Auflagen
erschienenen Werks.

2. Auflage, 2024

© 2020
AT Verlag, Aarau und München
Lektorat: Karin Breyer, Freiburg i. Br.
Umschlagbild: dule964/stock.adobe.com
Druck und Bindearbeiten: Beltz Grafische Betriebe GmbH, Bad Langensalza
Printed in Germany

ISBN 978-3-03902-069-0

Dieses Buch ist auch als E-Book erhältlich.

www.at-verlag.ch

Der AT Verlag wird vom Bundesamt für Kultur für die Jahre 2021–2024 unterstützt.